1927 年 12 月 1 日，蒋介石与宋美龄在上海结婚。

蒋介石与宋美龄早期照片（1936年以前）

1938 年 1 月 3 日出版的《时代》周刊推选蒋介石、宋美龄伉俪为 1937 年度风云人物，此为该刊第一次选出风云夫妻档。

1949年，蒋介石夫妇和长子蒋经国夫妇以及孙儿女们在踏青时合影。

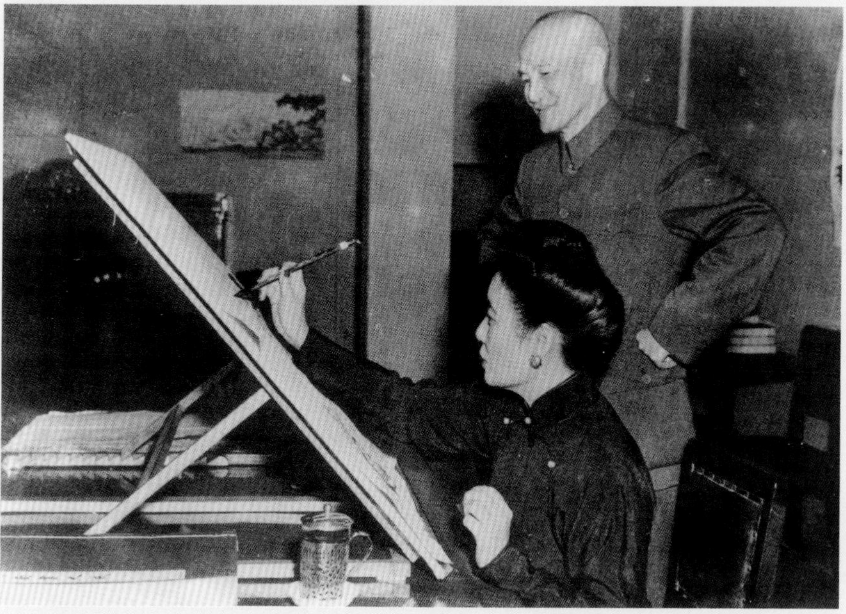

20世纪50年代，台湾，蒋介石在书房内看宋美龄画画。

1949年，退守台湾后的蒋介石和他的将领们步下台阶。蒋介石这时已 62 岁。

蒋介石在写文件（1961 年）

1955年左右，蒋介石坐在台北家中的花园里。

1961 年 6 月 18 日《展望》（LOOK）刊出蒋宋伉俪大幅彩色照片。

20 世纪 60 年代末期蒋宋伉俪合影。美国《国家地理》杂志说，已 81 岁的蒋介石仍渴望打回大陆，并称这幅照片是一张“耐心等待的肖像”。

A BIOGRAPHY OF

CHIANG KAI-SHEK

蒋介石传

〔美〕布赖恩·克罗泽｜著

封长虹｜译

国际文化出版公司

·北京·

图书在版编目（CIP）数据

蒋介石传 / （美）克罗泽著；封长虹译．—北京：国际文化出版公司，2014.4（2024.5 重印）
ISBN 978-7-5125-0684-8

I.①蒋… II.①克… ②封… III.①蒋介石（1887～1975）—传记 IV.①K827=7

中国版本图书馆 CIP 数据核字（2014）第 080542 号

The Man Who Lost China：The First Full Biography of Chiang Kai - shek by Brian Crozier

蒋介石传

作　　者	[美] 布赖恩·克罗泽
译　　者	封长虹
责任编辑	李　璞
统筹监制	葛宏峰　福茂茂
策划编辑	曹洪峰
美术编辑	秦　宇
图片提供	中国新闻社图片网络中心　gettyimages 东方 IC　师永刚　北京国文版权贸易公司
出版发行	国际文化出版公司
经　　销	国文润华文化传媒（北京）有限责任公司
印　　刷	文畅阁印刷有限公司
开　　本	710 毫米 ×1000 毫米　16 开 29 印张　280 千字
版　　次	2014 年 4 月第 1 版 2024 年 5 月第 10 次印刷
书　　号	ISBN 978-7-5125-0684-8
定　　价	69.80 元

国际文化出版公司
北京市朝阳区东土城路乙 9 号　邮编：100013
总编室：（010）64270995　传真：（010）64270995
销售热线：（010）64271187
传真：（010）64271187-800
E-mail：icpc@95777.sina.net

作者简介

布赖恩·克罗泽，美国当代著名历史学者、政治传记作家，被公认为是采访和撰写国家元首及政府首脑数量最多且最具权威的传记作家。他的政治人物传记作品非常丰富，其中主要代表作有《蒋介石传》《戴高乐将军传》《斯大林生平》等，《蒋介石传》一书被认为是蒋介石离世后第一部及时、客观、完整、尊重历史地介绍蒋介石生平的蒋氏传记。

译者简介

封长虹，中国国防大学军事战略学博士，中国人民解放军军事科学院研究员。历任中国国际关系史学会会员、中国美国史研究会会员、中国军法学会会员、中国军控与裁军协会会员。主要研究领域：国家安全战略、中国军事战略、中国外交政策、国际战略环境、美欧安全战略、美国军事战略、国际军控与裁军、国际法与战争法等。主要译著有《周恩来传》《统帅们》《掌权者》《里根自传》《海湾战争》《为和平而战》等。

目 录
CONTENTS

与我们这个时代的其他军人政治家一样，蒋介石是个无所畏惧的人，无论是在心理上还是在精神上都是这样。然而，他只是一个战术大师而非战略家。他的真正天才是善于搞政治阴谋。

在 20 世纪初的中国，正是革命者鼓动革命的好时机。孙中山博士是这场革命的先驱，他因此而名垂千古。后来，有两个年轻人对他的政治遗产发生了分歧，他们是蒋介石和毛泽东。

蒋介石从小就表现出自己的终身性格——屡陷逆境，但总能设法从逆境中脱身。

尽管孙中山不听蒋介石的劝告，以致到了今天这样的处境，但蒋介石如果不忠诚于孙中山，他也将一文不值。

孙中山决定联俄联共，派蒋介石去苏联考察。在莫斯科时，蒋介石读到一份共产国际关于国民党的文件，立即说道："我太绝望了！看看它都说了些什么？这么忽视一个友好的党，它怎么能成为世界革命的中心呢？"

孙中山逝世后，国民党内部展开了一场争夺继承权的斗争。在开始的时候，蒋介石算不上一个真正的竞争者。

在中国漫长的历史上，国民革命军是一种新型的军队。他们充满信心，并由于取得了巨大、迅速的胜利而士气高涨，随着不断地向北进军，队伍也随之不断地壮大。

蒋介石感激孙中山对他的恩典，"总是极力寻找支持者，而不单是寻找友谊"。孙中山和他的同事早先认为"帮会"对革命是有用的。

《大公报》创始人胡霖说："蒋的婚姻是一次精心预谋的政治行动。他希望通过成为孙中山夫人（宋庆龄）和宋子文的妹夫来赢得他们……"

10 月 10 日（双十节，它是 1911 年革命的周年纪念日），蒋介石就任新的国民政府委员会主席。18 名政府委员会成员中包括数名右派分子，但没有左派。

一时的荣耀，使蒋介石忽视了在一个封建国家里进行领土征服所应注意的唯一正确的原则：

那就是——"他应该除掉那些最初反对他的人，用自己选定的人来代替这些人，而新选出的人应该忠于新生的民国，并忠于民国首脑蒋介石。"

毛泽东后来告诉埃德加·斯诺，当时所犯的一个重大错误，就是共产党没有和福建军队联合起来，对付蒋介石。

长征是一篇史诗，岁月的更替，意识形态的差异，都不能使之失色。毛泽东给了农民最想要的东西：“土地和同多年来压迫他们的地主们算账的机会。”

蒋介石说：“现在的局势就像一条在惊涛骇浪中上下颠簸的小船，我们两人中只有一个能乘它渡过河去。如果两人都想过河，那么，要么是我们俩都沉下去，要么是其中一个人跳下去。问题是：“你跳还是我跳？”张学良说：“我跳下去！”

蒋介石依照 1812 年沙皇俄国战胜拿破仑入侵的战略，制定了一个称为“以空间换取时间”的战略。他的战略却注定了他在抗战结束以后的失败。

对国共合作一段蜜月的奖励，莫斯科的宣传大军采取了一种新的吹捧姿态。蒋介石不再是“法西斯”和“反动派”，现在成了一位“英雄”，一位“伟大的领袖”。

美国人和英国人参加的一个联合委员会宣告成立。

委员会成立两年之后，在喜马拉雅山上空艰难飞行着的物资护送队，运载着成吨成吨在国外印刷的纸币，以填进严重通货膨胀的无底洞。

让罗斯福总统、马歇尔将军及美国战时的其他领导人感到莫名其妙的是，蒋介石对消灭日本人反倒不如他们感兴趣。

赫尔利的自信是由于无知造成的，而毛泽东和蒋介石无比的自信则属于另一个类型：他们都有坚定的信念，认为自己代表着中国。

司徒雷登给蒋介石带来了国务卿马歇尔的口信，马歇尔说，我已告诉过你了，单单靠军事援助是医治不了中国的疾病的。

蒋介石现在考虑的还有另外两件事：

发动一个新的外交攻势，迫使美国重新全力支持国民党统治中国；认真研究在国民党统治区更广泛地实行最后防御的可能性。

在日月潭他漫不经心地撒下鱼网，结果捕捉了一条长达 5 英尺的大鱼。老渔夫见状便说他已经 20 年没见过这样大的鱼了。蒋介石心想，这是一个好兆头。

美国政府重申了它的观点：蒋介石“政府”是“自由中国的真正代言人”。国民党“政府”也声明，恢复大陆中国人的自由的“神圣使命”应当不是通过武力而是通过孙中山的三民主义来实现。于是，蒋介石就放心地长期等待下去了。

第一章 保守的革命者

与我们这个时代的其他军人政治家一样，蒋介石是个无所畏惧的人，无论是在心理上还是在精神上都是这样。然而，他只是一个战术大师而非战略家。他的真正天才是善于搞政治阴谋。

蒋介石对希特勒纳粹及法西斯主义产生了极大兴趣，于是派次子蒋纬国赴德国深造，受到希特勒两次召见，并组建一个法西斯机构“蓝衣社”……

蒋介石两眼长得炯炯有神，经常留着光头，蓄着短须，带有一股军人的风度。

但是，他的神情却不可思议——这并非因为他不善言辞，而是因为他总是挂着一脸中国人特有的谦恭的微笑。

蒋介石肖像

他演讲时带有浓重的浙江口音，声音高亢，语调急促。这使得他有别于来自其他省的大多数僚属和追随者。

蒋介石从不费心思去学习北京话——标准的汉语，更不用说外语了。他掌权之后每月要向规模宏大的孙中山纪念会致辞。虽然他的方言刺耳难懂，但与会者却不得不洗耳恭听。此时的蒋，不仅是一个典型的中国人，而且是一个典型的浙江人。

蒋介石不接受外国的影响，却

娶了一位中国基督教牧师的女儿，她受过美国教育，后来一直担任蒋的随身翻译。蒋介石不懂外文，他的官方传记作家董显光，20 世纪 20 年代后期曾给他做过数月英文教师。

董后来披露说："蒋公因政务繁忙，很快放弃了英语。"蒋介石后来教育其子蒋经国吸取他的教训，要学好外语。

蒋经国在《我的父亲》一书中引用了 1922 年和 1923 年他父亲的几封信。这些信要求他必须掌握英语。1943 年，当蒋经国三十五六岁时，他父亲还致信要求他每周花六小时学习英语，尤其是英语语法与阅读。

老蒋乐观地说："吾儿俄文基础良好，学习英文必易。"

蒋夫人宋美龄是举世闻名的美人，根据台湾的官方传记，她是蒋的第二任妻子，事实上如果把 1912 年蒋的一位侧室算上，她则可说是蒋的第三甚至第四任妻子。

蒋委员长及其夫人的确在民众中树立了无懈可击的美满姻缘形象。1927 年蒋介石与宋美龄结婚时，他的青春之火正熊熊燃烧。

蒋介石和宋美龄（1942 年）

然而，青年时代的蒋介石，是个有名的风流人物，对上海的青楼了如指掌。他一方面放荡不羁，另一方面又遵循孔道，坚持克己自律。

他的确是一个意坚志强的孔道徒子。由于与基督徒结婚，他又成了一个虔诚的基督徒。

在他那个时代叱咤风云的历史人物中，此种怪诞的姻缘屡见不鲜。此外，其他许多事情同样是人们了解蒋的生平与性格的关键。他参加了推翻清王朝的辛亥革命，是“革命之父”孙中山的信徒。他也因此自诩为一个革命家。

蒋介石以为，革命就是民族主义，对内推翻封建皇帝，对外结束民族屈辱。但是，在其他方面，在关于国家组织学说、社会行为方式以及中国传统社会和森严的等级制度等方面，蒋介石却是一个顽固的保守主义者。有人甚至认为他是一个反动分子。

尽管蒋介石参加过推翻清朝的革命，但他无法理解革命的勇往直前与锐不可当之势。

他徒劳地阻止革命潮流的进一步发展，企图在军阀混战中夺取政权而黄袍加身。

蒋介石最后失败了，他被迫下野，并失去了在中国大陆的统治地位而被迫逃至台湾，建立起他的避难所。

早期的葡萄牙探险家曾称台湾为“美丽的岛屿”。蒋介石晚年统治着一个微型的“大国”。他身后留下了一个富饶繁荣的工业化台湾。

每年 10 月 10 日，“中华民国总统”都要主持双十节纪念民族主义革命。接之而来的是蒋家及其追随者于 10 月 31 日为蒋介石祝寿。

每年元旦，他总要向全民发布文告，宣扬“反攻大陆”。在他漫长生涯的最后两年里，他两腿瘫痪，从而不再会客。他的文告只好停而不发或由人代发。

1975 年 4 月 5 日，星期六，87 岁的蒋介石逝于心脏病，而大陆则依旧没有“光复”。

不仅如此，他拒不承认的中华人民共和国却进入了联合国，而他自己的“中华民国”则被赶了出去，屈辱与失败纷至沓来。

与一些军人政治家如戴高乐、佛朗哥及其他独裁者一样，蒋介石与他的国家紧密相连。

他的观点并不是所有人都同意的，但他确实为实现他的野心奋斗了终生。1925 年孙中山逝世时，蒋的名字并未被列入继承者的名单。然而，他已建立了自己的权力基础。他是黄埔军校校长，黄埔毕业生被他塑造成自己的古罗马式禁卫军。他统率的国民军从广东出发进行北伐，不到两年便终于在名义上征服并统一了中国。那些分省割据的军阀有的战败投降，有的改旗易帜，表示归附。

但是，胜利是暂时的，在后来的十年里，蒋一直只是当时中国最重要的领袖，但绝不是中国无人挑战的统治者。

在蒋的早期生活中有两件事是不可忽视的，一是 1923 年年底，蒋率领代表团访问莫斯科，回国之后他对俄国人很不信任，从而对共产主义仇恨万分。

但是革命之父孙中山的意见则不同，他摒弃了蒋的建议，从而求助于布尔什维克的使者鲍罗廷，让鲍罗廷当顾问，仿效苏联共产党改组国民党。

另一件事至今仍没有完全披露，即 1912 ~ 1922 年的十年，蒋介石在上海做股票生意经纪人的经历。那时候，蒋介石只是一个无足轻重的小卒。但在 20 世纪 20 年代初，上海的股票生意控制在上海黑社会青帮的手里，蒋与那些银行家和商人保持着密切的关系（虽然他没有正式加入青帮），于是上海成了蒋介石的第二个权力基地。

蒋介石与他那些富有的保护者进行交易：他们资助他的革命，而他则防止左派分子进政府。蒋与宋美龄的婚姻也是这种交易的产物。

1927 年，蒋先后在上海与广东摧毁了共产党的地方政权。七年之后，在国民党的强大压力下，毛泽东被迫率领农民军队进行传奇式的长征，抵至荒僻的延安窑洞。

毛在延安窑洞里向蒋发动挑战，并最终打败了这位国民党领袖。

1931 年日本侵略中国东北，1937 年又开始征服中国。在日本的挑战面前，蒋介石并不是一个民族主义者或爱国者；在他的军事战略中，摆在首位的敌人总是共产党，其次才是日本人。

他认为共产党是叛逆者，必须先征服他们；只有先安内，统一中国，才能抵御日本人。

结果这个做法导致了 1936 年的西安事变。少帅张学良绑架了蒋，要求他停止“剿共”，开始抗日，西安的一些激进分子要求杀蒋谢罪。

具有讽刺意义的是，正是九年前国民党在上海追捕的周恩来担保了蒋的获释，同时蒋也答应抗日。然而，在蒋的心里，首位的敌人仍是共产党。

日本侵略中国之时，蒋介石的权力与地位正处于顶峰，他领导国民党已达十年之久。尽管他还没有完全统治全中国，但他的权力是其他对手无法相比的。

1938 年，董显光著的官方性的蒋介石传记出版时，把蒋吹捧为我们时代“亚洲大陆最伟大的军人政治家”。

然而，世界上的政治家没有一个像蒋介石那样，在如此短暂的时间里威风扫地，名落千丈。

在董的蒋介石传记出版十一年之后，蒋家王朝被毛泽东的人民解放军彻底粉碎。国民党及其军队不得不逃至台湾避难。

上面所讲的两件事情是给蒋介石带来灭顶之灾的根本原因，但并非全部原因。蒋介石的秘史具有双重性。他是如何登上权力之峰的？又是如何从顶峰跌落下来的？最后又是如何在弹丸之地台湾岛上恢复统治并保持终生的？

要回答上述问题，必须从蒋介石复杂的个性和非凡的特点入手。与我们这个时代的其他军人政治家一样，蒋介石是个无所畏惧的人，无论是在心理上还是精神上都是这样。

在决策时他虽然有时会瞻前顾后，但一旦作出决策，他就会毫无顾忌地以惊人的速度加以实施。那些向他挑战的人都一个个先后被处死或投入牢狱。

在军事谋略方面，蒋介石受过良好的训练，久经沙场，但他只是一个战术家而非战略家。他的真正天才是善于搞政治阴谋。观其一生，他总是使各个派系互相敌视，对自己的追随者也是疑心重重。按照儒家的传统，他是个脱离人民的人。

但有两个人对他来讲是例外——他的第三任妻子宋美龄和儿子蒋经国，蒋介石只信任他们二人。于是他的僚属及其助手们总是人心惶惶，不敢对他讲真话。

尽管他笑脸常开，但他的性情变化无常，令人难以捉摸。因此，他周围的人在他面前都畏惧三分，总是唯唯诺诺，点头称“好”。

1930 年的蒋介石

据说，他年轻时经常欺凌原配妻子，后来也是喜怒无常。

有一次他在家看的一部电影冒犯了他，他马上呵斥放映师立即关掉放映机，而每当这时他都会暴跳如雷，掀翻茶几，摔烂茶杯。

蒋介石古板、暴戾、神秘的性格并非人们虚构。从 1936 年起，他与烟酒绝缘，外国来访者发现蒋已不饮中国烈酒，而换了白开水。战时，他的早点是牛奶和清茶。他不爱赌博，仅有的娱乐就是散步。平常他爱穿高领咔叽内衣，也不佩军衔和徽章，显得整洁。年轻的时候，这样的装束在老人看来是不体面的。那时他穿的是长袍马褂，戴的是室内便帽，像一个老书生。

蒋介石自己谦虚谨慎，两袖清风，但对周围的腐化现象他却采取宽容态度。他对其夫人家族（指宋子文家族）及其亲属便是如此。对于下层军官的腐化，蒋的态度则完全不同，有时会大发雷霆，下令将有关人员处死。1934 年，7 名军官贪污国家财产，蒋立即命令把他们全部枪毙。在另一个案子中，几位师长向蒋求情，要求他赦免一名犯罪的军官，但这几位师长一走，他便下令枪毙了这个军官。

有人认为，1927 ～ 1937 年的十年是国民党统治相对稳定的十年，是国民党蒋介石建立自己专政的十年。在这期间，虽然工作中的贪污与低效现象不断出现，但多数官员都在努力工作。电报与长途电话已推广到各个地区，包括 1937 年才纳入全国统一范围的四川在内。中国与美国、德国的航线开通了。中国境内一些省份的航线也得以开通，国家修筑了 75000 英里的公路，1934 年发行的以白银为储备的纸币得到稳定。三年后美国财政部通过《彼得曼法案》同意以白银交换黄金，从而帮助中国国民党政府进口武器。1932 年，蒋夫人的哥哥、财政部部长宋子文平衡预算，转换内债，废除厘金——这是太平天国以来被人痛恨的捐税。

学术研究得到复兴。中国过去没有的标点符号也被引入现代文学中。也就是在这个时期，胡适提倡的白话文得到普遍地推广。

1912 年，即孙中山革命的第二年，全国只有 2793633 名儿童上小学，而到 1935 年入学人数已达 11667888 人。高中入学人数也由 52100 人上升到 50 万人。1912 年，全国只有 4 所学院，1933 年全国有 40 所大学、40 所学院和 29 所专科学校。这一年，全国图书馆藏书达 450 万册。

但是，按照孙中山的三民主义原则所应该实行的民主却没有得到实行。1928 年 10 月 4 日国民党中央执行委员会制定的《中华民国组织法》规定，在人民懂得民主之前，党对人民实行“监护”。事实上，“监护”就是专制，就是警察国家。

1925 年至 1929 年，蒋介石的秘密警察头子陈立夫建立了中央调查与统计局（中统）。占领上海后，一直到 20 世纪 30 年代中期，保安组织也在全国建立起来。

中央军事委员会下属的军事调查与统计局（军统）组织更严密，权力更大。军统头子戴笠被人称为中国的“希姆莱”。他以国家名义处理特务案件，实行恐怖政策。他的“耳目”遍布社会各个阶层，可以执行秘密逮捕与暗杀。

在国民党的警察国家里，出版要经审查，期刊要经许可。因此，有许多出版物都夭折了。有的刚出版几周或几个月就被查禁了，但同时又有许多新出版物取而代之。

出于早期对共产主义的警惕和与上海黑社会的暧昧关系，蒋介石学习法西斯主义与纳粹主义。希特勒上台后，蒋介石派遣两名军官赴德国考察纳粹模式。

第二次世界大战爆发后，蒋介石又派他的次子蒋纬国赴德国军事学院深造。蒋纬国受到希特勒的两次召见。据说他曾与德军一起开赴奥地利。

蒋介石对纳粹发生兴趣的结果便是组建了一个法西斯式的机

构——由一万名成员组织的“蓝衣社”，于是全国像一座兵营，连幼儿园与墓地也被军事化了。

蓝衣社的教育方针是“国家化、军事化与生产化”。

蓝衣社使用暴力打击反对国民党政府的人，并清洗那些腐败的官员。他们从不关心孙中山的民主主义原则。蓝衣社的宗旨是集中控制。虽然蒋介石一直嘴上说献身民主，但他无疑是一名蓝衣社分子。蓝衣社的许多成员都是蒋介石的黄埔骨干。

蓝衣社虽在国内外声名昭著，但他们只是从事秘密活动。在蒋介石的“新生活运动”中，蓝衣社起了重要作用。蒋介石发动“新生活运动”的目的，是试图仿效法西斯主义，重振儒教，并以此作为团结全国的基础。此外，他和宋美龄还把基督教纳入“新生活运动”之中。儒家的四大原则，“忠、诚、礼、信”构成了“新生活运动”的精神基础。基督教的清教主义也被推崇。基督教青年会积极地投入运动之中。

在“新生活运动”中，蓝衣社发挥了它的作用。无论人们是否喜欢，它总是强迫人们成为清教徒与孔教徒。酒馆半夜被迫关门，跳舞也受到查禁，活跃分子被赶出舞厅与电影院；穿西服的人身上被洒上硫酸。蒋介石夫妇通过树立模范人物，试图恢复古代中国那种毫无生机的精神传统，但运动的结果却令人沮丧：他的失败远不止于此。

蒋介石从不担心权力无法推行，但他的许多倡议都在官僚系统中被拖延耽误了。在国民党首都南京，有的文件要通过 36 道手续才能有最后结果，常常一拖再拖，一项备忘录的答复有时拖延长达六个月之久。

这种官僚系统有两种官员，一种是负责具体事务的，一种是负责全面工作的。蒋介石是属于第二种，一般不做具体事务。在“二战”期间，据说他担任了不下 82 个职务。下面仅列出一部分：国民党执行委员会委员长、国民政府主席、全国军事委员会主席、海陆空三军总司令、中国战区最高长官、行政院院长、最高国防委员会主席、中央计划局总主任、国民党政治工作审查委员会主席、"新生活运动"协会主任、宪政起草委员会主席、全国滑翔者协会会长等。

1937年，由于日本发动全面侵华战争，蒋介石的新制度无论成败与否，均被迫停顿下来。蒋介石在日本留过学，知道自己的军队虽然兵额百万，但装备极差，与现代化的日本军队无法相比。蒋介石打算抗日，但采取了大撤退战略。

放弃首都南京后，他在西部的长江三峡入口处的重庆建立了战时首都。此地在军事上具有战略地位，但在社会与政治方面这里却是蒋介石末日的开始。广大的地区、众多的人口落入了日本人之手。

沦陷区的人民期待着共产党游击队，而不是逃命的国民党来抗击侵略者，保家卫国。

在江西建立苏维埃根据地以后的十年里，毛泽东学到了很多东西。毛泽东善于动员农民，发挥农民的无穷力量，而蒋介石却视农民为群氓，威胁他们顺服于自己。

毛泽东善于诱导农民认清农村现状的实质。毛的人民军队不抓壮丁，不拿群众一针一线，并帮助农民收获庄稼。毛泽东还没收土豪的田地，重新分给农民。而国民党正好相反，他们违反孙中山"耕者有其田"的主张，推行可怕的"国有运动"。

第二次世界大战促成了蒋介石与美国的联盟，但也带来了新课题。罗斯福总统认为领导中国军队及中国战场的美军总司令，应该是热爱中国人民、性格内向、中文地道而沉默寡言的人。

"醋鬼"约瑟夫·史迪威，1942年抵达重庆担任蒋委员长的参谋长，两人从一开始就发生了矛盾。史迪威是位战将，希望他的中国同盟军赴前线作战，并主张整治军官腐败现象，直接从战时首都挑选人才。史迪威认为中国政府的全部机构像一个臭气熏天的“大粪池”，他还蔑称蒋介石为“花生米”。由于双方互相反感，1944 年，美国总统解除了史迪威的职务。

此前一年，当蒋介石与斯大林、罗斯福、丘吉尔以四巨头的身份出席开罗首脑会议时，他享有了世界性的威望，美国人的援助滚滚而来，资金、武器、医药等各种战备物资运到了蒋介石的后方。但是，大多数物资又流入了黑市，物价开始飞涨，其惊人程度在近代史上只有德国的魏玛共和国可与之相比。

战争结束时，“蒋委员长”的统治已面临严重危机。内蒙古大部分与东北处于共产党控制之下。战争最后几天，苏联红军出兵中国，将缴获的日本人的大量武器与军火移交给毛泽东。

1945 年年底，杜鲁门总统派遣马歇尔将军出使中国，调解国共两党的关系，以实现和平。双方政治上毫不妥协，注定了调解必然失败。内战的乌云笼罩全国。事实上，1946 年内战就爆发了。

蒋介石（左）、宋美龄（中）、史迪威（右）等合影。

起初，国民党很快赢得了表面上的胜利，但 1948 年春天人民解放军发动了全面攻势。蒋介石方面士气一片沮丧，华盛顿最终对蒋介石政府感到厌烦，不愿再将美元供给这个没有希望的政府。国民党全军崩溃。

蒋介石夫妇合影

蒋介石做出可怜的姿态，于1949年1月21日正式辞去总统一职，由副总统李宗仁代理总统职务。蒋重返浙江老家。蒋介石自年轻时起就表现过一系列的“辞职意向”，然而只是到最后时刻才暂时辞职让位。而每次辞职后，他总使继位者表现得无能为力，好让他东山再起，重掌政权。

共产党占领南京、广东、重庆之后，蒋介石带领几十个师的精锐部队逃离大陆，来到台湾。

他失去了中国。虽然他后来在台湾取得了很大的成就。但也无法弥补他在大陆失败的灾难性屈辱。

成年后的蒋介石爱写日记。这个在公开场合自负而顽固的人，在他的日记中常常深刻地批评自己。每天，他与夫人一起双膝长跪，祈祷上帝保佑。

1975年3月29日，他的遗愿表达了他至死不泯的梦想：

> 吾之同人及同乡正值国家渐渐强大之际，汝勿因本人之故去而忘却国家之悲哀与希望。吾之天灵将永远与吾之同人及同乡一起实现三民主义、光复大陆、恢复吾之民族文化。

他还以谦虚和自傲相混杂的口吻说道：“余自束发以来，即追随总理革命，无时不以耶稣基督及总理信徒自居。”

蒋介石死了，他那不可思议的梦想也被带进了坟墓。

第二章

革命时机已经成熟

“革命时机已经成熟”，这句话是杰出的共和国总理周恩来在20世纪60年代用来描绘非洲革命形势时的名言。

在20世纪初的中国，正是革命者鼓动革命的好时机。孙中山博士是这场革命的先驱，他因此而名垂千古。后来，有两个年轻人对他的政治遗产发生了分歧，他们是蒋介石和毛泽东。

“革命时机已经成熟”，这句话是杰出的中华人民共和国总理周恩来在20世纪60年代用来描绘非洲革命形势时的名言。

在20世纪初的中国，情况更是如此，清王朝内忧外患接踵而至，帝国的秩序动荡不安，这正是革命者鼓动革命的好时机。

孙中山博士是这场革命的先驱，他因此而名垂千古。后来，有两个年轻人对他的政治遗产发生了分歧，他们就是蒋介石和毛泽东。

几个世纪来，中华帝国体制稳定，国泰民安，但到清朝统治时期国势开始衰落。其中一个原因是人口爆炸。1778年统计时，全国人口已达到242956613人。人口增加了，但并没有新的土地开发出来。清廷更担忧祸从国外起，于是限制向海外移民。中国人滞留国内，人口不断增加。

本来工业革命能够解决人口问题，但中国没有产生工业革命。更为严重的是，洋人带来的贸易和工业品已深入内地，破坏了农民们赖以生存的传统手工业。中国人毫无出路，因为工业化国家通过关税壁垒来限制中国手工业品的出口。

接着，洋人进来了，在我们这个交通发达、通信便利的时代，要理解洋人来到中国后对中国人及其统治者形成的变化与心理冲击，并非易事。与其他文明不同，中国在封闭中发展了自己的文明。沙漠、高山与大海把中国与外部世界隔离起来。

中国人认为自己的国家是“世界的中心”，比境外的“夷人”以及汉族周边的“南蛮”、“北胡”都要先进。在这种情形下，国家主权平等的国际关系概念，在中国是无法被理解的。中国皇帝认为接受“夷人”来朝是屈尊大驾，和“夷人”没有进一步交往的必要。

中国还有独特的表意文字——汉字。汉字复杂难懂，必然导致大量文盲。能够掌握汉字的人就有升官发财的机会，而那些家境贫寒、智商低下的人则被排除在外。然而，有发展前途的孩子即使家贫，如果得到地方慈善机构或富人的资助，也有受教育的机会，中科举，取功名，从而走上仕途。从这个角度来看，中国社会并没有森严的等级界限。

但是，西方近代意义上的民主概念对中国人来讲是非常陌生的。中国社会有过森严的等级制度，最高等级享有至上的尊严。中国俗语“天无二日”意思是说，皇帝的权威是至高无上的，中国是天下唯一的大国。在皇帝独裁之下，违抗皇帝命令是十分危险的，简直与背叛无异。

中国社会的另一个特点，就是法制不如其他国家发达，虽然有刑典制裁犯罪分子，但没有西方意义上的民主法典。

中国人对宗教的态度也不同一般，上帝的启示在他们的人生中没有作用，他们显得宽容大度。

中国人崇尚迷信，信仰佛教或道教。

西方人认为儒教是一种宗教，其实这是误解。事实上，儒教是一种伦理道德的模式，是中国的国教。不断的动荡，改朝换代，都需要儒教来确保社会的稳定。

然而，长期的稳定也有副作用，它带来社会的僵化与停滞不前。

几千年来，中国人建立了举世无双的伟大文明，他们的聪明才智与发明创造都在世界的前列。中国的农业技术领先于欧洲。皇帝大兴土木，把洪水泛滥的黄河流域及其他江河流域开发出来精耕细作。在农业、艺术、文学以及国家制度等方面，中国人认为在过去的黄金时代取得了伟大的成就。因此，点滴的变化均被视为异端，任何革命都得不到鼓励，似乎一切已达到完美的顶峰，不可再臻一步。

在这种秩序下，君主享有精神统治权，他的权力是绝对的，但不是永久的。人们认为君主是正义的化身。如果他不代表正义，就有可能被取而代之。

中国历史上的“犯上作乱”都因此而起。如果失败了，起义者就成为历史上的“叛逆”；如果胜利了，起义领袖就会黄袍加身，改朝换代，而被废黜的君主则失去其“天子”地位。

与绝大多数的外国人不同，中国人既不受讨厌的法律的桎梏，也不受基督教原罪概念的约束。他们有自己独特的信仰，他们忠于自己的家乡、家庭和家族。在这种“家”的环境下，长者仲裁纠纷，一人得道，全家沾光，一人遭灾，全族救援。

当外国侵略中国时，中国社会受到强烈的震撼。中国统治者妄自尊大的思想被粉碎了。他们发现外国技术比中国先进，同时他们又自我安慰，说外国的哲学没有中国的发达。但是，这种观点经不住事实的考验。

英国人来到中国的大门口，因其要求被中国拒绝而向中国宣战，中国方面认为英国发动战争是强迫中国进口印度鸦片的帝国主义行径，因此这场战争被称为“鸦片战争”。英国毫不费力地打了胜仗，于1842年8月29日签订了《南京条约》。广东失去了对海上贸易的垄断，中国被迫割让香港给英国，开放口岸，并赔偿 2100 万英镑。《南京条约》标志着“夷人”对中国皇帝的朝贡制度的结束。

外国的欺侮远没有了结，一系列的不平等条约接踵而来。1844 年、1858 年、1879 年、1881 年、1883 年、1885 年和 1895 年，几十年间签订了许多的不平等条约。国家丧权失地，民族屈辱日深，美国首先在中国获得了治外法权，在中国领土上设立法庭，其他国家群起效尤，也取得了这种特权。如果一个英国人或法国人杀了一个中国人，中国法庭无权审判被告。

1860 年，英法联军攻占北京，火烧圆明园，俄国人趁火打劫，掠夺阿穆尔河（黑龙江）与黑龙江省，建立了符拉迪沃斯托克。日本人比白种的西洋人更为险恶。东洋日本——后起的亚洲强国强迫中国割让了台湾。

1897 年年底，德国占领了胶州。于是，瓜分租借地的狂潮随之而来。外国侵略者随心所欲，中国已无主权可言。此外，国内接连发生民众造反，皇帝的权威受到挑战。

1851 ～ 1864 年，太平天国起义风起云涌，其规模之大，时间之长，令人吃惊，在西方国家的内战史上，只有西班牙内战和美国内战可以与之相提并论。西班牙内战历时三年，损失 50 万人；美国内战历时四年，也损失 50 万人。

太平天国起义时间更长，损失更大。在长达十四年的战争中，有 2000 万人丧失生命。在更为重要的意义上，太平天国起义是近一个世纪后毛泽东农民革命的预演。

太平天国起义的伟大领袖洪秀全不同于一般的中国人，他还是一个基督徒，他主张人人平等，财产公有。他是一位天才的领袖，建立了一支纪律严明、规模宏大的军队，攻占了南京，统治了中国中部与南部。1853年，洪秀全及其信徒宣告“太平天国”诞生，此刻北京清朝统治者惶惶不安，洪秀全虽是一个勇敢的征服者，却不是一个英明的行政建设者。1855年他开始走下坡路，革命运动面临着分裂。

起义四起，全国混乱。1900年，一场独特的起义爆发①。这场运动受到统治者的鼓励，目的不是灭“清”而是灭“洋”。起义者利用传统的中国拳术，进行自卫，故称“义和拳”。义和拳运动迅速蔓延，席卷中国北部乡村。他们烧毁洋教堂，处死成千上万的教民。7月13日，义和团冲进北京，包围了外国使馆。第二天，一支国际部队（八国联军）攻陷天津、进军北京，并于一个月后击败了义和团，救出了避难于使馆的外国人。此刻，这些人已惊恐万分，饥饿不堪。西太后则携员出逃。

八国联军洗劫了北京，强迫清朝政府于1901年9月7日签订了《辛丑条约》。其条件极其苛刻，列强要求中国赔偿7.38亿美元，包括利息，分40年还清。清廷官员受到惩处，列强使馆得到加固与扩大。通往天津的铁路沿线允许列强驻兵。中国遭受了奇耻大辱。

在后来的二十年里，有两个人对中国的历史产生了重大影响。一个是将军出身的政治家袁世凯，另一个是医生出身的革命家孙中山。

袁世凯打赢了朝鲜战役并升为朝廷驻韩大臣。袁本该满足，但他野心勃勃，试图夺取最高权力。公开的起义代价太大，充满危险，因而他选择了阴谋背叛。慈禧太后变化无常，凶暴无情。她唯一的宗旨就是反对变革与改良。光绪皇帝思想进步，他企图囚禁西太后，推行他那雄心勃勃的改革计划：筹设京师大学堂，修建京汉铁路，使军队近代化。

---

① 义和团起义。——译者注

袁世凯

袁世凯得知了光绪皇帝的计划，并向西太后告了密。西太后感到震惊，1898 年 9 月 22 日，她将光绪皇帝囚禁起来。

袁世凯估计他时运亨通，于是向西太后进言说：若欲保住帝国的天下，须建立新军，而他则是建立新军的最合适人选。创建新军需要资金和放手大干的自由，袁世凯都得到了。1905 年，他已建立了六支训练有素的新军。然而，三年之后他的一切计划都落空了。

西太后病卧床榻，于 1908 年 11 月 15 日，即光绪皇帝去世后的第二天，命归西天。光绪皇帝临死之前，同意由他的兄弟醇亲王任摄政王，并让其设法处死袁，因为袁在十年前背叛了他的改革计划。

醇亲王并不像光绪那样主张杀袁以谢罪。1909 年 1 月，他宣称袁患足疾告假回乡疗养，从而解除了袁的一切职务。新皇帝溥仪还是个小孩，摄政王则懦弱无能，宫内的太监与女人明争暗斗，皇位摇摇欲坠。1910 年 10 月，资政院召开会议，主张实行议会制度，这虽然违反醇亲王的意愿，但他还是同意于 1913 年设立议会。然而，革命已经来临。1911 年 10 月 10 日，革命终于爆发。袁世凯再次背叛清廷的机会到来了。

孙中山登上了历史舞台。孙中山（1866 ～ 1925）是一个伟大的革命家与意志坚强的理想主义者。但是，革命的道路是曲折的。在后来的几年里，孙中山的敌人袁世凯自私自利，破坏了革命。

从某种角度讲，孙中山与袁世凯都是民族主义者。但孙是一个爱国者，在紧要关头把国家利益置于自己利益之上；而袁世凯却不同，

孙中山

他把国家利益与私利混为一体。

孙中山个子不高，脸庞宽大，留着胡子，他的一生富有传奇与冒险色彩。据说早在1894年，他就于广东建立了第一个秘密的革命团体①。此后他先后发动了十次旨在推翻清王朝的起义，但只有1911年的革命成功了。当时，他是在革命爆发后才得到消息的，他正在美国，直到圣诞节才抵达上海。1895年他首次遭到失败，第二年他在伦敦被绑架，关在中国驻英公使馆达十天之久。他将困境告诉了一位英国朋友。由于这位朋友的斡旋，孙中山才被救出来。

后来孙中山到澳门、檀香山、旧金山、东京秘密活动，组织海外华人团体。10月10日爆发的革命本来计划晚一周起义。但是，10月9日一个炸弹在汉口俄租界突然爆炸，于是不得不提前起义。24岁的蒋介石是革命者之一。他率领一支由100名男人与两个女人组成的队伍向驻在杭州的浙江省都督官邸发动进攻。

摄政王吓得胆战心惊。他幸好没有听他兄弟光绪皇帝的话杀掉袁世凯。

现在只有袁世凯能够保佐帝位。然而，当醇亲王召袁回朝的信到达袁世凯手中时，他仍然称足疾未愈，迟迟不肯返京保卫朝廷。八天过后，当袁世凯得到他想要的一切时，他才同意返回朝廷。袁世凯回到朝廷以后，受到重用，任朝廷军机大臣，只有摄政王才能罢黜他。

① 指兴中会。——译者注

这正是他梦寐以求的要职。袁率领他训练与装备起来的新军开始镇压革命者。

但袁世凯并非真心实意地想拯救清王朝。他与共和革命者持有同样的观点，认为清王朝应该寿终正寝。但那时他的真实野心不是别的，而是要恢复帝制自任皇帝。

位居袁世凯之上的一位将军遭到刺杀，于是他便处于仅次于摄政王的要职上。1911 年 11 月 7 日袁世凯被任命为内阁总理大臣，负责组织一个新的临时议会。一周之后，袁世凯进入京城。

道路是曲折的，12 月 30 日，临时革命议会在南京开会，选举孙中山为大总统。此前十天，袁世凯的代表与孙中山的代表达成建立共和国的秘密协定。共和国第一任总统应由使清帝退位的人来担任。袁世凯正好是处在这种地位上的人。

1912 年 2 月 12 日，隆裕太后含泪接受了袁世凯监督制定的清廷让位令，并决定给予他组建临时共和政府的“全权”。可笑的是，清廷自己宣布共和。这个让位令对孙在南京的共和国只字不提，背叛清廷的袁世凯又准备背叛孙中山。他致电临时大总统孙中山，提醒他信守协议，支持迫使清廷退位的人。

如果是列宁接到这样的电报，他肯定会拒绝，但孙中山不是列宁。孙中山抗议由清廷宣布共和。同时，他辞去临时大总统职务，而仅有的前提是定都南京。此外，他的政府必须工作至参议院选出新的临时大总统并宣誓就职为止。孙中山不是袁世凯的对手。孙中山派遣一个使团北上，迎接袁南下。老奸巨滑的袁世凯在北京及其他三个城市发动兵变，诡称北方未定，何以南下？

袁世凯又得手了。1912 年 3 月 10 日，他在宫廷举行宣誓仪式，正式就任中华民国第二任临时大总统。

袁世凯虽然褫夺了清王朝的皇位，但他却给退位的清宫以优厚的待遇。并非袁偏爱清宫，而是位居统治者宝座的袁希望保留清宫的尊荣，小皇帝溥仪与宫廷侍从住在宫里，养尊处优，继续享受皇宫的生活。溥仪后来当了日本扶植的“满洲国”的傀儡皇帝。中共夺取政权后，他成了一名园丁。

袁世凯开始了另一项工作。起初，他容忍了共和国的存在。后来，他认为解散共和国的时机已成熟，尤其是必须解散对他有妨碍的革命组织——国民党（1912 年 8 月孙中山将同盟会改名为国民党，其意似乎是“公民的党”，但通常称为“民族主义的党”）。新政府正因贪污腐化，办事荒唐处于自我毁灭之中。

临时参议员与其说是工作，不如说是争吵不休，甚至拳脚相加。1912 年年底至 1913 年年初，全国大选仍无结果。选票成了金钱交易，许多新议员归属不同的党派。每次议会开会，大多数时间都用来讨论议员津贴问题。

袁世凯像一个杀手，1912 年他宴请国民党一位参加过武昌起义的将领，后来就把他谋杀了。

孙中山立即赶到北京，要求袁对此进行解释，为了使孙息怒，袁大总统任命孙中山为中国铁路总监。这是一个吃力不讨好的职务，因为铁道根本没有建设资金。

袁世凯资金匮乏。清廷的国库所剩无几，地方军阀横征暴敛，政府的税收难以实现。袁世凯向外国银行贷款，他以盐税担保，谈判“善后大借款”，总额为 2500 万英镑。1913 年 4 月 27 日，贷款协定终于签订，但是，不久又出了一个小问题。宪法规定条约审批权在议会，虽然议员们已明确表示准备通过贷款协定，但袁世凯把议员们完全忘记了，于是，他指示他的总理与两名部长在贷款协定上签了字。外国

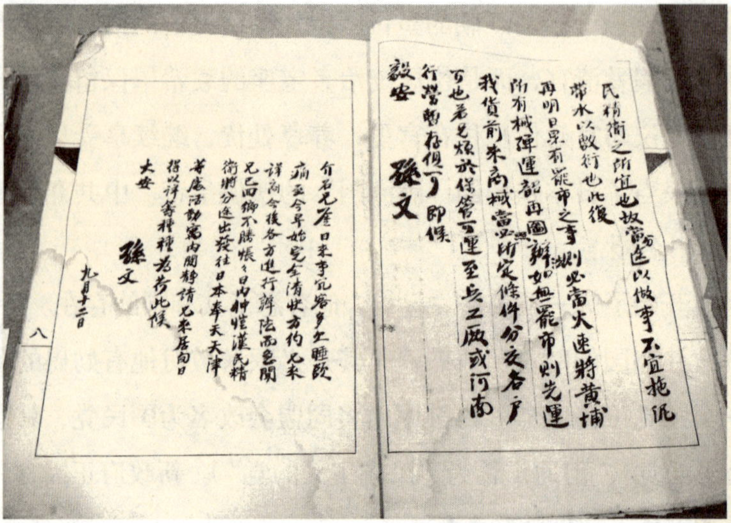
民精衛之所宜也故當速以做事不宜拖泥帶水以敷衍也此後再明日果有罷市之事則必需大速將黃埔所有械彈運韶再圖辦如無罷市則先運我貨前來商械當照所定條件分交各戶可也若兄煩於保管可運至兵工廠或河南行營暫存俟□即係
毅安
孫文

介石兄鑒日來事冗略少睡眠痛至今尚未完全清快方約兄來詳商今後各方進行辦法而忽聞兄已回鄉不勝悵悵日內仲愷漢民精衛將分途出發往日本奉天天津等處活動寓內閒靜請兄來居旬日藉以詳商種種為荷此候
大安
孫文
九月十二日

孙中山与蒋介石的信函手札

银行实际上只支付了 2100 万英镑，袁世凯立即支付 25 万供清廷用，6 万供总统与内阁支出。

国民党仍是袁世凯的眼中钉。在 1912 年至 1913 年的大选中，国民党议员赢得了参众两院大多数席位。

1912 年 10 月，孙中山离开北京，袁世凯立即颁令禁止国民党秘密结社活动。孙中山本可以继续留在国内指导革命的航程，但这年冬天他去了日本，考察铁路系统。

孙中山任命年轻有为的宋教仁任国民党执行委员会主席。1913 年 3 月 21 日，宋在乘上海至北京的火车时被人枪击腹部而死，年仅 31 岁。袁世凯的刺客又开杀戒了。

面对如此暴行，孙中山再也不能容忍了。不久，他通电声讨袁世凯："你背叛了国家，我必须像反对清王朝那样反对你。"

1913 年 5 月 5 日，国民党在议会中以多数票通过决议，认为"善后大借款"属非法。7 月 10 日，诸省国民党将领响应孙中山的号召，发动武装起义，史称"第二次革命"。但它没有第一次革命组织严密。

不到两个月，袁世凯的军队就打败了国民党的进攻。

10月6日袁世凯正式就任大总统。11月4日，他下令把所有国民党议员驱逐出议会。1914年1月10日，他解散了国民党。袁世凯复辟帝制的计划已快告成。1913年10月，袁世凯政府已获得世界列强的多数承认。次年5月1日，经过修改的临时宪法给袁世凯以巨大的统治权。

1915年8月，他公开进行复辟帝制的活动，皇帝的龙座似乎唾手可得，由他一手操纵的全国大会推选他为皇帝。

12月9日，袁正式接受帝位，定于次年登基，并定为洪宪元年，同时发行有袁世凯头像的货币。

但是，上帝并不想把统治权交给这个背信弃义的独裁者。袁世凯很快出人意料地倒台了，而倒袁运动始于东京。

袁世凯解散国民党后，孙中山重新组织力量，又建立了秘密组织，他创立了中华革命党临时总部，设在日本。

1914年8月23日，日本向德国宣战。不久，日本人破坏了中国的中立。1915年1月19日，日本向中国秘密提出了臭名昭著的“二十一条”。直到5月8日，袁世凯才迟迟接受日本的最后通牒。日本人接受了德国人在山东的特权；日本人在满洲的租借期延长到99年；日本公司享有在华商业与工业利益。这是又一个不平等条约。

“善后大借款”已花光了。袁世凯政府已日薄西山。在一片声讨与屈辱中，他不得不延迟复辟帝制的计划。

然而，1915年12月25日云南都督蔡锷在日本人资助下，宣布云南独立，讨伐复辟帝制的人。其他诸省先后响应，陕西、四川、湖南也相继宣布独立。孙中山回到上海，发表讨袁演说。

1916年6月6日，辱恨交加，重病缠身的袁世凯离开了人间。

在他死前三周，他企图再次以暗杀阻挡革命的潮流——他派人刺杀了孙中山最优秀的追随者、蒋介石的革命导师陈其美，但这次暗杀也没能挽救他的命运，却给他的历史记上了可耻的一笔。

第三章 求学日本

蒋介石从小就表现出自己的终身性格——屡陷逆境，但总能设法从逆境中脱身。

蒋介石成功的秘诀是什么——蒋介石的恩师长冈外史认为忠心耿耿和知恩必报才是蒋介石成功的秘诀。

蒋介石的父亲出身于世代农家，母亲是个虔诚的佛教信徒，但这个世代务农的家族到了蒋介石的父亲蒋肃菴这一代便开始改换职业了——他成了贩盐商人。

在后来的岁月里，蒋介石渐渐认为他是周朝一个大夫的后代，并为证实这一点而费尽周折。

溪口的村民们常常找蒋肃菴商量事情，因为他见多识广，被认为有头脑。蒋介石的母亲是蒋肃菴的第三任妻子，但她对蒋的前妻留下的孩子都能一视同仁，给以慈母般的关怀。她嫁到蒋家两年后，蒋介石出世了。据说他生性活泼顽皮，但体弱多病，从小就表现出自己的终身性格——屡陷逆境，但总能设法从逆境中脱身。

据说他 3 岁时，有一次将一双筷子插入自己的喉咙，看能杵多深，他发现杵进去不难，可要拔出来就不那么容易了。“弄坏嗓子了吧？”爷爷知道后焦急而又心痛地问他。“没事，我不还可以好好说话吗，我没哑。”他从床上一蹦而起冲爷爷大声叫道。

两年后的 1892 年冬天，幼小的蒋介石跳进一口大水缸，这水缸有成人那么高，中国人通常将它放在屋檐下用来装水。缸里的冰块引起了他的好奇，从那东西里他看见了自己的影子，便跳了进去。这一次兄长们都不在旁边，结果他浑身上下湿了个透，结成了冰，还吞了一肚子冰水，费了九牛二虎之力才爬出来。

他家屋前有一条湍急的山溪流过，他常常跳入溪水中洗澡，有时乐而忘返（“溪口”——他出生的地方——意思就是“小溪的出口”。这里又叫“武岭”，另外它还有一个诗一般的名字叫“锦溪”）。中国传统的教育制度历来忽视体育，但对蒋介石来说，由于经常在乡间的小溪中游泳和外出爬山，使他从小就很快摆脱了孱弱多病的体质而变得体魄健壮了，并在他那漫长的一生中一直保持到晚年。

他最喜欢的娱乐是玩打仗的游戏，和戴高乐将军小时候一样，“总司令”一律由他自己担任。据说他经常站在一块高地上，向小伙伴们训话或给他们说古道今，这样他很早就养成了在大庭广众之下演讲的习惯。后来他时常发表些没完没了的演说正是得力于这种早熟的演讲基础。

奉化溪口蒋介石故居蒋氏宗祠

那时候，溪口人谈论的问题大多集中于中国的动乱，蒋介石 7 岁那年，中国被日本打败。1895 年的《马关条约》使中国被迫割让了台湾岛和澎湖列岛。

蒋介石常常可以听到周围的人谈论由清王朝带来的这一新的奇耻大辱（这与后来成为将军的佛朗哥一样，佛朗哥小时候也经常听到街头巷尾、家家户户都在谈论西班牙在与美利坚的战斗中被打得一败涂地的耻辱）。这种谈论本身可能并不会缔造出民族领袖来，但它确实可以影响一个人的意志。

就连清朝统治者此时也意识到了变革的必要。倒霉的光绪帝在激进的改良派康有为的引导下发动了“百日维新”（1898 年 6 月至 1898 年 9 月），这使他得罪了官僚集团和令人畏惧的西太后，还没等他把事情办完，西太后就把他监禁起来了。

中日甲午战争之后，开明的两江总督张之洞写了一本具有爆炸性的小册子《劝学篇》，该书出人意料地销售了 100 万册，其主旨是要求人们勿忘中国所遭受的如土耳其一样的耻辱，勿忘要和日本一样革新。位于东亚的中国当时的确和位于欧洲东端的土耳其一样是个病夫。

在溪口，识字的人不仅自己看《劝学篇》，而且还将它读给不识字的人听。眼看列强的劫掠接踵而至，义和团运动成了中国人对所面临的局势的绝望的回答。

所有这些对蒋介石来说并无多大意义，他只不过在以后的岁月里可能会有意无意地回忆起这些往事罢了。由于他调皮捣蛋，经常惹是生非，他母亲很是担惊受怕，觉得他应该接触一下外面的规矩了。在取得丈夫和公公同意后，她为年仅 4 岁的蒋介石请了一个塾师。关于他的学习才能说法不一，但由于他经常逃学去玩打仗的游戏，他的进步似乎很慢。好在当时正常情况下，4 岁还不是勤学用功的年龄。即便这样，他还是在不到9岁时就读完了法定的孔夫子的四部经典著作：夫子自己的《大学》《中庸》《论语》和他的信徒孟子的《孟子》，这四部书要求中国所有有志青年都得在不大理解字里行间的意思时就能句读背诵。9～16岁期间，蒋介石还学习了“五经”:《诗》《书》《易》《礼》《春秋》。

1895年，蒋介石8岁那年，父亲去世了，他就由母亲和祖父抚养。后来蒋介石对他们二人倍加颂扬。由于他难得给世人留下传记资料，有必要摘引他在一篇讲话中关于他母亲的一段话，这篇讲话是他在1936年10月30日，他“50”岁生日（按中国人的算法，出生的那一年就已经1岁了）时向全国人民发表的。他说：

“……对先母的记忆是不可磨灭的，她含辛茹苦地教育和哺养着我这遗孤。如今，她的陵墓上已草木丛生，我不能不痛感仍一事无成，我辜负了她老人家寄予我的希望。”

据他透露，在那段日子里，他家境艰难，母亲用铁一般的严规戒律管束他。她只要觉得他没有达到自己要求的严格标准，就会毫不犹豫地打他。她相信仆人的活儿对锻炼他的性格有好处，所以就要他每天干洗碟子、拖地板之类的活儿。

蒋介石曾感慨地说：要知道那时的清政权正处于最腐败的状况。腐朽的贪官污吏和堕落的显贵对欺压鱼肉百姓已习以为常。我家既无靠山又无权势，很快就成了他们欺凌的目标。苛捐杂税和不正当的劳役时不时地落在我们头上。有一次，他们在村公所前大庭广众之下欺负我们，我深感遗憾和痛心的是在场的亲友们一个个都见之而无动于衷。那时我家境悲惨，的确无以形容。我们家之所以能够免于倾家荡产，全亏了我母亲和她那善良而又坚韧不拔的品格。

有一本蒋介石的传记对蒋介石的这段辛酸的回忆讲得比较清楚：

少年时期的蒋介石

溪口的一个村民由于付不起粮租而出逃了，由于蒋家家主去世，当地的官吏就将年幼的蒋介石抓起来，一直拖到村公所前，并威胁说要是他付不清那出逃的村民所欠的租子，就将他送进大牢，欠租最终可能由他家付了，因此他后来很快就被放了出来。但这次借“皇上”的名义而使蒋母和她儿子蒙受的不白之冤和耻辱，对他俩都是一次沉重的打击。

后来，蒋介石经常将这件事称为“点燃我革命之火的第一颗火花”。

1901 年，蒋介石年方十四，他的长辈就做主为他操办了婚事，让他和一位比他大三岁的姑娘——毛福梅结婚。要是蒋介石继承了他父亲贩盐的生意活，这桩婚姻本可以是圆满的，但没过几年，他在东京寻花问柳的风言风语就在他的家乡传开了。

蒋介石 17 岁那年曾求学于一位叫顾清廉的人，此人在奉化镇办了一家名字很古怪的文学馆，馆内收藏了许多“经”、“史”、“子”、“集”。其中有一部书对于蒋介石来讲，可能要比别的任何一部都重要得多，这就是中国最早也是最著名的军事著作——《孙子兵法》(后来的事实表明，他对这本书的要旨远不如他的对手毛泽东掌握得透彻)。馆内还有镇压太平天国运动的总督曾国藩的著作，有蒋介石深为敬仰的中国历史上的一位著名学者王阳明的书，王阳明是明朝一位学者兼政治家。后来蒋介石流落到台湾，还将那里的草山重新命名为阳明山，以示缅怀。

蒋介石从顾清廉的教育中获益匪浅，他被引向了更为正统的儒家学派——以宋朝朱熹为首的儒家学派。该派的信条是“存天理，遏人欲”，主张修身养德，自我约束。后来，蒋介石之所以经常到庐山去举行会议和开办训练班，是因为那儿正是当年朱熹经常讲学的地方。

对青年蒋介石更具有关键意义的是，他的老师将自己所知道的有关孙中山和即将爆发的革命的情况都告诉了他。

私塾学堂满师后，蒋介石又去了这个镇上的一所学校——龙津中学堂，不过他在那里只待了三个月就突然决定去东京学习军事。

蒋介石的传记中都记有他在这段时期的一个怪癖：他每天都起得很早，起床后就在卧室前的阳台上，笔笔直直地一站就是半小时，双唇紧闭，双臂紧抱胸前。

传记作者们都想推测这时他的大脑在想什么。从他不久后的行动来看，当时的他正由于满怀着一种新的向往而心潮澎湃。

他投笔从戎是因为他觉得需要拿出实际行动，需要去冒险，需要去争取为国效力的机会。他选择东京作为开始学习的地方，是因为日本的首都是当时世界所公认的军事艺术中心。更为吸引人的是在东京他最有可能去结识流落东洋的中国革命者。

1905 年，蒋介石拿定主意东渡求学。这一年，日本仍在和沙俄争得不可开交，他的亲朋好友们都费尽心机劝他放弃这个傻念头。可他是个既已拿定主意就不轻易改变的人。他一声不响，不与他们争辩，而是操起一把剪刀“咔嚓”一下剪掉自己脑后的辫子，他认为这会让那些成天围着他团团转而纠缠不休的人大吃一惊。正如他猜想的那样，他这一招还真灵了。

在当时，任何青年只要剪了辫子，就会被别人拒之门外。他只有远走他乡，离自己的故乡越远越好。他母亲对孩子从不娇生惯养，自己也想得开，便筹措了一笔钱给他做旅费。

1905 年 5 月，蒋介石乘船东渡日本，可是这首次东渡却有点虎头蛇尾。帝国军官学校没有革命者的落脚之地，拒绝接纳他们。这些学校和中国的军机处有个协议：中国来的学生只有属于由清政府推荐的才准予注册入学。尽管如此，对蒋介石来说这次东渡并没有白费，因为正是在那个时候他在东京结识了后来成为他革命的良师益友的陈其美——人们通常把陈看作孙中山的最有才华的早期追随者。蒋介石眼看着不久将不得不回国，就去学日语。

但他母亲觉得既然他在东京求学未能如愿，他就不应该还待在那里，于是她假称家中有件不可推托的事——姐姐出嫁——以此为借口催他回家。到底是个孝子，他于当年冬天返回了家乡。

然而，1908 年蒋家发生了一件更为重要的事。蒋介石的大儿子蒋经国出世了。这是毛福梅对蒋家的巨大奉献。刚开始她和蒋介石的生活并不顺心，婆婆既苛刻又啰唆，老是要她唯唯诺诺，恭敬顺从，官方的传记作者们都称赞毛福梅落落大方的性格，但她本人却经常向自己的朋友流露，她其实是过着一种对自己丈夫粗野性格的恐惧以及对自己常遭到的毒打提心吊胆的生活。

青年时期的蒋介石与母亲合影

蒋介石开始接受军事教育了，但却是在中国，而不是在日本。

1906 年，尽管有段日子他曾抱病在身，但他还是通过竞争激烈的考试，考入了保定军官学校。

浙江报考者有 1000 多人，只考中了 60 人，他是这 60 人中的一个。但是有两件事对他不利：他是汉人而非满族人，另外他留着短发，而这在革命前的中国可能就会被认为是对帝国传统的蔑视，招致叛逆的嫌疑——被认为是一种具有危险思想的人物。

学校里的教员大多是日本人。由于他们国家刚刚打败沙皇军队，取得了辉煌的胜利，早些时候还战胜了中国军队，所以他们一个个都显得趾高气扬，毫不掩饰对中国人的蔑视。

有一次上卫生课，日本教员拿出一个土块，将它比作中国，看到学生们一个个脸上都露出迷惑不解的神色，这个教员解释道："中国有 4 亿人，而手中的那个土块正好有 4 亿个微生物。"

看到这，蒋介石胸中陡然升起一股怒火，他不顾军纪走上前去，把那土块一下掰成差不多大小的八块，两眼怒视着教员问道："日本有 5000 万人，是否也像 5000 万个微生物，寄生在这土块的八分之一中？"

教员被问得哑口无言，可不一会儿，他用手指着蒋介石剪去了辫子的头威胁地说道："你是个革命分子！"据说蒋答道："先回答我说得对不对，请别把问题岔开。"

在军校，是不允许学员这么做的。对蒋介石来说，他是冒了很大的风险的。他可能因此而被军校赶出来，还有可能被秘密逮捕。

他被召到校长办公室，算他走运，校长觉得他这么干有他自己的理由，只严厉训斥了他一顿，并不深究，这件事就这么了结了。

这年年终，有一批人数有限的学生被选送到日本去学习军事，蒋介石是其中之一。他懂得日本语，在选拔中派上了用场。1907 年春，他注册进入东京振武学堂。

在这段时间，他的同学们觉得他对人虽然彬彬有礼，但很冷淡，他对同学间的友谊并不太在意，常常对别人的友好表示无动于衷，这使他不大受人欢迎，他的同学们认为他傲慢。不过他对一个人是例外的，那就是张群——他是蒋介石当时的同学，并赢得了蒋介石的终生信赖。除了蒋夫人和蒋经国外，张群要算蒋介石最亲密的知己了。

当时的学习生活比他所能想象的还要艰苦，甚至超过他在母亲寡居时所受的困苦。一日三餐很简单：每顿一碗米饭，加上几小片鱼和一小盘萝卜，他强迫自己把分到的这点东西凑合着吃下，由此他渐渐养成了节俭的习惯并终生如此。

每到漫长的暑假，蒋介石总要千里迢迢赶回家去看望母亲（看妻子倒是次要的），不过每次他总要在上海停留去看望那里的革命者，并帮助他们征募人员和筹集资金。他这时尚未加入任何革命组织，尽管他的卫生课老师曾对他产生过模糊的怀疑。

后来在东京，陈其美介绍他参加了同盟会。蒋介石第一次参加同盟会的大会时，孙中山在会上发表了讲话。会后陈其美向孙中山引见了蒋介石。

陈其美

关于这次后来被大书特书的“历史性”会晤，既无文字记载，又无影像有声资料。按照喜欢臆想的传记作者所说，这位热血青年给孙中山留下了极深刻的印象。孙中山对陈其美说：“这个人将成为革命的中坚，我们的革命运动正需要这样的人。”

现在回顾一下，这句话的后一部分比前一部分要说得恰当一些，除非孙中山是个轻率的人，否则他就不会对陈其美这么说，因为陈其美那时有理由认为，要是革命确实需要个中坚的话，那么这个角色定是非他陈其美莫属。

不管蒋介石在与孙中山的第一次会晤中是否给他留下了深刻印象，他俩的会晤倒确有其事。那时的蒋介石正是一个渴求找到领袖的热血青年。

而今他终于找到了领袖，这时正值孙中山活动的高潮，也是革命最具有吸引力的时候，他感到欣喜若狂。

那时候，中国公民不需要履行任何手续就可以进入日本，不管他属于什么民族，也不管他的政治信仰如何，既不需护照也不必办登记。

然而要是清廷官方向日本指出有某个不良分子要去日本或已在那儿，日本方面就会禁止此人入境。如果已在日本，也会将其驱逐，以满足清廷的要求。

对孙中山，清廷正好向日本提出了这样的要求，这大概是在孙蒋会晤之后不久。毫无疑问，孙在日本已培植了一大批革命的追随者。他过去是从上海被赶出来的，如今东京也待不下去了，他就将革命总部移往香港。

当蒋介石还在军校学习时，孙中山在不到两年的时间内在华南各地就进行了不少于七次的革命尝试，但都失败了，他的许多追随者被杀了头，清朝的统治依然如故。

蒋介石每次总是主动提出要为革命出力，但每次都由于出于长远的考虑而被拒绝，孙中山说，他为革命为中华能作的最大贡献就是完成他的军事学业。

1909年11月底，蒋介石从军校毕业了，下一步是上正规的军事大学，但在此之前军校学员得去体验一下最低级的军事人员的生活，看看自己能否受得住这种艰苦生活的考验。

1910年1月一个凛冽的早晨，蒋介石站到了驻扎在高田的野战炮兵第十九联队队长日奉大佐面前，“啪”一个立正，打了个敬礼，他俩的顶头上司是“大胡子将军”长冈外史，他统率着日本陆军第十三师团，日奉大佐的联队就隶属于这个师团。

整个冬季，蒋介石每天天亮前三小时就起床，第一件事就是去喂自己的马，然后上早操，他整天都在户外，晚上日本士兵们通常要干奴仆般的苦活。

后来蒋介石对他在日本这几年的生活只字不提。这些活是规定死了的，非干不可，他几乎没有时间和自己的中国同学往来，但一旦和他们聊起来，他总要说些“上战场比这要苦得多，没有人不可忍耐之事，习惯成自然嘛”等诸如此类的话。

很奇怪，蒋介石似乎并没给他的日本长官们留下什么印象。他们绝没想到他会干成什么大事。十几年以后的1929年，这时的蒋介石已出名了。

长冈外史冥思苦想试图找到蒋成功的秘诀，他写了篇文章回忆说：1927年在东京，他邀请蒋和日奉大佐一起喝茶。和往常一样，蒋穿戴得笔挺，“像个潇洒的影星”，谦恭有礼得有点儿过分，告别的时候，蒋献给长冈一个条幅，上书“不负师教”四个字。长冈外史认为正是忠心耿耿和知恩必报才是蒋介石成功的秘诀。

当武昌起义的消息传到蒋介石耳中时，他便决定暂时放弃在日本的军事学业，马上回去参加革命。自那以后，尤其是参加杭州战斗以后，蒋介石的个人经历就开始同中国的现代史结合在一起了。

开始他并不引人注目，后来则成为一个举足轻重的人物。

国民党的史学家们都称蒋介石的部下为“敢死队”。在带领部下成功地攻打浙江巡抚衙门之前，他给母亲写了封信，信中恳切地希望母亲“恕儿不孝之罪”。接着他又说他是多么希望能干一番事业出人头地，纵然战死也心甘情愿。从他母亲的回信可以看出，她确实是个名副其实的刚强的母亲。她在给儿子的回信中说：“献身与否均由你的事业决定。家中的事不必挂念。”

战斗胜利结束了，尽管对一个年轻人来说，他的作用与重大得多的整个事业相比显得很有限——而且这场战斗的胜利充其量也只能算整个杭州起义的一部分，但大家都认为他干得挺不错。后来，一位将领写了本不长的书《浙江独立纪实》，书中把蒋介石当作英雄特写了一番。为表敬意，他献给蒋介石一本，并随书附信一封。按照儒家的风尚，蒋介石回信说，他无功受禄，受之有愧，并希望此书再版时，作者也能公正地评价一下书中未曾提及的参加了这次战斗的其他人员。

有一本蒋介石的传记记录了这次信件往来，但没说明日期。不过可以推断出这事可能发生在 1912 年 8 月。正是在这个月，国民党成立了。也正是在这个月，袁世凯派人暗杀了一位民国将领。

这些事件反映了革命运动的状况：清政府被推翻了，但这种变化的结果只是仅仅让另一个清朝的官员上台，而他对孙中山的革命纲领——三民主义毫无兴趣，如果这样的话，那这种变化还有什么意义呢？蒋介石觉得幻想破灭了，他不甘谋职于袁世凯麾下。也就是在那一月——1912 年 8 月，他决定返回东京继续学习他的军事。

他一面学习，一面担任《军声》杂志的编辑工作，该杂志经常由他自己撰稿。他的第一篇军事政治著作就是在 1912 ～ 1913 年这段时间写成的。他在《军声》杂志创刊号上撰文向往一个大同的世界，在这样的世界里各种族和睦相处，只需警察来维持秩序，没有战争，因而也无须军队。他更现实地分析了西藏和蒙古的局势，指出俄国和日本最有可能与中国为敌，他排除了中国能经受得住俄国人进攻的可能性，指出实际上无论侵略来自何方，中国都不堪一击，并大声疾呼建立一支至少有60万人的正规陆军来保卫国家。

就中国的面积和当时庞多的人口而言，这已是相当小的兵力，但这也将花去相当于中国的一半到三分之二的国家收入。他还强烈批评了把军权和民权集中于省总督一人之手的制度，他写道：这种制度要是不改变，中国总有一天会变成由许多各自为政的王国组成的一个松散的拼盘，因此，军权必须由中央政府来掌握。

蒋介石发表这通狂论时是二十五六岁。20世纪20、30年代，戴高乐就法国的国防问题也发表了一些文章和书籍，并引起了争论。这样看来，蒋介石发表类似文章时比戴高乐要年轻十岁。尽管那时人们同样爱好争论，但蒋介石的这篇文章是否引起过类似的争论并无记载。不过，当时他还很年轻，又不太出名，而且文章还是在一个异邦的首都写出来的。

那时候在远东，任何一个想从事军事生活的年轻人学习军事，首先想到的便是日本，然后才能轮到另一个军事强国德国。蒋介石正打算去德国继续他的军事学习时，孙中山为推翻袁世凯而发动了“二次革命”。蒋介石立即赶往上海投奔陈其美，担任了陈的参谋长。

1913年7月23日，按照事先的计划，陈其美宣布上海独立，但这次也和以前一样，革命者举事迅速，失败也迅速。他们攻打的制造局防守严密，战斗中蒋介石还被一名哨兵抓获，但他设法逃了出来。

蒋介石失败了，但并没因此而失宠，在孙中山眼里，他甚至变得更坚强了。要说孙中山是个成功的革命领袖，似乎不太恰当，但蒋介石对他身处逆境所表现出的勇气倍加钦佩。

御用的传记作者因此而认为他俩的亲密友谊即始于此时。这次革命失败后，他俩同赴日本寻求避难（日本对孙博士的到来是不加禁止的）。

他们的党被背信弃义的袁世凯取缔了，国民党领袖们眼睁睁地看着他们的民国在遭到极度痛苦的挫折后土崩瓦解了。不错，他们革命所发生的影响和作用遍及全国各地，但绝大多数地区传来的报告都令人沮丧。

南方的局势尤其险恶。陈其美认为，不管怎么说南方受革命影响较大，而真正的革命目标其实应该是北京和北方。孙博士认为他说得有道理，便将他派往大连，在那里花了六个月的时间进行实地调查，但结果一无所获。

现实是无情的。在国民党和袁世凯的斗争中，国民党不论哪方面都要略胜一筹。但他们的组织涣散，情报不可靠，治安防卫漏洞百出。蒋介石很早就发现了这些问题，1914 年春他再一次意识到这些问题。这一年他被派往上海去执行一项任务，在那里组织一起暴动，他计划制订得十分完善，但方法有点欠缺。他打算一动手，就马上占领该城四周和海岸附近所有重要的战略点。但上海镇守使老奸巨猾，一年以前他曾遇到并处理过类似的问题。他的安全防范设施十分有效，5 月 30 日，他派警察对蒋的总部突然袭击，进行搜查，部队和警察一下包围了蒋介石正打算去的一个朋友的家。

蒋差一点被抓了起来。当他从远处看到围着一群人时，就赶紧逃之夭夭了。

6 月，孙博士派他和另一个同事去黑龙江调查一份安插在那里的一个国民党员写的报告，报告说那儿的条件已成熟，可以举行起义。蒋介石讲一口结结巴巴的北京官话，而且对那儿的情况缺乏了解，派他去干这种事并不适合。但调查了一些地方后，蒋介石报告说，在那里举行起义，成功的可能性精确地说只能等于零。后来才弄清楚，那位打了乐观报告的国民党员，原来是想借此筹到资金，以饱私囊。这样的事例在国民党统治大陆的历史中不胜枚举。

看来又得等很长一段时间了。蒋介石回到东京，开始整天钻研中国哲学和军事著作，并且开始每天晚上在日记中记下白天所干的错事。

由于那时他没有多少事可做，所以有人猜想他并没多少东西可以往日记里写，但记日记的习惯已缠住了他。他一直将这个习惯保持到死。

然而革命行动并未销声匿迹。1915 年夏，蒋介石又迎来了所谓的“第三次革命”。与前两次一样，这一次的结果仍无起色。

蒋介石第一次——但并非最后一次——效法袁世凯惯用的伎俩，策划了一起暗杀行动。因为上海守官两度挫败了蒋介石占领该城的企图，这一次蒋得将他干掉。于是两名国民党刺客——一个是神枪手，另一个怀揣炸弹，于 11 月 10 日找到了暗杀的目标，但关键时刻他俩却变节自首了。

12 月 5 日，原定的海上援助攻城计划只得告吹，设在法租界内的革命总部也被法国巡捕捣毁，蒋介石爬到另一幢楼上才得以脱险。

这次失败使蒋深受打击，可能由于神经衰弱，也可能是由于得了一种身心病——心理情感的原因而引起的身体上病症——他开始卧床不起了。他仍隐匿在上海，他母亲得知这个消息后，长途跋涉赶来护理他，好让他恢复健康。

关于蒋介石的母亲对儿子那时过的生活是怎么想的，并无任何记载。

蒋介石的御用传记作者对蒋在上海期间的细节描写似乎太过珍惜

笔墨了，这是可以理解的。

蒋的朋友陈其美除了在革命方面是蒋的良师益友外，在别的一些事情上也是蒋的“师友”。他时常光顾妓院，蒋介石也每次同往。

1912 年，在一次晚宴上蒋介石与一位姑娘眉来眼去，这姑娘叫姚怡诚，是为一个名妓做下手的女仆，双方的目光都很炽热。不久她就成了他的情妇，蒋介石还将她带回老家。姚氏自己没有生育，蒋纬国被从日本带回来后，她就将他视为己生（蒋纬国是蒋介石在东京时期的私生子）。

尽管蒋介石经常被通牒缉拿，但他似乎颇有逃遁之术，总能躲过袁世凯巡警的追捕。当时他在上海混迹于下流社会之中——这个社会是由冷酷无情而又臭名昭著的青帮统治的天下，它是黑手党在中国的变种。他们控制着鸦片、妓院，敲诈勒索，过着花天酒地的放荡生活。在这个无法无天的城市中，他们干着各种污七八糟和伤天害理的事，谁要和他们作对，他们想把他干掉就可以把他干掉。为了哥儿们义气，他们可以采取暴力。这是一支可能连警察都自叹莫如的有组织的势力。

如果说蒋介石是受到了上海黑帮势力的保护的话，那么他是用什么来予以报答的呢？当时他不名一文，也没有证据能说明他当时和黑帮狼狈为奸，共享赃物，但他和黑帮一起，共同对付袁世凯的警察，倒是真的。他落难之时黑帮拔刀相助，也实有其事。尽管有时他到上海证券交易所充当经纪人来打发生活，但当时他还是常常处于危险之中的。

在袁世凯看来，蒋介石和陈其美已是他的眼中钉，必须将他俩除掉。1916 年春，蒋介石恰好又给袁世凯制造了个麻烦：他占领了位于长江南岸介于上海和南京之间的江阴要塞，后来他的部下纷纷离去，只剩他孤身一人守着要塞。这一次蒋介石又遭到了失败，不过他再一次逃脱了。

此时陈其美已接任国民党党务部部长，命蒋介石为其助手，这是耽于幻想的孙博士所实行的试图集中党的组织机构的计划中的一部分。如过去一样，经费还是少得可怜。

一天，有个人向陈其美提出要向革命组织献款，陈动了心。其实他应该谨慎一点，因为提出献款的人实际是一个身为国民党员而替袁世凯办事的特务。1916 年 5 月 18 日，陈其美前往预定的交款地点时，在途中被枪杀了。

陈其美的死使蒋介石深感悲痛，在为他这唯一的亲密朋友作的悼词中，蒋介石失声恸哭道："悲哉！从今后像他那样知我爱我之人，何处可寻啊？"这是他发自内心的呼喊，既有情感的凄楚，又带有现实的悲哀。他昂首问苍天，陈的事业谁来继承？接替他的会不会是一位与自己有隙的人呢？

随着陈其美的死，蒋介石在领导层中的地位提高了，他成为孙博士的亲信。陈被刺不到三个星期，世人憎恶的袁世凯也在潦倒之中一命呜呼。

他的帝制复辟的梦想被带进了坟墓。

这时的蒋介石已 29 岁，性格已完全成熟了，在此值得多说几句，溪口的这个"顽皮小子"已成为一个好冲动和冒险的大人了。他勇敢得可以说到了莽撞的程度，他常常去冒些异常可怕的生命危险，但每次都安然无恙。

他为人严肃，结友不多，但对他们都很忠诚。无论从他的一举一动，还是从他所受的教育来看，他都是一个十足的孔教徒，就连后来他皈依基督教这个事实也没影响他这一点。他的政治观是现代和保守思想的混合。

他认为，除非儒家的道德得到保存或恢复，否则实现现代化将毫无意义。

他的性格中有不少自相矛盾的东西。他的谦逊由来已久，绝不是装模作样做出来的，他终生反对别人过分赞扬自己，而且还不愿和他人开口谈论自己。

然而，对有助于他的统治且毋庸置疑已在他的追随者中传布开来的对他的崇拜，他却并不采取行动加以阻止。伴随着言行举止的谦逊，他养成了一种极端的自矜之情，虽然他并没想到自己的志向和行为会有什么错，也没想到这些志向和抱负竟会与中国最大的利益背道而驰，以至于最后一切致命的失败给他带来了一场终生的耻辱。

他的领袖天赋是无可非议的，但良好的判断并不能说明一切，他对军事和战略的分析在地缘政治方面不无道理，但他对政治的领悟还远远不够，他主要是从军事上来理解权力，而一旦他靠操纵他人对自己的忠诚来行使权力时，他就将自己的那种对政治的理解如实地、毫不掩饰地付诸行动。最后，他也就无法理解权力赖以维持的社会和政治因素。

他最终失败的原因盖源于此。

第四章

动荡与背叛

尽管孙中山不听蒋介石的劝告，以致到了今天这样的处境，但蒋介石如果不忠诚于孙中山，他也将一文不值。

蒋介石闻讯立即由沪南下，继续追随孙中山。他们在舰上待了 56 天。舰上闷热难熬，又缺乏食物和淡水。一到晚上，蒋介石就上岸寻找食物，天亮则回到舰上睡觉或在甲板上警戒。

袁世凯与日本人的勾结损害了民族主义革命。袁世凯有过成功的时候，但他却未能恢复帝制，也未能有效地控制全中国。

孙中山创立的国民党势力较小，而孙中山本人有时也是个不切实际的梦想家。在中国人的眼里，民主的概念是不可思议的，而已有的一些议会民主经验也已误入歧途。

清王朝垮台了，但还没有取而代之的产物，中国面临一个漫长的动荡不安的局面，不断遭到外来干涉。

中国出现了几个相互敌对的政权，一个是北京政府，另一个是孙中山在广州领导的政府。1917 年 7 月，还有人企图重新恢复清王朝的统治，但仅仅维持了 11 天。事实上，这些政府都无实权，几乎所有省份都为当地军阀所统治。

军阀之间战争的胜负决定了其势力范围的大小，1920 年至 1926 年，中国内战不断，1926 年和 1928 年蒋介石领导的两次北伐，在表面上扫除了这些军阀，但是只要一有机会，他们便会东山再起，这些军阀统治者肆意残酷地剥削老百姓，收敛钱财。他们拼命增加苛捐杂税，开烟馆设妓院。他们强迫农民在地里种鸦片，结果造成各地区普遍饥荒，商人们也被迫向军阀纳贡，以免被公开掠夺，当时的鸦片监督局不进行毒品控制，却巧立名目强征税款。

1916 年至 1926 年这十年间，中国处于动乱之秋，局势混乱不堪。1917 年 5 月 3 日北京政府非法解散议会。同年 10 月，在海军第一舰队的护送下，孙中山偕同两位前任部长和 130 名前国会议员回到广州。

孙中山宣布成立国民军政府，他被选举为大元帅。他严正地指出北京的“总统”是革命的叛徒。此时的孙中山正如以前一样，不知道又一起背叛正引而待发。他的新政府里的一个高级官员正暗中与北洋政府勾结，并派人暗杀了第一舰队司令。这个叛徒就是桂系军阀陆荣廷，他公然无视和违背孙中山的命令。

1918 年 5 月 4 日，孙中山这位共和国的创始人在绝望之中被迫辞职。

以后的三年是军事混战、政治混战的岁月。蒋介石已任粤军要职，这支部队由陈炯明将军领导，在表面上效忠孙中山。由于粤军全是广东人，再加上蒋介石要求纪律严明，作为外乡人的他并不受官兵欢迎。

最后，蒋宣布辞职，并告诫孙中山，陈炯明不可信赖。但是，孙中山没有考虑蒋介石的意见。后来的事实证明，蒋介石的这一判断是有根据的。

自从袁世凯死后，世界上发生了一系列令人震惊的重大事件。1917 年 11 月，布尔什维克在俄国夺得政权，孙中山作为一个革命者向另一个革命者列宁致电祝贺。

第二年，德国在第一次世界大战中失败。

中国的民族主义者都迫不及待希望能收回清王朝时被外国人占领的土地和给予外国人的特权。美国总统威尔逊至少三次提出和平公正地解决战后问题，他的著名的“十四点计划”（1918 年 1 月 8 日提出）

号召要公正地调整殖民地政策，要考虑到人民的利益。但必须承认，他的主张对于解决中国问题，还是显得过于笼统了一些。

中国问题的焦点是山东半岛的主权归属问题，1898 年德国强行占领了山东半岛。第一次世界大战中，日本也宣称对山东半岛拥有主权。1919 年 5 月，中国的反日情绪达到极点，北京的学生们计划以“国耻日”的方式，抗议 1915 年与日本签订的丧权辱国的“二十一条”。5 月 4 日，学生们与守护使馆区的警察发生冲突，导致了大规模的游行示威。这就是著名的“五四运动”。

6 月 12 日，北洋政府内阁成员被迫引咎辞职。6 月 28 日，出席凡尔赛会议的中国代表，在未得到任何指示的情况下，拒绝在凡尔赛和约上签字。直到 7 月 10 日，代表们才收到政府的指示，但拒绝签字已成事实。世界各国突然注意到对远东的政策是不公正的，威尔逊总统也因中国问题在国内受到攻击。

这时，俄国的布尔什维克政府已成立。1919 年 7 月，苏俄人民外交副委员加拉罕宣布了《第一次对华宣言》，受到中国人民的欢迎。它表示苏俄政府将把沙皇时代割占的中国领土全部归还中国，中东铁路也将交还中国，苏俄放弃庚子赔款中的应赔偿给俄国的那部分，俄国人在中国的特权也将取消，而所有这些的交换条件只有一个：北洋政府承认新生的苏维埃政权。

问题难就难在北洋政府实为外国势力控制，没有外国主子的同意，它不敢给予承认。最后，产生了一个妥协的办法，这就是北洋政府宣布不承认沙皇政府。即使这样，那些外国主子仍不满意，但北洋政府决定不再后退了。

与此同时，“五四运动”聚集了革命力量，促进了一些大大小小的具有社会主义倾向的革命团体的建立。“新青年组织”便是其中之一，

1918年的蒋介石

其成员包括北京大学文学院院长陈独秀和图书馆馆长李大钊，他们两人后来成为中国共产党的创始人。

身材高大、精力充沛的毛泽东当时是图书馆助理员。1919年12月，毛泽东参加了新成立的“社会主义研究会”。这些代表着未来的力量在这一年都聚集在北京，而蒋介石此时却在干着别的事情。

那么，蒋在干些什么呢？蒋介石仍负责粤军第二支队，他越来越不喜欢在那里待下去，1919年上半年，蒋介石以探望母亲为借口离开部队。事实上，这一年的大部分时间，蒋介石却停留在上海和东京。

粤军参谋长邓铿是蒋介石最好的朋友，这年夏天蒋介石曾两次给他写信，谈论对粤军的看法。蒋介石抱怨说，已经无法对第二支队进行改造了，军饷无端被浪费，他也不能自己选拔军官，而他提的任何建议都未被采纳。总之，情况简直令人感到不可救药，所以，蒋介石认为应解散第二支队。

在7月9日的第二封信中，蒋介石抱怨情况越来越糟，他“身心憔悴”，有些地区土匪活动猖獗，但由于部队纪律涣散，内部派系斗争严重，他们根本无力对付土匪。为避免人们指责他迷恋官职，喜欢投机，蒋介石决定辞去第二支队司令一职。

在蒋介石的生涯中，每当形势不能如他所愿时，他就以辞职的方式来以退为进。他多次辞职，试图以此来证明他是不可缺少的，其结果也往往是他一旦复出，职权就会更大。这次孙中山和陈炯明再三挽留，但蒋介石都予以拒绝。直到1920年9月，由于他的一个朋友朱执信被桂系军阀杀害，蒋介石才重返广东。朱执信的棺木被运往香港，蒋介石前往悼念，并拟订了一份以粤军驱逐桂系军阀的作战计划。

惠州西湖湖畔的陈炯明墓

但是此时，蒋介石与陈炯明的矛盾已不可调和。1920年11月，孙中山写了一封情真意切而又严肃的信给蒋介石，劝他留下来并努力与陈炯明搞好关系。

孙中山不顾年龄长幼的传统习惯，称蒋介石为“我亲爱的介石兄”。信中写道：

> 执信忽然殂折，使我如失左右手。计吾党中知兵事而能肝胆照人者，今已不可多得，唯兄之勇敢诚笃，堪与执信比，而知兵则尤过之。兄性刚而嫉欲过甚，故常龃龉难合，然为党负重大之责任，则勉强牺牲所见而降格以求，所以为党、非为个人也。

起初，蒋介石还能听进孙中山的劝告，但他对陈炯明的不满还是有增无减。陈炯明未采纳蒋介石的意见，结果没有全部消灭桂系军阀。蒋介石愤怒之下，拂袖而去，前往上海。

他打电话给孙中山，解释他离职的原因，但此时孙中山已无心思听蒋的抱怨了。在他看来，陈炯明已实现了他的目的，即将桂系军阀赶出广东，桂系军阀尚有残余留存，但却无妨大局，孙中山决定返回广州，重建军政府。孙中山要求蒋回广州，履行自己的职责。蒋一气之下，回到老家溪口探家去了。

即使蒋长期不在职，孙中山仍十分信任他。1920 年 11 月底，蒋终于返回广州，发现给他的职位是重建的军政府内政部部长，而这并不合他的胃口。

另一方面陈炯明已开始建立自己的势力，他的职务头衔甚至超过了孙中山：陆军部长、广东都督、粤军总司令、两广最高检察长。

1921 年 1 月 12 日，在广州召开国会议员大会，进行投票选举。尽管代表不足法定人数，孙中山作为“革命之父”已数次成为正义力量的领袖。这一次，孙中山希望通过法律程序成为当然的领袖。4 月，国会议员选举孙中山为全国非常大总统。5 月 5 日，孙正式宣誓就职。

尽管许多传记渲染孙中山和蒋介石的亲密关系，但有一点很明显，孙中山从来就未认真考虑蒋介石的建议，也未将他当作自己的知心朋友。蒋介石再三劝告孙中山不要搞这个选举，因为这种选举未达法定人数，缺少法律效力；而且一旦南方联合瓦解，不再效忠政府，这种选举便毫无意义。蒋介石争论说，任何不同意见都应被考虑。

蒋介石最后这次负气离职，时间近三个月。他不断受到各个方面的压力，要求他回广州，为孙中山效劳。他最后竟失去耐心，将国民党的说客给打发走了。1921 年 1 月 5 日，蒋就他的行为写信表示道歉：“我脾气暴躁，行为鲁莽……事后反省，深感惭愧，意识到自己太可笑了。”

孙表示原谅他的行为，但也说：

“我兄——你过于固执己见，实为不可救药。任何小事于你不满，你都火冒三丈。”

蒋介石自己回忆说，在读了来访者带来的信后，他感动得几乎流泪，他决定返回广州。

陈炯明在击败他的对手桂系军阀后，手下已有几个师组成的庞大队伍，这时他准备在中国南方建立自己的封建割据势力。因此，他对孙中山的继续西伐桂系的命令拖延不理，更不用说蒋介石的任何建议了。

1921 年 2 月在广州，蒋介石已察觉出陈炯明的野心，但孙中山还不相信。

蒋之所以仍然回到广州，一方面是由于孙中山再三催促，另一方面是他一直渴望有机会彻底铲除广西的残余桂军。此时，这位内政部长最愁的是缺乏经费，因此暂时还顾不上向陈炯明挑战。蒋介石认为，征收关税是筹集资金的最佳办法，但问题是在北京的外国使馆和公馆不承认广东军政府，拒绝与之合作，而陈炯明也支持外国使馆的态度。正是这个原因，促使孙中山进行选举，以当选非常大总统。因为这样一来，就使得他和北洋政府的首脑一样，具有平等的法律地位。

1921 年 5 月，蒋介石写信给孙中山，表示完全反对这个选举计划。他认为：广西的军阀还未彻底清除，西南部也还未得到控制，此刻没有时间进行选举。更何况，选举因议员不够法定人数而缺乏法律依据，他写道：“在平息广西的叛乱后，我们可望继续向东北进军，直捣敌人的心脏。”他还充满信心地写道：“统一全中国并非一个非常艰苦的任务。”在信的最后，他再次提醒孙中山不要轻信陈炯明。

孙中山并未重视蒋介石的这封信。蒋介石没有参加广西战役，6 月 14 日他母亲去世，他立即赶了回去，一直待到 11 月他母亲安葬完毕。这期间，他除了几次返回广东外，大部分时间都在溪口，孙中山未出席葬礼，但他为蒋太夫人写了一篇感人的悼文，并在葬礼上由人代读。

正如蒋所判断的那样，陈炯明开始背叛革命。1922 年 3 月 21 日，粤军高级军官、蒋介石的朋友邓铿被暗杀。陈炯明涉嫌很深，但没有确凿的证据可以指控他。陈炯明有很大的可能暗杀邓铿，因为邓铿非常忠心于孙中山。陈炯明计划排挤或除掉孙中山周围的高级军官，使其孤立无援；然后他再逼迫孙中山推迟甚至放弃北伐计划。

蒋介石强烈要求孙中山将他的部队秘密开进广州，重建其大元帅的权威，然后清除广西残余桂军，最后出征北伐。

4 月，孙中山的部队开到广州。这时，陈炯明拍电报给孙中山，请求辞去他的几个主要职务——这是传统的拉开距离的中国方式。孙中山批准了他的辞呈，但要求他仍留任陆军部长职。陈炯明拒绝孙中山的挽留，将他的部队开回老巢——广州东部的惠州，在那里静观事态的发展，等待时机。

蒋介石强烈要求进攻惠州，然后平定广西，但孙中山又一次拒绝了蒋介石的建议。恼怒之下，蒋介石回到上海。4 月 22 日他写信给陈炯明，呼吁他与孙中山团结合作，参加北伐。陈炯明未予理睬。

陈炯明与北方军阀的暗中勾结现在公开化了。这些北方军阀都有自己的代表在北京政府内任职。北洋政府致电孙中山，要求他辞职，陈炯明及其手下公开支持这种要求。

6 月 16 日，陈炯明倚仗北洋政府在政治和军事上的支持，公然派他的部队炮击孙中山的官邸，企图谋害孙中山。

这时，蒋介石还在上海，他后来回忆说，陈炯明曾向他的部下许诺，如果能杀死孙中山，则犒赏 20 万美元，他还要洗劫广州城三天。

孙中山坚持到最后，只是在他的同志们的劝说下才离开广州。在广州的大街上，他一度与叛军相遇，但侥幸的是未被认出来，孙中山逃到停泊在黄埔港的“永丰”号军舰上。

尽管孙中山不听蒋介石的劝告，以致到了今天这样的处境，但蒋介石如果不忠诚于孙中山，他也将一文不值。

蒋介石闻讯立即由沪南下，继续追随孙中山。他们在舰上待了56天。舰上闷热难熬，又缺乏食物和淡水。一到晚上，蒋介石就上岸寻找食物，天亮则回到舰上睡觉或在甲板上警戒。

他们没有很快乘舰离开，因他们寄希望于蒋的同事许崇智率领讨伐军打败陈炯明。但是，他们的希望落空了。8月6日他们得到许战败的坏消息。7日，他们又得知详细情况。两天以后，他们的内线报告有人要阴谋杀害孙中山。终于，这艘英国军舰同意将孙中山及其不多的追随者送往香港，再从那里去上海。

第五章

走进共产国际

孙中山决定联俄联共，派蒋介石去苏联考察。在莫斯科时，蒋介石读到一份共产国际关于国民党的文件，立即说道："我太绝望了！看看它都说了些什么？这么忽视一个友好的党，它怎么能成为世界革命的中心呢？"

蒋介石写道："……我比以前任何时候都确信苏联政治体制是独裁和恐怖主义的统治工具，它与以三民主义为基础的国民党的政治体制完全不同……"

许崇智战败后，率其余部逃到福建。1922 年 10 月 13 日，他占领了福州，孙中山立即给予嘉奖，并任命他为总司令，蒋介石为参谋长。

由于其他部队的配合，这支忠诚的军队于 11 月 15 日进抵广州，陈炯明不得不躲藏起来。几个星期后，形势变得明朗化了。1923 年 1 月 21 日，孙中山返回广州，又恢复了他的军政府。

反复无常的蒋介石总是要有命令或召唤才回到孙的身边。在重新收复广东前，他又借故跑到上海。于是，孙中山又给他写了封信，此信是所有信中最严厉的一封，对蒋进行了批评和劝告。

蒋介石回到广州，孙中山刚恢复军政府，蒋介石又请假去上海医治眼病。那时，他的确患了眼疾，尽管不清楚到底是什么病。

上海这个港口城市，自有它的迷人之处，一直吸引着蒋介石，蒋介石参加革命的引导人陈其美，曾带他去过黑势力“青帮”的地盘，那条街到处都是妓院。

在那里，蒋介石遇到一个妓女陈洁如，被她迷住了。蒋介石不久便与陈洁如结了婚，并居住在一起，直到后来蒋与宋美龄结婚，蒋与陈的这段浪漫婚姻才告结束。

1921年，陈洁如（右）与朱逸民女士的合影。张静江、朱逸民夫妇出面做媒，促成了陈洁如与蒋介石的婚事。

在北伐期间，陈洁如在蒋的生活中的某些方面扮演了日后宋美龄在蒋的生涯中扮演的角色。陈洁如容貌娇艳，且知书达礼，蒋的朋友和部下都十分尊重她。

“青帮”成了蒋的保护人。

1927年秋，臭名昭著的“青帮”头子杜月笙资助陈洁如去美国。陈洁如在美安顿下来后，进入纽约哥伦比亚大学学习，获得了博士学位。之后，她前往西海岸，在旧金山附近买了一幢房子居住下来。

1967年她写完她的自传，交给纽约的一个出版商出版，但是台湾当局不惜巨款买下了该书的版权，使其出版计划夭折。陈洁如得到这笔钱后，十分富有，她移居香港，直到1971年去世。她的骨灰运回了加利福尼亚，并埋葬在那里。

那时，蒋除了眼疾外，其他一些事情也将他留在了上海，直到4月20日，他才返回广州。然后，他立即投入了与那里的叛军的战斗，这段时期，局势一片混乱，进攻与反击、忠诚与背叛、好运与噩运、敌对与竞争，错综复杂，变幻莫测。

但有一件事是确定无疑的，那就是孙中山的权力越来越不稳定了。

正是在这段时间里，孙中山决定联合新的盟友——莫斯科新政权领导人，以改变他的运气。

1918年7月4日，苏维埃政权刚成立不久，苏俄外交人民委员契切林宣布，苏俄单方面废除历代沙皇与中国及以中国为代价而与日本和其他国家签订的协议和不平等条约。除了1919年7月25日的宣告外，苏俄又于1920年9月27日发表第二次对华宣言，并正式通知了北京政府。

这一系列友好的声明受到广大中国人民的欢迎。最初，苏俄并不重视孙中山和他的国民党，只把它看作南方的一个小集团。苏俄频频向北洋政府提出各种建议，但是在西方列强和日本控制下的各届北洋政府均加以拒绝，于是，苏联人决定发展与国民党的关系。与此同时，孙中山意识到他的权力基础很不牢固，指望西方列强是不可能的，于是决定响应苏联人的建议。

苏联的利益并不一定都要由苏联人来代表。1919年列宁建立共产国际，以把革命推向世界各个角落。

第一个派往中国的共产国际代表是斯内弗利特，化名为马林，他以旅游者的身份于1921年春来到中国，并前往广西会见了孙中山。这次见面，孙中山给马林留下了深刻的印象，使马林认识到国民党是中国民族主义的主要代表。

1922年1月，广州和香港爆发了海员大罢工，马林发现国民党很好地组织了这次新型的中国工人运动。

回到莫斯科后，马林建议中国共产党应加入国民党，以期从内部控制它。这一建议与十月革命后派往中国的另一个苏联代表的报告内容完全相反，该报告赞成与北方军阀发展关系。1922年8月，马林与孙中山在上海再次举行会谈。马林建议孙中山吸收共产党的群众宣传和群众组织等经验，而蒋介石则总是主张采取军事行动。看来，孙中山采纳了马林的全部建议。

那么，中国共产党的情况如何呢？中国共产党的创始人都不懂俄语，也没有人在苏联接受过马克思列宁主义的教育，列宁领导的共产国际在中国共产党的创建活动中起了重要作用。

事实上，正是马林和共产国际的另一代表魏金斯基，把各地分散的马克思主义小组召集到一起，于1921年7月1日举行了中国共产党第一次全国代表大会，[①]从而标志着共产党的成立。马林和魏金斯基都出席了会议。12个中国共产党代表参加了这次会议，其中有毛泽东。

但是，中国共产主义思想的真正缔造者陈独秀和李大钊未出席，陈独秀当选为第一位总书记，但不久他就脱离了中共。

后来李大钊被北京军阀杀害。12个代表中至少有6个脱离了共产党，正是由于这个原因导致了马林仕途受阻。

最初，中共弱小并力量单薄，基本为共产国际所控制。1922年8月，马林在与孙中山第二次会晤后，正式建议中共党员应加入国民党。尽管中共党内存在强烈的反对意见，但这一建议还是执行了。孙中山表示欢迎共产党员以个人身份参加国民党。

"媒"已做成，就差举行婚礼正式结婚了。莫斯科派了一位有经验的外交官——原驻柏林大使越飞来完成这一使命。1922年8月，越飞来到中国，在与北京政府建立关系的努力又一次受挫后，他前往上海与孙中山进行会谈。

1923年1月26日，双方发表了《孙越公报》，双方表示中国目前还不具备实现共产主义或苏联模式的社会制度的条件，当前的首要问题是实现国家的统一和独立。公报再一次宣布苏联放弃在中国的任何特权，但仍保留中东铁路——这条铁路是俄国人1917年得到的。

① 中国共产党第一次全国代表大会的时间应为1921年7月23日至31日。——译者注

1923年6月蒋介石在广州

孙中山和越飞之间达成一个默契，那就是苏联共产党将按照共产主义路线改组国民党。1923年10月6日，苏联政治局委派能干的鲍罗廷来进行这项工作。正像这一时期的许多俄国革命者一样，鲍罗廷用了假身份，他是个犹太人，出生于立陶宛。

1924年1月，国民党第一次全国代表大会在广州召开，完成了改组任务，从此，国民党决定每两年召开一次全国代表大会，半年开一次执行委员会会议；另外，设立一个小规模的常务委员会，由五至九人组成，这相当于标准的共产党政治局。这一系列措施使共产党获益匪浅，尽管它的人数仍然很少，但它开始在人数众多的国民党内部发挥作用了。

上述这一切，正是蒋在下一个阶段的活动的历史背景。

孙中山已决定联俄联共，他计划派他的部下去苏联考察并向他汇报，他选中了蒋介石。

1923年8月5日，蒋在上海与马林商谈了出访安排。9月2日，蒋由三个助手陪同，抵达莫斯科。他在苏联的大部分时间都待在首都莫斯科。11月29日他们离开了苏联，并于12月15日回到上海。

蒋介石一行是前去考察苏联革命成功后的党的体制以及政治和军事组织状况。

有关蒋的传记里说，蒋对他在苏联亲眼目睹的苏联革命非常失望和不满。在他自己的文章里，他解释了其原因。在共产国际的执行委员会里，蒋介石表示了对革命的信心，他认为以孙中山的三民主义为思想基础的中国革命运动，将在两三年内取得成功。他宣称共产国际并不了解中国革命的性质，建议共产国际多派些人去考察。

在莫斯科时，他读到一份共产国际关于国民党的文件，立即说道："我太绝望了！看看它都说了些什么？这么忽视一个友好的党，它怎么能成为世界革命的中心呢？"

蒋介石一行参观了彼得格勒的海军研究所和其他一些军事学校，并在克伦斯塔参观了海军基地。没有人谈论两年前在这儿发生的一次叛变，但从当地人和海军人员的态度来看，这一事件已留下了深深的痕迹。

他们会晤了一些部长及一些地方官员并参加了莫斯科苏维埃全体代表大会。蒋写道：

> 我很快就察觉出苏联社会各部门及苏联共产党内存在的公开的和秘密的激烈斗争。我比以往任何时候都确信苏联政治体制是独裁和恐怖主义的统治工具，它与以三民主义为基础的国民党的政治体制完全不同，这是我出访苏联所得出的结论。如果我们一直待在国内，我们恐怕永远不会发现这些。

国民党的一些较为婉转的有关苏联的参考资料也未改变蒋介石对苏联体制的看法。

还有一个原因导致蒋失望和不满。蒋试图与苏联解决沙俄侵占的中国领土，尤其是外蒙古问题。在头一年元月的《孙越公报》中，苏联代表明确表示，苏联"无意继续奉行在外蒙古问题上的帝国主义政策，也无意使它脱离中国”。

但是，只要蒋介石一提起这个问题，苏联人或者避而不答，或者态度强硬，毫不妥协。事实上，正是在苏俄当局的策划下，于1919年7月6日成立了蒙古人民革命政府；而且也没有任何迹象表明苏联会放弃对它的控制。

蒋介石希望列宁能会见他，但这位布尔什维克的领导人此时已处于昏迷状态，蒋介石与契切林、加米涅夫、季诺维也夫、拉狄克和托洛茨基等人见了面，尤其是与托洛茨基进行了几次长谈。

使蒋介石吃惊的是，许多苏联领导人都十分敬重孙中山，而且最真诚地与国民党合作的多是犹太人。

托洛茨基引用列宁的话说，对于殖民地和半殖民地人民的反帝斗争，苏联将给予全力的道义上和物质上的支持。他请蒋转告孙中山："苏联将支持他的民族革命，将给予积极的军事和经济援助，但是苏联不会直接出兵。"

列宁的病情日益恶化，蒋注意到以托洛茨基为首的国际派和以斯大林为首的国内派为争夺权力的斗争已日趋显著（蒋介石当时似乎没见过斯大林）。

使蒋介石担忧的是，中苏合作是建立在一个脆弱的基础上的。蒋认为，一旦苏联政权得以巩固，它就会恢复沙皇时代的帝国野心。

蒋介石在返回上海的途中，把这些都写了出来。1924年3月14日，他从奉化给一个国民党高级官员发了一封信。信中写道：苏联共产党不值得信赖，并且他在苏联遇到的党员对孙先生唯有表面奉承，实质上则充斥诋毁与怀疑。他继续写道：

俄党对中国之唯一方针，乃在造成中国共产党为其正统，绝不信吾党可与之始终合作，至其对中国之政策，在满、蒙、回、藏诸部，皆为其苏维埃之一，而对中国本部，未始无染指之意。

蒋介石的这封信在国民党常务委员中进行了传阅。但是，他的信和报告在国共合作的热烈气氛下，丝毫没有产生作用。

当蒋介石不在广州时，鲍罗廷正好到来。在廖仲恺的建议下，孙中山任命鲍罗廷为国民党的政治顾问。

孙中山看来完全被鲍罗廷的个人风度和性格迷住了。

鲍罗廷是个典型的世界主义者和革命冒险家。他幼年时被送往美国，在那儿接受教育。后来他在芝加哥开办了一所商业学校，并阅读了大量马克思主义著作，鲍罗廷是他的化名，共产国际先后派他去过墨西哥、苏格兰（在那里被驱逐过）和土耳其。

鲍罗廷来到广州时，还带了一封苏联的信函，宣布放弃沙皇时期侵占的中国领土。

鲍罗廷很快赢得国民党领导人的信任，这不仅是由于他的个人风度、他的真诚，而且是由于他的个人信念及对三民主义的完全支持。

蒋介石12月中旬才返回广州。他回到中国后，先回了溪口。孙中山再次对蒋的目无纪律感到不满。1923年12月24日他发了封电报给蒋，说他此行苏联责任重大，应速回广东报告旅苏情况，详细制订中苏合作计划。他还写道，我们尊重你关于政治形势的意见和你的建议，我们想与你商讨此事。

蒋介石不甚情愿地中断了他的个人安排，回到了广州。他向孙中山解释说，在他去苏联之前，他十分相信俄共是真诚的，是愿意帮助国民党的。但是，苏联之行使他失望了。从短期利益来看，“联俄容共”可能会形成反对西方殖民主义者的力量；但是从长远来看，苏联的世界革命计划比老的殖民者对中国的独立更具威胁。

孙中山与蒋介石在广州火车上合影（1923 年）

同以往一样，孙中山又一次拒绝了蒋介石的建议。他认为，目前的革命形势迫切需要国共合作，对待共产党的唯一办法是，将他们置于国民党的领导和控制之下。这样，就能进行北伐，而一旦北伐胜利，就能实现三民主义。

蒋介石徒劳的努力使国民党领导人开始有戒心，回答他的是一连串的反问：难道苏联没有承认国民党是唯一能领导民族革命的党吗？难道不是苏联敦促中共党员加入国民党并接受其领导吗？越飞不是承认共产主义不适合中国吗？

根据国民党的官方档案，孙中山的最初政策是“联俄容共”，但是中共按照自己的做法，将其理解为“联俄联共”。

蒋回到广州后不几天，国民党第一次全国代表大会在广州召开。忧心忡忡的蒋介石参加了大会，他发现国民党党员已经开始受新加入的共产党员的影响。

这些中共党员很好地利用了他们与苏联的特殊关系，第一个加入国民党的中共党员李大钊在大会上发言说：

“我们作为个人而不是组织加入国民党。也许有人说我们是双重党籍，但是不能说国民党是党中有党……我们加入国民党并同时保留中共党员的资格，这是公开的值得赞扬的行为，而不是偷偷摸摸的行动。”

蒋回忆说，李大钊的讲话起到了预期的效果。国民党的所有疑虑都消失了，国民党没有采取任何预防措施。然而，中共党员通过秘密组织，迅速扩大了它的影响范围。

大会正式通过了鲍罗廷起草的章程，李大钊和毛泽东等 8 名共产党员被选进国民党中央执行委员会和中央监察委员会。1 月 24 日，大会即将闭幕时，蒋被任命为陆军军官学校筹备委员会主席，筹划在距广州 14 英里处的黄埔岛开办学校，并被提名为军校校长。蒋对与共产党合作越来越表示怀疑，再次提出辞职，并将筹备工作留给廖仲恺，自己回溪口老家去了。孙中山又一次发信和拍电报催他，提醒他要服从革命的需要。直到 4 月份，蒋才听从催劝，返回广州。

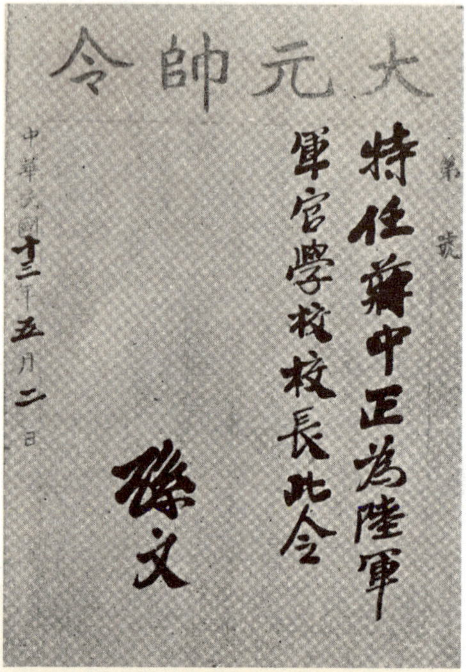

孙中山先生正式特任蒋介石为陆军军官学校校长的手谕

孙中山认为军校是国家统一不可缺少的工具。他迫切需要一支训练优良的队伍去扫除军阀势力。

苏联答应提供武器和训练人员来支持军校。在莫斯科时，蒋介石就与苏联红军高级将领讨论过有关的细节问题，在他返回符拉迪沃斯托克的途中，他还会见了西伯利亚军区司令加伦将军。

蒋介石最后同意出任黄埔军校校长，他提出由加伦将军做他的参谋长。苏联方面同意了这个要求，这样加伦来到了中国。

廖仲恺被任命为黄埔军校国民党党代表，他的副手是留法的年轻有为的中共党员周恩来。

蒋对加伦十分敬重。“在我看来”，蒋写道，“他是个杰出的苏联将军，也是个很有理智的人和很好的朋友。最不同寻常的是他身上丝毫没有布尔什维克的迹象。”

在后来的日子里，蒋又多次要求斯大林再派加伦来华，这些请求多数未被答复。1939 年，斯大林告诉国民党驻苏大使，加伦由于迷恋一个日本女间谍而不忠于国家，已被处决。

1924 年 6 月 16 日，孙中山宣布黄埔军校正式创建，这表明中苏之间、国共之间的军事政治合作已经开始。

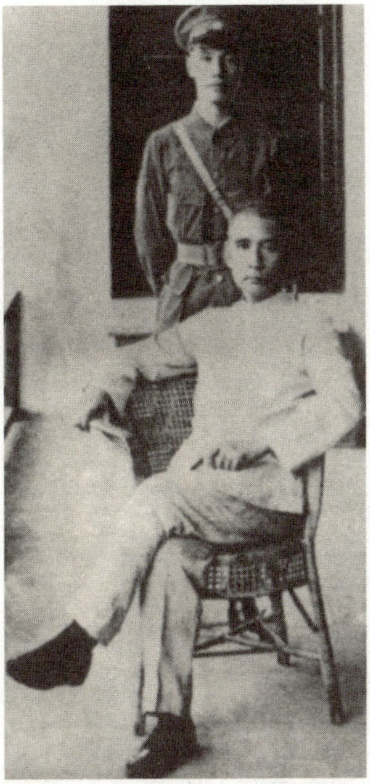

第六章 孙中山逝世前后

孙中山逝世后，国民党内部展开了一场争夺继承权的斗争。在开始的时候，蒋介石算不上一个真正的竞争者。

权力在汪精卫、胡汉民和廖仲恺三人中角逐，因为孙中山生前认定他的同乡广东人比其他省份的人更聪明，更富于革命性，不想外省的一匹“黑马”取得了最后的胜利。

孙中山一边与当时的背叛和种种欺骗行为进行斗争，一边继续带头表现出高尚的品质和对他人的淳朴的信任。其他人似乎并不急于仿效他，在他 58 岁及随后的国民党第一次代表大会召开时，他再次将精力集中到基本理想的实现上。

每个人都知道孙的革命意味着推翻清朝统治，取消不平等条约，保障中国的主权和统一。但这些雄心抱负是模糊不清的。

少数完全坚持自己思想观念的共产党人参加了国民党，这些共产党人知道自己所要做的是什么，并且为实现自己的目标而在立法措施上得到了良好的指导。然而，什么是国民党自己要做的呢？什么是国民党自己所确切主张和坚持的呢？

孙博士的三项原则——三民主义——已得到表述，但却未得到解释。他目前正试图通过持续数月的每周一次的系列演说来弥补这个不足。

孙中山曾被批评为一个空洞贫乏的理想主义者，但这种批评并不完全公正。

由于中国语言的特点，使三项原则本身的确切含义显得含混不清。

第一项原则——通常被解释为民族主义，在中文里其字面含义是种族，而更广泛的含义则是强调国家的团结统一；第二项原则通常被称为民主主义，它有着两个类似于第一项原则的中国汉字：民权，意思是人民的权利；至于第三项原则“民生”，它有时被描述成社会福利或社会主义，并且孙博士本人就曾论述说它并不比共产主义逊色，但民生的字面含义无疑更接近其原来的精神。

孙博士试图吸收包括像卢梭、杰斐逊、马克思等人在内的外来的政治思想，使之适应中国的历史经验和实际条件。尽管孙中山所做的关于三项原则的 14 次演说只是偶尔才显示出朴实真切，而且无法与体现政治哲学家才智的最伟大的著作相比，但它仍不失为凝聚中国人民共同情感的好方法。

孙博士对中国和西方制度进行的最有独创性的结合是政权结构的新形式，即五权分立的政府，其五个分支机构是立法、司法、行政、考试和监察。虽然，每个部门都有自己经选举而产生的委员会（中文称“院”），但人民主要是通过运用以下四项“权力”来实现其主权的：投票权、罢免权、创制权和复决权。一个严重的不足是孙博士没有制定任何细节来详细阐明人们怎样使用上述四种权力。

在当时混乱和野蛮行径充斥的情况下，孙博士的政治主张的影响是极其有限的。然而，在 1924 年，对孙博士来说主要的问题并不是如何规划他那遥遥无望的三民主义乌托邦，而是如何有效地控制和领导他所发起的这场革命。

他在 1924 年 4 月 12 日颁布的“民族复兴大纲”中简单叙述了其革命的方法，这个大纲制定了运用武力排除障碍、以和平方式解决社会和经济问题以及避免阶级斗争和社会动荡的原则。

蒋则把这一大纲称为“国民革命基本宪章”，并在孙中山去世后援

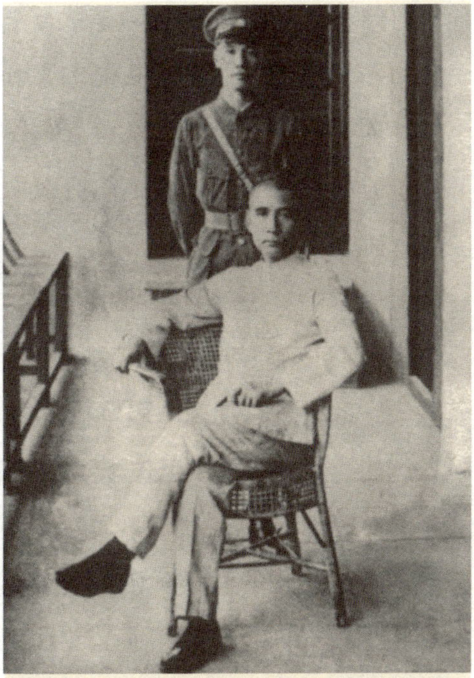
1924年蒋介石（站立者）与孙中山合影

引该宪章作为其屠杀共产主义者的根据。

尽管勉强存在同军阀及其雇佣军进行合作的机会，但孙仍主要寄希望于黄埔军校。蒋介石曾拒绝在军校工作以表现他似乎对此漠不关心，然而一旦他开始从事这项工作，他便倾注了极大的精力。很明显，黄埔军校校长这一职务是他获取大权的一个台阶。

在当时，蒋的资历以及政治上的天生弱点使他还不能进入更高的国民党政治决策机构，不论人们是征求他的意见还是仅仅采纳他的建议，他的主张都不可能被当作命令来执行，但作为被任命来训练未来的国家军队的人，他的影响则在逐步扩大，他至少已开始组建一支军队，使之听命于实际存在的中央权威，而不是满足某个军阀的强权和贪婪。

很难说那时候蒋就考虑在短期内攫取个人最高权力，因为孙中山仍然健在，而且只有58岁，相对而言还是年轻的。

在1924年6月16日举行的军校开学典礼上，孙博士以简单明了而又引人注目的词句清楚地阐明了他的目标：

我们共和国的基础几乎没有存在过。道理很简单，因为我们的革命一直是以革命党的斗争而非依靠革命军队而开展和坚持的，由于缺乏一支革命的军队，我们的革命一直由军阀和官僚操纵。这种状况如果持续下去的话，我们的革命是决不会取得成功的。从现在起，我们的革命已经开始了一个新的时期，这所军校是革命军队的基础，而革命军队是以诸位同学为核心的。

蒋每日凌晨5时起床，清理卧室后便开始巡察，严厉地叫醒仍在蒙头大睡的人。首期500名军校学员是从3000名申请者中通过公开考试入选的，他们在军校正式开学五六个星期前的5月5日就被录取了。

军校资金缺乏，教员素质参差不齐，蒋的俄国朋友加伦将军领导着这支苏维埃式的学员队伍，并采纳了鲍罗廷的意见，即以托洛茨基的红军为模式训练军队，使之能在正式操练中正步行走，而且熟悉现

孙中山率国民党党政军要员出席黄埔军校开学典礼。左起，前排，5为邹鲁，6为胡汉民，7为孙中山，8为蒋介石，10为许崇智，11为王柏龄。

代战争的技能——所有这一切都是有政治目的的。

学员们肯定都被相互对立的学说弄糊涂了。共产党人在给学员讲课时带来的是热情和苏维埃式的作风，国民党则有很多人忙于宣传孙博士的新思想。

然而在国民党这一边，已存在明显的意识形态不统一的迹象。

军校的政治委员廖仲恺代表了左派，他们热心于同俄国人和中国共产党人进行全面的合作。国民党宣传部长汪精卫是中间派人物，他最先组建国民党，支持与俄国人联系，是因为孙博士倡导这样做。而保守的右派胡汉民则公开反对这样做。

蒋介石的立场是模棱两可的，而且使其同事们颇感困惑。在赴莫斯科之前，他满腔热情地与布尔什维克合作。他从俄国回来后改变想法这一事实几乎无人知晓。

孙中山忽视了蒋的具有相反意见的赴俄考察报告，廖仲恺也未重视他的来信。这时，他还未决定公开反对共产党人，他仍然亲近地同俄国人共事，特别是加伦将军。因而他通常被看作是左派阵线中的一员。

军校的资金很缺乏，因为革命政府本身就很穷。

当时，云南和广西的两支军阀部队占领着广东，他们被认为是“友好的”，因为他们曾帮助孙打败了陈炯明。事实上，这两支军队的司令杨和刘对革命并无特别兴趣，只想中饱私囊。与其他地方的大军阀和土匪一样，他们也非法强征税款，而且从富裕的地方商人那里敲诈勒索。孙的税收法和实施权力是有限的。杨和刘对黄埔军校持敌视态度，因为这所学校正在训练一批似乎要给这些军阀制造麻烦的军官，所以他们继续为自己大肆进行掠夺。

孙仍不能得到海关税的收入。北京政权拥有获得在付完庚子赔款后的海关剩余收入的权利，而这是被与此利益相关的各国列强们所承认的。1923年春天，孙博士曾要求允许他的政府获得广东海关收入的余额，列强拒绝了孙的请求。

同年11月，孙公开宣称他将通过武力夺取海关收入的余额。列强们在英国的煽动和唆使下，派出一支强大的国际联合海军舰队开赴广东，孙博士义愤填膺，他召开了记者招待会，宣布如果列强们不帮助他，他将转而求助于苏俄。

当英国工党政府于1924年1月上台执政时，孙的希望上升了，并以国民党的名义发贺电给拉姆齐、麦克唐纳，但麦克唐纳没有承认国民党。当时国民党正在召开第一次代表大会。

不久，列宁去世的消息传到广东，国民党发出了一份电报。不久，收到了契切林的热情谢电，不过，从心理角度上讲，这种气氛并不可能更有利于与莫斯科合作。

广州的商人以特别的厌恶眼光来看待孙的“中央政府”，这不仅是由于孙的权力机构尚未成定局，更重要的是由于孙的政府正在和国内外日益壮大的共产主义者进行联合。商人们于1924年5月威胁说，如果向我们征税，我们就罢市。

几星期后，使人不安的报告送到了孙那里，商人们正在武装一支9000人的私人军队以反抗孙的政府，一艘载有9000支来福枪的挪威船只不久将驶进广州港。这一新的挑战打断了孙的演讲计划，怎么办?他所信任的大部分军官正忙于他事，这使得孙转而起用蒋介石。

接下来发生的这场危机颇有喜剧色彩。蒋毫不妥协地派他的全副武装的军校学生登上挪威船只，将来福枪转运到军校。商人们继而进行罢市，蒋则通过宣布实行戒严法来进行反击。

此时，北京发生的混乱事件像磁铁一样吸引着孙的注意力，他准备开始发动拖延已久的北伐。但孙缺乏资金，而商人们却有很多钱。

这时，背信弃义的杨（“友好的”云南军队的首领）夸下海口：如果将来福枪还给商人们，他将负责从他们那儿征收100万元（中国银圆）的罚金。

这不是那种蒋介石感兴趣的建议，蒋坚决地提出了相反的意见：不要相信这些商人。

这时英国驻广东总领事也插手了这件事，看来，如果激怒商人，英国皇家海军有可能炮击中国军队。

孙怀着不安的心情于9月9日写信给蒋：“广东现在是死亡之地，英国可以用舰队炮火将我们的司令部化为灰烬，‘永丰’号军舰和黄埔军校在炮火下也同样不能幸免。”

在东江，陈炯明发动了新的进攻，云南和广西的军队也是不顺从的和贪婪的。

孙中山在给蒋的信中继续写道：“我们必须抛弃一切去寻求一种新的生存方式。最好的方式就是向北进行惩罚性的讨伐。我们必须沿着我们漫长而崎岖的道路去战斗。用战场作为我们的训练学校，这将产生惊人的收获。我党同志决不应犹豫不前。”

战斗——甚至用北伐的形式——这并非蒋的爱好。当孙将其指挥部和部分忠于他的军队调集到惠州并委托胡汉民为名义上的军事指挥官时，蒋静静地待在黄埔进行对抗。

孙要求蒋前往惠州增援，蒋则通过电报不停地质问孙为什么。10月9日，孙回电给蒋，命蒋离开黄埔前来惠州参加行动。“立即行动，”孙敦促蒋，“我决不再返回去依靠广州。请速决定，不要再犹豫了。”

然而，蒋仍坚持自己的立场。蒋回答说：“我已决心保卫这座孤岛，直至牺牲。现在我正等你率领军队早日返回解救我们。”他提出将武器交给许崇智，以便妥善保管。

与此同时，商人们一直在讨价还价，并获得了一些成功。在杨的劝说下，孙同意把罚金减少一半，后来又降至20万元。在准确地估计了形势之后，他们说服胡汉民接受20万元，但不是罚金而是借款。接着，孙同意并命令蒋把武器交给商人，蒋痛苦和忧虑地执行了孙的命令。

孙的电报，蒋的回电，孙的命令，蒋的执行，这些事都集中发生在10月9日这一天。第二天是双十节——辛亥革命日，商人武装将他们崭新的来福枪枪口对准了忠于政府的部队并开枪打死了数人。最后，孙断定蒋是正确的。

10月13日，孙任命蒋为粤军司令部训练部部长。惠州的增援来了，蒋率领部队投入了战斗，经过两天的巷战，商团的武装暴动被平息了。10月17日，罢市被迫停止，秩序得到了恢复。

北伐的情况如何呢？可以说甚至连那些最热心的倡导者们也灰心丧气了。常言道：“天无二日。”然而，在1924年的中国却有两个政权，每个政权都强调自己的正统性和合法性，但获得国际承认的却不是广州政权。事实上，这两个政权都不能对无法无天的军阀们强加任何超出礼仪形式的权威，这些督军或军事长官不断掠夺这个国家的财富并依靠武力而生存。

当时，中国北方的形势同南方一样混乱。三个主要人物支配着北方的权力斗争，他们是吴佩孚、张作霖和冯玉祥。

吴控制了北京及其周围的省份。张是东北军阀，他的头衔是“东北各省总司令”。冯那时是吴的部属，已成为西北军阀。他们的区别是十分明显的。吴是有学问的将军，是一名十足的军官，他那长长的脸上刻着一条伤痕，并长着一小撮胡子。张那冷酷的胖脸上突出地留着一撮胡子，日俄战争时他是一个土匪并受雇于日本人，后来作为一名中国正规军的军官升为东北某省的军事统帅。

冯玉祥

形象最生动的是冯。他心宽体胖，脸庞宽大，身材魁伟，以“基督将军”而闻名于世，后来许多人送给他一个更好的名字：“倒戈将军”。他曾让自己的部队用水洗身进行洗礼，以显示他的基督徒身份。作为北京周围各省有影响的头头，吴曾于1923年10月5日通过国会投票选举来安排共和国总统这一宝座。当时，513个国会议员中仅有33人投孙中山的票，480名投票赞成吴的议员每人都收到了5000元大洋的贿赂。

吴试图压服孙博士，冯听从吴的指挥。而东北的张则主要担忧横贯他的地盘的中东铁路，俄国人正在全力打国民党这张牌，但俄国人也不和北京方面闹翻。1924年5月31日，双方达成协议，中东铁路由双方共同管理。当张表示反对时，俄国人告诉他，在必要的情况下，他们将使用武力。这样，张于9月20日与他们签署了一项单独协定。

两天之前，永远乐观的孙中山博士在广州宣布北伐开始，但他的这次北伐努力为广州的商团叛乱所挫败。北方这时仍在混战，吴佩孚与冯玉祥组成了对付张作霖的联盟。

10月中旬，冯玉祥突然背叛了吴佩孚，他命令自己的部队掉转头来向北京进军。10月25日，冯玉祥的部队占领了北京，吴佩孚被赶出北京。在冯玉祥的帮助下，张作霖又弄到了几个头衔。此外，冯玉祥还将自己的一个傀儡扶上了总统的宝座。

为什么冯玉祥会背叛吴佩孚呢？詹姆斯·E. 谢里登为我们提供了这个问题的答案。他以历史学家的手法再现了冯玉祥的一生，认为冯玉祥既不满意自己所得的报酬，也不满意自己在与吴佩孚的联盟中所扮演的次要角色。谢里登认为，除此之外，还有别的因素，日本人也曾用金钱来诱使冯玉祥背叛吴佩孚，因为北京的政局变化符合他们的利益。

由于北方发生了这些变化，孙中山认为现在又有机会来实现他建立一个民族主义的民主共和国的理想了。这时，刚刚背叛了吴佩孚的冯玉祥向孙中山发出了去北京的邀请。孙博士是否应该接受邀请呢？在孙中山接到邀请时，他所面临的形势并不乐观，他的观点早已广为人知，而北方军阀根本就不接受这些观点。

这些军阀最不能接受的一条就是：他们应该下台，接受制宪政府的领导。此外，北方的亲日势力十分强大。因此，等待孙中山的既有争吵，又有危险。

于是，孙博士将他的追随者召集到广州开会，想听听他们的意见。这些人都想说服孙中山不要北上，但他为了完成自己崇高的使命，仍决定去北京。1924 年 11 月 12 日，孙中山起程前往北京。11 月 13 日，孙中山乘坐的船只经过黄埔，当晚他在黄埔军校过夜。他对蒋介石说："我就要去北京了，是否能活着回来还很难说，不管怎么说，我是去那里进行斗争。看了黄埔军校表现出来的精神面貌，我感到它能完成我的革命任务。这样，我就是死也可以瞑目了。"

在孙中山起程北上之前，鲍罗廷曾邀请他去莫斯科访问。孙中山就这件事征求蒋介石的意见，蒋介石对此事的评价不高，他认为与俄国人的合作是中国争取自由和独立所必须迈出的一步，但共产党总是抓住一些事情大做文章。如果孙中山去访问莫斯科，那么俄国人肯定会就此事散布一些有害的谣言。孙中山静静地听着，不加评论。

孙中山的健康在北上途中急剧恶化，终于在天津卧床不起，但他在新年前夕又挣扎着离开了病床。他到达北京后又碰到了挫折，亲日派根本就没有像孙中山所希望的那样拒绝签署那些不平等条约，他们已经与列强交换了对那些条约的外交承认。

由于伤心失望加上癌细胞已扩散到他身体的要害器官，孙中山于1925年3月12日在北京逝世。他的逝世不但使他免于经历更大、更令人心酸的失望，而且使他被追认为中华民国的国父，这个称号既得到了国民党的承认，也得到了共产党的承认。

在孙中山逝世后，国民党内部展开了一场争夺继承权的斗争。在开始的时候，蒋介石算不上一个真正的竞争者。

一方面，人们认为他太年轻了，他当时还不到40岁；另一方面，他是一个军人——而不是一个搞党务的人（尽管他是一个党员）。

汪精卫、胡汉民和廖仲恺三人则是真正有实力的竞争者——孙中山对他们三人几乎都给予了同样的信任。此外，他们三人还有一个有利条件，他们都是广东人，这一条是蒋介石所欠缺的。人们都知道孙博士对他的广东同乡较为偏心，他与大多数广东人一样，认为自己的同乡比其他省的人更聪明更富于革命性，那些不幸的外省人免不了在孙中山的背后议论说他不能摆脱“老乡观念”。

汪精卫后来由于在1937～1945年中日战争期间与日本人合作而在中国历史上留下了恶名，他在日本人手下担任傀儡政府主席的职务，从此他被冠以“汉奸”、“傀儡”之类的称呼。

但在20世纪20年代，汪精卫被公认为是一个有献身精神的革命者，他曾在1910年试图刺杀清王朝的摄政王并因此而受到监禁。革命发生后他才重获自由，从此他身上就笼罩着某种神圣的光环。在三个竞争者中，他是唯一一个陪孙博士北上的人。在孙中山弥留之际，由汪精卫负责起草了他的政治遗嘱，该遗嘱经孙中山修改后于1925年

2 月 20 日被抄录下来。由于汪精卫后来背叛祖国，有些国民党人又试图对这份遗嘱提出疑问，但这份遗嘱只不过表达了孙中山希望自己的追随者要继续自己未竟的事业这一愿望，它并没提谁是孙中山的继承人，怀疑汪精卫伪造了这份文件的想法是没有根据的。

在中国，年纪大的人比年轻人更受尊敬。汪精卫的一个不利之处在于他是三个竞争者中最年轻的一个。他在公共场合总是强烈支持与俄国人进行合作。因此，人们认为他是个左派，但他从未明确表示过他有什么特别的原则。

廖仲恺则是一个更富有献身精神的左派，右翼的国民党人怀疑他是一个共产党的秘密党员（尽管他们并没有掌握任何有力的证据），他曾受孙中山的派遣，到日本与苏联代表越飞就国民党与苏联合作一事进行过长达一个月的会谈。

第三个竞争者胡汉民是一个保守派。他对俄国人抱有很深的疑虑。胡汉民有着光荣的革命经历，因为他过去一直都在协助孙中山进行革命工作，他曾在香港编辑出版一份报纸并因此而闻名全国。胡汉民是一个学者，曾担任过孙中山的秘书——汪精卫也偶尔干过这工作。比起另外两个竞争者来，胡汉民还有一大优势，那就是孙中山在起程前往北京之前曾任命他为代理大元帅。

当时的竞争局面就是这样的，但蒋介石这匹黑马却取得了最后的胜利。

中国当时还发生了两起流血事件，从而进一步激起了中国人的仇外情绪。当外国人得罪了中国人时，国民党总是能从中获益。这一次俄国人也成了受益者，因为这一次他们没有与帝国主义列强同流合污。

英国人把这两次发生的事称为“事件”，而中国人则称之为“惨案”，这牵涉到谁是受害者的问题。

第一件是“5 月 30 日事件”（或者说是中国历史学家所称的“五卅惨案”），英国军官指挥各国巡捕向上海的示威群众开枪射击，当场打死了很多人。鲍罗廷得知了这个消息之后说：“我们没有制造五卅惨案，这是别人送上门来的礼物。”

第二件是“沙基惨案”（或者说“沙基事件”）。6 月 23 日，一艘停泊在广州英国租界旁边的法国炮舰向正在就“五卅惨案”举行示威的群众开炮，英国人则用机枪进行扫射，造成了很多人的伤亡。而大约在十天前，也就是 6 月 12 日，蒋介石刚刚从云南和广西军阀手中夺回了广州，粉碎了这两个地方的军阀企图利用孙中山的逝世而夺权的计划。

当时的广州明显地笼罩着一种对外国人既恨又怕的气氛，其中又混杂着一些胜利的喜悦情绪，因为这时国民党正要进行重新改组，它所控制的地盘也有所扩大。国民党的大元帅府也改称为“国民政府”，这样听起来就显得更正式一些了。所有忠于国民党的军队现在也改称为“国民革命军”。1925 年 7 月 1 日，国民党选出了一个 16 人的委员制的国民政府和一个 8 人的军事委员会。汪精卫当上了这两个委员会的主席。在大多数人看来，汪精卫这时明显地被推上了孙中山的继承人的位置。

在军事委员会举行的第一次会议上，蒋介石提出了他重新修改后的北伐计划，该计划要求把国民革命军分为七个军，并建立兵工厂和重工业。根据这个计划，广东政府每年 4000 万银圆的财政收入的一半左右将被用于军事预算。

尽管汪精卫偏向左派，但他同时也为国民党右派所接受。正因为他是左右两派都可接受的人物，才使得他在竞争中压倒了胡汉民和廖仲恺而夺得主席的宝座，尽管他比他们两人都年轻，胡汉民为左派所憎恶，而廖仲恺则得不到右派的信任。不过，这两人也都当选为国民政府的委员和军事委员会的委员。蒋介石也当选为军事委员会的委员。

清王朝被推翻后，谋杀和背叛在中国成了司空见惯的事，1925年8月25日，廖仲恺被人暗杀，毫无疑问，暗杀是右派分子策划的。胡汉民的堂弟胡毅生也是暗杀的策划者之一，此事令胡汉民十分难堪。

鲍罗廷认为胡汉民与此事也有牵连，由于胡毅生已经逃跑，因此鲍罗廷要求惩罚胡汉民，但蒋介石和汪精卫都不相信这一指控。蒋介石还将胡汉民藏在自己的家里。不久，胡汉民被有意派到苏联去执行一项特别使命，这在某种程度上算是对他的一种奇怪的惩罚。由于此事严重地削弱了国民党右派在党内的地位，一批右派离开广州，到上海或北方去另起炉灶。

此事使得汪精卫在党内的竞争中处于领先地位，蒋介石则紧随其后。但情况并不这么简单。军事部长许崇智当时是蒋介石的上级，尽管他不是一个积极的竞争者，但他的存在对蒋介石可能抱有的政治野心仍不失为一个障碍。在廖仲恺被暗杀后，国民党成立了一个处理军政事务的特别委员会，许、汪、蒋三人是这个特别委员会的“三巨头”。

接下来的是进一步的钩心斗角。人们后来发现，许崇智与被击败的客家人陈炯明将军保持着秘密接触，而且他手下的军官也与廖仲恺一案有牵连。

9月20日，蒋介石率领他手下的黄埔军校学员突然解除了许崇智部队的武装，而这些部队后来被并入蒋介石的第一军。

第二天，许崇智被解除了军事部长的职务，并被剥夺了对粤军的指挥权。他还被从广州驱逐到上海。现在，竞争国民党最高领导人的对手只剩下蒋、汪两人了。

被击败但尚未完蛋的陈炯明对国民党来说，仍然如同芒刺在背。

他从1925年年初就一直在制造麻烦，现在他又重新发动了大规模的进攻。国民党觉得有必要一劳永逸地拔掉陈炯明这根刺。

任黄埔军校校长时的蒋介石

在蒋介石的指挥下，国民革命军的五个军于1925年10月6日开始东征。一个月之后，蒋介石向广州发去了报捷的电报：“今天，我们长驱600里已抵达惠州。普通老百姓从四面八方成群结队地拥来争睹我军的风采，并给我军送吃送喝。”惠州是陈炯明叛军的总部，该城被攻下后，陈炯明逃到香港避难，从此以后他过着默默无闻的生活。

在蒋介石写给当时任第一军第一师党代表的周恩来的一封信中，蒋抱怨各师团中党的工作没有做到家；他还抱怨军官们的粗野行为（最不像话的一个例子是一个班长将臭袜子塞入一个士兵的嘴里）。他写道：“我们正在进行一场革命，如果我们不开始改善士兵的生活，那么所有那些关于改革和社会进步的标语就只不过是一些空话。”遗憾的是，那位中国共产党未来的总理的回信没有保留下来。

在战场上取胜的蒋介石现在又面对一场意想不到的政治挑战。那些心怀不满的国民党右派，为了取得戏剧性的效果，在北京郊外的西山碧云寺孙中山的灵柩前开了个会议。他们一共只有10个人，但这并不妨碍他们发表一个口气很大的决议。这个决议要求将所有的共产党员从国民党中清除出去，驱逐鲍罗廷等俄国顾问，全面改组国民党，将国民党总部由广州迁到上海等。当时正在惠州的蒋介石听到西山会议召开的消息后，愤怒地谴责了西山会议的参加者，这使他仍然维持着一个国民党左派领袖的形象。

这时，另一个叫“孙文学会”的右派组织也开始在广州积极进行反共活动。

尽管有这些分裂活动存在，蒋介石此时仍觉得可以积极筹划北伐，至少在军事上是如此。

第七章 北伐

蒋介石曾在日记中表示他不喜欢政治，他写道：“政治使人过狗一般的生活……道德何在？友谊何在？”但是不久就表明，在政治权术方面，他是一个“进步”很快的新手。

在中国漫长的历史上，国民革命军是一种新型的军队。他们充满信心，并由于取得了巨大、迅速的胜利而士气高涨，随着不断地向北进军，队伍也随之不断地壮大。

如果说历史上一个统一的中国曾在最混乱的变革中出现过的话，那么，北伐将是必要的。

蒋介石非常自信地认为，不管局势如何，他都能够领导新的革命军走向胜利。

然而，共产主义者，尤其是苏联人，却不像他那么乐观。从理论上讲，这种怀疑是有根据的。

在蒋与他的军事目标之间，存在着五大军阀，其中三个在上一章中已经提到，他们是吴佩孚、张作霖和孙传芳。

吴佩孚驻扎在很远的地方，曾被冯以翻云覆雨的手段打败。1926年年初，他从湖北根据地卷土重来，并占领了河南。他控制的地区有湖南、四川和贵州，军队大约是25万。张作霖当时是北方军阀中最强大的一个。他控制着山东、满洲里、热河、察哈尔和河北，估计他的军队是30万至50万。

孙传芳以20万军队控制着从上海至江西南昌的华东地区。他横跨长江下游，包括江苏、安徽、浙江和江西。

另外两个是强大而又引人注目的冯玉祥和阎锡山。赶走了吴佩孚

阎锡山

以后，冯将自己的部队增至27.5万人左右。但是，由于他过分扩张，使自己的侧翼暴露在阎的势力之下，阎当时似乎想跟张联盟。那时，冯控制的省份有山西、甘肃、绥远（现在的内蒙古）和察哈尔。因此，他有资格被看成是“西北军阀”（尽管人们无数次地称他为“东北军阀”）。

1926年1月1日，冯突然宣布他将退休，并动身去作长途旅行，最终目的地是莫斯科。在那里，他希望能为他那支号称是国民军或人民军的部队搞到给养。当他走了几个月之后，他的下属指挥官撤退了暴露在阎的势力之下的那部分部队，并将该部队拉到距北京50英里以内的长城南口。

阎和一般的军阀不同。一般的军阀是掠夺性的、破坏性的、自私自利的。而阎则以“现代的”或“社会的”军阀而闻名于世。他开办学校，促进卫生事业，禁止鸦片，修建公路和桥梁，并且采用各种方案开垦土地，灌溉土地，提高耕作水平。

巴巴拉·塔奇曼写道：“他的旁边坐着在剑桥受过教育的中国秘书。他按照外国的风格宴请宾客，用的是玫瑰色的、银色的和石榴色的水晶酒杯，餐巾巧妙地折叠成玫瑰状、鸟状和宝塔状。饭后，由侍从拿着挂在高高的柱子上的五颜六色的灯笼，护卫着客人穿过洒满月色的花园。”

冯和阎都害怕遭到蒋介石的打击，他们表示参加国民革命。

军阀部队的数目总共不少于75万。与势力强大的军阀相比，1926年年初蒋的军队人数不超过8.5万人，编成六个师。从理论上说，这是不够的。但是，要等到他的军队数量能敌得过他的对手的那一天是不可能的。蒋给了自己六个月时间。在制订计划与训练的过程中，有时候军事问题相对于政治问题而言，似乎是第二位的。

国民党“二大”在汪精卫的主持下，于1月1日至19日在广东召开。会议决定以孙中山的遗嘱作为国民党永久的基础。宣布孙中山的在天之灵永远是该党的灯塔。

会议从258名代表中选出了36位新的执行委员会委员，其中有7位是共产党人。

毛泽东是其中之一，他负责国民党的宣传工作。另外，中共创始人之一陈独秀，在广东负责国民党党务。蒋介石也被选为执行委员。会上，蒋报告了他的军事计划——一个只有8.5万军队的计划。这支军队中，只有6万人配有枪支。另外，还有6000名军校学生，在必要的时候可以动员起来。

1926年2月1日，蒋被任命为国民革命军总司令。

大概是从这时开始，蒋认为共产党正在暗中进行反对他的活动。会上，共产党对他的军事计划没有提出任何反对意见，鲍罗廷甚至支持这些计划。然而，会后鲍罗廷突然被召回。在他离任期间，由他人负责苏联军事顾问团的工作。

大概在此时，广东出现了把蒋介石描绘成新军阀和攻击北伐的传单。蒋怀疑这是苏联人在幕后策划的。

他在日记中写道：

“我待他们以诚，他们却报之以诈。不可与他们共事。”

在这种情况下，为了缩小目标，蒋介石决定辞去他最初选定而尚未就任的职务。他于2月8日宣布，他将辞去国民革命军总司令的职务。第二天，他拜访了汪精卫，提出辞去在军事委员会中的职务和广东警备司令的职务。汪不露声色地听着，既不表示接受，也不表示拒绝。蒋介石感到，不久他将与现任国民党和国民革命领袖的这个真正的对手发生冲突。

对于是否北伐，蒋在心里仍是很矛盾的。汪精卫依然保持着沉默，最后蒋摊了牌。2月27日他对汪说："如果你不接受我的辞呈，那就请俄国人离开。"汪还是没有反应。

3月8日蒋又到汪的办公室说：

"领导国民革命的实权不应落入俄国人之手，即使与第三国际进行联络也应划清某种界限。我们决不能丧失自己的决定权。"

以上的谈话情形是在事情发生大约三十年后，蒋介石记录下来的。

整个事情的发展令人烦恼不安，蒋常常为此而失眠。2月28日，他在日记中写道，他度过了稍微平静的一天，许多天以来第一次度过了一个心境宁静的晚上。大约是在这个时候，有人两次企图杀害蒋，均未成功。

为了当时和将来使用，他开始收集在广东的那些潜在的对手和阴谋者的个人档案，并建立了一个有效的秘密机构，监视来自各方面的可疑人员。

对于蒋辞职的问题，汪仍然保留着自己的意见。但是，他开始隐晦地告诉这个年轻人趁着局势还好的时候离开广东，继续待下去可能会给自己的生命带来危险。虽然蒋当时的处境尚好，但是，如果他继续待下去，他可能会遭暗杀。如果离开，他又要对擅离职守负责。更糟糕的是，他发现苏联人了解到他与汪精卫之间的交易，据此他认为汪正在与苏联人勾结。

孙中山先生(中)和宋庆龄女士与『永丰舰』(后命名为『中山舰』)将士合影(柳俊武 摄)。

接着便是“3·20事件”(“中山舰事件”)。

蒋声称中山舰开到黄埔,“是共产党的一个阴谋”,他以广东警备司令的名义宣布了戒严令。

根据他的命令,25名共产党员被逮捕或受到严密监视,其中包括周恩来。1926年3月20日凌晨3点,在广东有更多的人遭到逮捕。1925年6月20日“沙基事件”后,为支持全面罢工而成立的由共产党领导的省港罢工委员会武装纠察队,这一次也被缴械。军队进驻总工会和中山舰,苏联顾问被软禁。

由于完全没有准备,蒋对共产党的突然袭击是毁灭性的。中共和俄国人都没有事先觉察。冯玉祥到达莫斯科两个月之后,有人告诉他,在蒋早些时候访苏时,给人的印象是比俄国人所见到的其他中国人还要左,还要革命,“3·20事件”使俄国人和在莫斯科的中国人感到惊讶。冯写道:“他们无法想象出发生了什么事。”

非常突然的是,汪以中国特有的方式承认在这次间接的权力斗争中的失败。[1] 作为一个糖尿病患者，他对紧张局势感到厌倦。21 日，蒋试图给他写信，但又不知从何说起。蒋在日记中写道：

“我既不想对朋友虚情假意，又不能够向他倾吐肺腑，所以，很难下笔。”

22 日，由汪主持召开政治委员会，会上他以使蒋感到奇怪的热情认可了蒋的行动。

第二天，汪失踪了，表面理由是治病。后来，汪在一封给朋友的信中道出了事情的真相：“我受到怀疑和厌恨，所以，我再也不想承担政治责任了。”5 月份，胡汉民从俄国回来不久，汪精卫便去了法国，他在那儿待了一段时间。蒋向他道歉并请他回国，但汪深感伤害、羞辱、不可谅解，依然沉默地待在那里。

这样一来，蒋成了国民党中占压倒优势的人物。在他的对手中，一个死了，另一个由于受到怀疑而漂泊海外，还有一个也将受到驱逐。

蒋曾在日记中表示他不喜欢政治，他写道：

“政治使人过狗一般的生活……道德何在？友谊何在？”但是不久就表明，在政治权术方面，他是一个“进步”很快的新手。

在蒋对俄国人和中共的打击中，右派看到了希望。但是，蒋给他的学生的一封信打破了他们的这种希望。他写道：“孙先生认为，容纳共产党是我们的革命原则。我也认为，如果不容纳共产党，革命战线就不能统一。”他警告右派，他仍然认为“西山会议”是个错误。

事件的发生表明，蒋自从访苏以后，就一直是一个反共者。

但蒋自己在叙述这些事件的时候很谨慎，没有提到这方面的内容，这样他就可以不对自己的矛盾行为作出解释了。从当时的情况来看，

---

① 在“中山舰事件”中，蒋不仅诬陷共产党人，也诬陷汪参与此事，汪因此受到打击。——译者注

如果蒋要担任国民革命的领袖，而他的北方对手又依赖其他势力的话，那么他仍然需要苏联的帮助。因此，蒋当时还不能完全和共产党与俄国人闹翻。

另外，右派领袖胡汉民即将从俄国回来，蒋从左派那里抓到了领导权，也不会把它交给右派。事实上，当胡汉民 5 月份从俄国回到广东时，就没有被安排任何职务，他在广东待了几天就到上海去了。

蒋在采取镇压行动以后，又表示要改善“和共产党之间的关系”。4 月 29 日，鲍罗廷回到广东同蒋进行了多次会晤。5 月 15 日，蒋介石召开中央执行委员会紧急会议，他第一次主持了会议。在紧张的气氛中，通过了一项在党内限制共产党的新规则，鲍罗廷对此没有提出反对意见。

蒋极为老练地扩大了自己的战果，他甚至通过解散“孙文学会”来表示他的“让步”。然而，共产党却丧失了许多席位。毛失去了在宣传部门的职务（允许他继续保留农讲所负责人的职务，在那里他继续培训农民鼓动者，后来打败了蒋介石），另外两名共产党员也被解除了重要职务。

4 月初，蒋向国民党提出了一个关于北伐的详尽计划。6 月 5 日，他被任命为北伐军总司令，在此前后他还被选为中央执行委员会主席和国民政府军事委员会主席，并担任国民党中央组织部和军事部长。

7 月 1 日，军事委员会发布了一项动员令。9 日，革命军举行誓师大会并批准了一项关于北伐目的的宣言，其内容是:“在‘三民主义’的基础上建立一个独立的国家；保护国家和人民的利益。”

当所有这些事情都已办好且北伐已实际上开始的时候，出现了一股反对浪潮。广东的总罢工失控了。工人纠察队每天都与警察发生暴力冲突，结果造成了警察官员的辞职。蒋采取行动，派军队增援警察巡逻，并派秘密人员监视专门进行鼓动的人。

于是，出现了一些值得注意的情况。商总会似乎不再愿意交纳用于资助北伐的税款，蒋使商人们相信，他们最大的利益将通过交款来实现。而这笔款总数是50万元。商人们最后交了款，罢工者们也认识到，他们对北伐所能作的贡献就是出4000苦力，而且他们这样做了。

虽然蒋不在前线，革命军还是旗开得胜，于1926年7月12日一举占领长沙。蒋最后于7月27日离开广东，前去指挥他的军队。当他的新编军队加入战斗的时候，其总数已从8.5万人增加到大约10万人，广西和湖南的军队也加入了蒋的行列。

根据苏联的建议，各级都派了政治委员，以便向每一名士兵宣传“三民主义”，无疑其中也夹杂着马列主义。

这些士兵认识到他们是为什么而战，这使他们增添了战胜军阀军队的优势。如果他的军队情绪波动，他可以采取严厉的纪律措施。任何临阵脱逃的军官，不论其级别如何都会被立即枪决。如果一个军团的司令坚守阵地而战死沙场，而他周围的人退却的话，那么该军团所有师长都要被处决。这条纪律同样也适用于下级部队。无疑，这种严厉的措施鼓舞了革命斗志。

然而，一开始就使蒋受到下级爱戴是不太可能的。另外，在非公开的场合，他也没有受到普遍的爱戴。他自己直接指挥的部队按时发军饷，并且装备比其他部队要好。其他部队对他的歧视很不满意，但是胜利来得如此之快，以至于几乎不需要严厉苛刻的纪律。同时，部队的条件也从总体上得到了改善。

这是一支彻底的用政治武装起来的部队，每个军团都有国民党机构和党员，而且都受过军事训练，对其他军官具有绝对的权威。财务账目也向每一个人公开，以杜绝敲诈勒索和贪污现象。

虽然军阀的部队与革命军在数量上占10 ：1的优势，并且装备精良，习惯当地水土，但是他们不团结，举止粗野，并且容易叛变。

北伐时期的蒋介石

在中国漫长的历史上，国民革命军是一种新型的军队。他们充满信心，并由于取得了巨大、迅速的胜利而士气高涨，随着不断地向北进军，队伍也随之不断地壮大。

同吴佩孚的军队之间进行的最艰难的一场战斗是攻打武汉三镇之一的武昌战役，由于武昌城墙坚固，而敌军又困兽犹斗，所以直到10月7日才攻下来。11月8日攻下南昌。

不久，革命军的数量增加到26.4万人。由于纪律严明，他们深受爱戴，并且美名远扬。他们和军阀的军队形成了鲜明的对比。后者每到一座城市便征用民房，强迫当地商人为军队负担二至三个月的费用，并擅自征用当地劳力；而北伐军则在庙宇和公用建筑中宿营，交付生活费用，发给士兵军饷，并且不抓壮丁。

9月16日，信奉基督教的总司令冯玉祥从蒙古和俄国回来，加入了讨伐吴佩孚和张作霖的战斗。至1926年年底，革命军控制了湖南、湖北和江西。在北伐的第二次高潮中，北伐军于1927年2月17日占领了蒋家乡的省城浙江杭州。3月22日攻克上海，24日攻占南京。至此，革命军控制了长江流域，并且控制了华南和华中的10个省份。

然而，那年春天，战斗停了下来，间歇了约一年，而其原因在于政治。

第八章

上海事变

蒋介石感激孙中山对他的恩典，“总是极力寻找支持者，而不单是寻找友谊”。孙中山和他的同事早先认为“帮会”对革命是有用的。

陈氏兄弟的叔叔和帮会帮助蒋介石从贫困中崛起……成为一个胜利之师的统帅。上海的买办和银行家资助蒋介石建立右翼政府，使蒋介石摆脱了对俄国的财政依赖。

1927年上半年，蒋介石与共产党之间酝酿的冲突终于爆发了。

这一年是最混乱的一年，在大城市上海和广州，还有其他一些地方，共产党多次举行起义，但大都失败了。中国与苏联的外交关系也破裂了。

尽管蒋此时登峰造极，但他曾有段时间在深受共产党影响的国民党“政府”中被撤销了所有的职务。这一年还发生了引人注目的蒋介石辞职、下野以及第三次结婚等事件。

1927年年初，在蒋试图用自己的旗帜统一中国的道路上，存在着三大障碍。

随着吴佩孚及其同盟者的失败，唯一与蒋对立的强大军阀是北方的张作霖。这一障碍纯属军事性的。

政治障碍或许更加严重，既有还没有完全团聚起来的共产党，也有汪精卫周围的国民党左派。汪在与蒋发生冲突之后，迅速转向了左派。

1926年3月20日，蒋的反共突然袭击曾使汪的职务丧失并漂泊海外，这件事使蒋很难得到汪的好感，但在这一年的9月底，汪给蒋的来信打动了蒋。汪在信中说，对于3月份发生的事情，他们之间已没有什么分歧了。蒋立即于10月3日用一种和解的语气给汪发了一封电报。

蒋在电报中说，他打算把两个同事送往法国，以便请汪回来负责党务。

但是，蒋并不知道汪的用意，后来，他才知道汪给他写信的目的，是为了消除他对汪的疑虑，并且使他确信在适当时候汪会回来。事实上，直到1927年4月初汪才回来，一回来，就开始抨击蒋。

汪把大部分时间用来进行党内的调解缓和，而蒋则主要在前线忙于战事。虽然他以总司令的身份控制着武装部队，并且通过其他职务控制着党和政府，但他还必须对执行委员会负责。

在该委员会中，支持他的人被动、沉默，而他的对手们则主动、活跃。这个委员会并不大，只有36个成员，但其中16个是反对派，当然只有7位是共产党员，其他的不是左派就是激进派，他们都反对蒋大权独揽，专制独裁。

宋庆龄

非共产党的反对派包括孙中山的夫人宋庆龄，以及她的弟弟宋子文（由于受到美国的支持，他很有分量），还有被暗杀的左派领袖、财政部长廖仲恺的夫人。此外，还有宋庆龄的继子和其他几个人。其中有一个姓邓[1]，他曾是蒋最信任的助手，后来转向激进的一方，不再忠于蒋了。他最后被蒋杀害。

1926年10月15日至28日，中央执行委员会在广东召开会议，通过了一个含混不清的反蒋决议。该决议谴责个人专权，却不指名道姓。执委会还召请汪精卫回国，并赞同国共合作。

在莫斯科，苏联领导人带着满意和希望观察着中国形势的发展。蒋介石正在用武力向北部推进革命（这正是他们需要他做的）。他们可能会觉得这个机会将轮到中国共产党。的确，对于既有力量又有策略的俄国顾问和在国民党中的中国共产党来说，这并不是一种奢望。

随着北伐的推进，政府仍留在广东显得不便。蒋要求迁都南昌，因为蒋介石的军队都驻扎在南昌。

但大多数中央委员愿意留在武汉。

在武汉，人们曾就军人干政的可能性进行了讨论。另外，共产党及其左派支持者都知道，在大工业区武汉比在南昌更能得到无产阶级的支持。

由于多数人主张迁都武汉，蒋作了让步，同意国民政府迁至武汉三镇之一的武昌。不久，他对这一决定又感到非常后悔。

实际上，在政府迁至武汉之前，共产党及其同盟者就来到了武昌。

在这里，他们建立了一个国务院的联合委员会和中央执行委员会，成员包括非共产党左派和宋子文。但真正起作用的还有俄国人鲍罗廷，他在背后对政策施加决定性影响。

在12月13日召开的第一次会议上，新的委员会代表党和政府选举了它的领导机关。虽然该机构是临时性的，但从那以后，武汉成了

① 邓演达。——译者注

反蒋中心。

反蒋活动仍在继续进行，蒋发现自己被描述成“军阀”或“独裁者”。很多地方挂着他的肖像，肖像的一边是希特勒，另一边是墨索里尼。

蒋怎么办呢？没有人会在对立中让步。他花了一个月时间，在武汉试图说服该委员会放弃敌对态度，但毫无进展。此时，广州政府已迁至武汉，从1927年1月1日起开始办公。

共产党认为他们已稳操胜券。一年来，他们在各地加快了革命步伐。中共试图赢得工人的支持，尤其是赢得上海、广州、汉口等大工业城市中的工人的支持，这是他们作为虔诚的马列主义者必须要做的事情。但是，他们不能抛开中国城市工人人数很少而农村却有成千上万农民的这一事实。起初，中共和俄共在面对这些明显的事实办事的时候，受到了教条的束缚。

但早在1926年，共产国际就认识到农民的重要性，毛泽东在1927年3月的一篇文章中也特别强调了这一问题。

当然，毛是真正理解农民的，他也是一个组织天才。只有他能将那些民众组织起来，形成一股革命力量。

1925年至1926年，国民党曾让他担任广东农民运动讲习所的负责人，他巧妙地利用了这一机会。后来，他又在武汉担任了农民协会主席。

他于1927年3月写了一篇报告，是在湖南省五个地区现场调查的结果，文章字里行间充满着力量和对农民的情感。他认为，农民运动像暴风骤雨，像狂飙，能将帝国主义、军阀和土豪劣绅统统扫进坟墓。然而在当时，问题的实质在于，共产党是将局势控制在自己手中，还是继续让国民党领导革命，只在国民党要巩固自己的地位而不再前进时，共产党才取而代之。

斯大林和他的使者叫他们不要走得太快（有一个人不同意这种说法，这个人就是托洛茨基。他总是鼓励他的中国同志与国民党断绝关系，走自己的路）。

如果中共一味听从俄国人的话，他们就会不知所措。共产国际曾派美国人厄尔布劳德、法国人雅克·杜瓦特和德国人托马斯·曼来到中国。1927 年年初，这些人在广州和武汉发表鼓动性演说，其主题之一是促使外国军队哗变。

这使在租界中的“洋鬼子”不再感到安全，他们的脚下开始“地震”了。与外国来的共产党相比，武汉政府几乎没有鼓动性。

罢工浪潮此起彼伏，示威者们高举着牌子，上面写着“打倒帝国主义！”政治压力开始了，“反革命分子”被强迫罚款，有的被处死。在汉口，有 27 家本国的银行被迫关闭。

蒋没有卷入其中。他把中国的灾难无条件地归结为外国的掠夺，但他并没有断绝与其极端憎恨的外国人的联系。

事实上，1926 年 8 月 20 日，在北伐开始的时候，他发表过一项宣言，表示只要外国人不妨碍北伐运动和国民革命军的行动，不管他们的国籍如何，对他们的财产将给予保护。

虽然蒋的部队在攻下汉口数月之后于 1 月 3 日发生了严重的反英事件，但在一般情况下，国民革命军在许多城市执行了这一命令。

当第六军的部队 3 月 24 日进入南京时，对外国的机构进行了攻击和掠夺，蒋对此很恼火。在这些机构中，有商业公司，罗马天主教会，还有英、美、日的领事馆等，大约有 12 个外国人丧生。为了躲避士兵，也为了躲避外国舰艇报复的炮火，百姓们纷纷躲到城墙脚下。

蒋来到现场，对第六军的第三师采取了无情的行动，缴了他们的械，并处决了 30 ～ 40 人。

后来据说共产党的政治委员插手了这一事件，（蒋写道）“他们希望挑动外国势力和革命军发生直接的冲突”。但正像吉勒麦兹所指出的那样，很难看出对外国租界的掠夺会给共产党带来什么好处，那很可能只是一次军队违纪事件。

很快，蒋在上海陷入了更严重的麻烦之中，在周恩来等人组织的 80 万工人罢工配合下，国民军 1927 年 3 月 22 日攻占了上海。共产党武装了工人纠察队，接着便发生了残酷的巷战。在此过程中，约有 200 名工人被打死，1000 名工人被打伤。随后，他们建立了临时市政府，使局势有利于自己。

蒋在南昌的司令部里，注视着这些事情，心里憋着一股怒火。开始是左派在武汉建立政府，对他在国民党中的权威表示蔑视。现在，共产党又夺取了上海。

他发表讲话，但不起作用。他时而调和，时而挑衅，在 3 月 10 日的一篇讲话中，二者兼而有之。他说：

他没有打算不与共产党合作，而且还主张把他们拉进国民党。但是，共产党现在已达到力量和声望的顶点，如果他们对自己的行为不加控制的话，他们将给国民党带来灾难。

他说他不反共，他感激共产党的支持和同情，但共产党不能在国民党内谋求优势，压制国民党中的温和派。

武汉政府没有理睬蒋的指责。中央执行委员会撤销了蒋作为政治委员的职务，使其总司令之权隶属于新的军事委员会。

他在国民党中的所有重要职务，都转给了他的对手汪精卫。那时，汪正在从法国返回的途中。该委员会还通过发表公告对他进行谴责。指责他是专制者和独裁者，说他的统治保护“官僚、商人和其他机会主义者”。

按照蒋的说法，是共产国际劝汪精卫经莫斯科回国的。尽管他们之间发生过一些事情，但蒋明显对汪的回国仍抱着希望，认为他的老同事会因汪的回国而被重新起用。汪 1927 年 4 月 1 日回国后的几天里，蒋和汪在上海会晤了好几次。

接下来发生的事情是，根据蒋的建议，一个姓吴的国民党人[①]参加了“清党”会议的讨论，此人是蒋在监察委员会中的忠实信徒。

会议的重点是讨论“清除共产党”的问题。当他们干这件事的时候，一些远离革命的地主和富人发现他们有救了。吴在会上作了报告，报告中对共产党和鲍罗廷进行了攻击。

4 月 5 日，汪同来上海的共产党领袖陈独秀发表了一个联合宣言，重申共产党接受孙中山的三民主义，并且进行了辟谣。因为有谣言说，共产党企图破坏国民军，并攻击租界；而国民党准备解除共产党工人纠察队的武装，并将共产党开除出党等。

同日，吴等人决定“清党”，他们建立了一个委员会研究有关方案。6 日，北京和上海是多事的一天。在上海的所有武装集团接到通知，从今以后他们必须按军纪行事，任何反对行动都将以叛乱论处。

在北京，张作霖派警察搜查了苏联使馆，使苏使馆人员大吃一惊。

他们在苏使馆中发现的东西，比张本人希望的要多。中共的建党人之一李大钊和另外 35 名共产党员在那里避难。张作霖当时的外交部长宣布中断与苏联的关系，并且通知苏联人回国。

4 月 28 日，张下令杀死了李大钊及另外 19 个共产党人。

蒋依然面临着如何使在武汉的敌手溃散的问题。

---

① 指国民党元老之一的吴稚晖，时任国民党中央监察委员会委员。——译者注

中央执行委员会撤销他各种职务的消息，使他感到沮丧。

李宗仁也为来自上海的消息所震动，便离开安徽前线来到上海与蒋会面。他到达上海的时候，正值蒋接到第一军军长何应钦要求辞职的电报。蒋说："如果连第一军都不能稳定的话，那我就无法维持下去了。"

李回答说："如果你也不干了，那么事情就糟了。当前的危机主要是共产党企图消灭国民党。"他建议蒋马上通电其他军界的支持者来上海"清党"，他自己的第七军可以召集到南京，授权在那里"清党"，蒋接受了他的建议。

4月6日，正是张作霖派警察搜查苏联大使馆的那一天，汪精卫到了武汉。

第二天，支持蒋介石的军官到达上海，他们立即与蒋、李和上海警备区司令白崇禧秘密商议，讨论"清党"问题。

8日，蒋建立了一个临时行政委员会，以取代共产党建立的临时市政会。

10日，蒋及其支持者（自称是清查委员会）举行正式会议，以政令形式通过了各种方案。所有的入党申请暂时停止，任何重新登记的党员必须受到三个月的调查，每个党员必须每两周向其所在支部报告自己的政治活动。会议还决定，取消武汉政府，国民党中央总部迁至南京。

随着为蒋的行为作辩护的"清查令"的施行，蒋开始准备进攻了。1927年4月11日，蒋发布了一项密令：没收2700名共产党工人纠察队员的枪。12日，蒋的支持者采取行动，在广东、广西、福建、浙江、江苏、安徽、南京和上海同时进行"清洗"。李宗仁起了很大作用，如果没有李的支持，"清洗"是不可能的。

然而，上海的详细情况是不清楚的，有关这一事情的报道比较混乱。有一种说法认为，是国民党让当地流氓穿着工人制服，根据约好的信号，这些假工人突然袭击了全市所有工人阶级的组织，并且无论他们是否抵抗，一律将他们打死。

还有一种说法是，蒋在进入上海之前，事先与上海有权势的赌场主、鸦片商、秘密社会的头目杜月笙达成了协议。

据说，青帮流氓屠杀了数千名工人领袖和富于战斗精神的工人。共产党的官方数字是，300 人被打死，5000 人失踪，一些很有前途的青年共产党干部在那天的战斗中和在 13 日的总罢工流产后被处决。

在那些被逮捕的人当中有周恩来，但他与一个师长的兄弟一起逃出来了，那位师长的兄弟是周在黄埔的学生。

蒋介石本人没有把这些事件讲清楚，他的解释是委婉和隐晦的。他说 4 月 12 日，为了防止共产党暴动，国民军在当地工会和商会的配合下，缴了红色工人纠察队的枪支并将共产党破坏分子置于监视之中。对上海发生的这种情况，不得不进行控制。

根据国民党开列的清单，当时缴获的武器总计有 3000 支步枪，20 挺机关枪，200 支毛瑟枪，400 支手枪，80 万发子弹，几推车斧头和 2000 支长矛。

那么，蒋与当地帮会是什么关系呢？

先说红帮，它是在“反清复明”中建立起来的，是一个从太平天国起义中成长起来的地区性和政治性组织，这一组织与义和团有联系。它崇尚敬老和其他中国传统的价值观，并热衷于迷信仪式。随着时间的推移，红帮演变成了一种流氓团伙。

青帮是作为红帮的一个分支发展起来的，不久在长江以南有了自己的势力，其总部在上海。青帮沿着长江扩展势力，他们招收水手和

杜月笙（左）、张啸林（中）和黄金荣（右）是旧上海“三大亨”。

搬运工，从事非法经营，并收买人心。他们通常依靠三种途径来保证财源：贩卖毒品，开设妓院和进行赌博。

蒋介石本人从未加入过帮会，但他的确与帮会有过密切的联系。他早期的靠山陈其美在上海担任军事长官的时候，就是帮会的一员。或许，蒋认为这些帮会对他有用。

他感激孙中山对他的恩典，总是极力帮助寻找支持者，而不单是寻找友谊。孙中山和他的同事早先也认为这些帮会对革命是有用的。

青帮的主要头目是杜月笙，他帮助过蒋介石。陈其美的侄子——陈立夫从 1925 年至 1929 年是蒋的私人秘书。在他的弟弟陈果夫的帮助下，他领导着称之为“CC 派”的国民党右翼。按照中国的习俗，蒋介石将陈氏二兄弟认为亲侄，以报答陈其美的知遇之恩。

上海事变时，陈立夫是蒋介石的私人秘书，同时还管理着国民党组织部。1926 年 3 月 20 日，他被任命为该部部长。1974 年当我在台北采访他的时候，他告诉我，他创建了中央调查统计局（中统）。中统后来由陈立夫的兄弟陈果夫接管。作为国民党政府的内部安全机构，中统在大专院校、新闻界和其他“文化”组织中都有自己的代理人，国民党所办的全部报社社长都是为中统服务的。大专院校中的训导长也同样是为中统服务的。中统还在各个城市和省份设立了自己的网点。

类似的另一个机构是军事调查统计局（军统），由戴笠领导，主要从事特务活动，还管理所有的秘密监狱。它是按照纳粹的盖世太保的模式建立起来的，在社会各界都有代理人。

陈果夫是从称之为“A·B团”的秘密的政治社团中进入国民党组织部的。

“CC派”及他们的秘密组织帮助蒋介石保持和扩展势力。1920年年初，当陈氏兄弟的叔叔和帮会在上海帮助蒋从贫困中崛起的时候，蒋当时还住在一间没有窗户的房子里，在上海交易所从事经纪人的工作。其他曾帮助过蒋的人还有：银行家钱某和船主虞某（后来成为商会主席）。

当蒋介石1927年回到上海的时候，他不再是一个穷困的青年，而是一个胜利之师的统帅了。

银行家们和帮会用大量的“贷款”资助他。作为回报，他帮助他们消除军队的侵扰，结束当时还在武汉持续的停业状态，并从共产党工会的制约中解脱出来。

有一种看法认为，蒋在摧毁共产党纠察队过程中接受了1500万贷款，后来又接受了3000万贷款。这些钱或许只是名义上的贷款，第二笔钱似乎是很不情愿拿出来的。据说商人们事先接到一个“军界要求资助”的通知，说是如果这样做就不会遭逮捕。

有一个很知名的实业家因为不愿意资助50万元，结果被关进了监狱。醒悟之后，他愿意出一半的钱以获担保释放，并且这些钱是无偿的。

不管是自愿的还是强迫的，上海的买办和银行家资助了蒋即将建立的右翼政府。而且，他们还使蒋摆脱了对俄国的财政依赖，这就使他有了更多的策略上的自由。

1927 年 4 月 12 日的政变，标志着蒋介石与受国民党左翼支持的共产党之间的最后决裂。

从此以后，尽管有一些暂时的表面合作，但两党之间的裂痕最终无法弥合。

第九章

蒋氏再婚

《大公报》创始人胡霖说：

“蒋的婚姻是一次精心预谋的政治行动。他希望通过成为孙中山夫人（宋庆龄）和宋子文的妹夫来赢得他们。那时，蒋也开始考虑寻求西方的支持。如果美龄成为他的妻子，他便在与西方人打交道时有了‘嘴巴和耳朵’。此外，他一直十分欣赏子文在财政方面的才干。但是，如果说蒋没有爱上美龄，那是不公平的。”

上海的屠杀引起了国民党左派和国民党中的共产党员的极大义愤，他们试图使蒋名誉扫地。

1927 年 4 月 17 日，在武汉召开的一次会议上，中央执行委员会通过了一项决议，列举了蒋介石的 12 条罪行——其中包括对人民的屠杀和对党派活动的压制。蒋被开除出党并被解除了所有职务。

逮捕蒋的通缉令也发布下来了，目的是“按照镇压反革命的法令对其进行惩罚”，甚至他的头也被估了价，而且是两种标价：抓到活的赏 25 万两银子，抓到死的则为 10 万两。

难道左派真的以为蒋介石会就此罢休且大势已去了吗？如果他们真的这样想的话，那就太低估他了。

在蒋的主持下，国民党右翼领袖从 15 日起便在南京召开会议。

那天夜里，在蒋的命令下，警察和军队包围了设在广州的工会和国民党的办事处。所有的苏联顾问都被拘留起来，共抓了 2000 人左右。几名黄埔军校学员和一些女学生被处决。蒋还命令，所有逃跑的共产党员必须在十天期限内自首，否则一律处以死刑。

18 日，就是武汉方面悬赏捉拿蒋的第二天，他宣布了他的答复：

“在南京建立一个对立的政府。”那天，站在他身边的是胡汉民。

在冗长的声明中，蒋介石重申了孙博士的三民主义，号召与共产主义彻底决裂。“如果我们允许他们那可怕的政见蔓延，”他说，“一切都将成为泡影。”

一周之后，即25日，30万人在武昌集会，声讨蒋介石及其政府。中国又回到了最严重的混乱状态，如同1911年推翻清王朝后的中国局势一样。两个政府都宣称其革命合法并继承了孙中山的遗志。在北方，张作霖大权在握，仍自行其是。

共产党此刻也到了危急关头。他们是应该利用国民党内部的分裂使左派卷入这场暴力斗争呢，还是应等待时机并继续维护党派联盟？共产党内部也产生了分歧。

1927年4月27日，80名代表——代表着5.8万名共产党员，在武汉召开了第五次代表大会。在一项决议中，决定剥夺共产党控制区内大地主和反革命分子的财产。但对属于民族主义军队官员的土地则给予特别的豁免。

在长沙，一群共产党员已在城市和乡村积极行动起来，地方军的指挥官逮捕并处决了近百名“闹事者”，一些领导人及时地逃过了逮捕。他们当中的刘少奇，后来曾任中华人民共和国主席。

北方战争又开始了。4月24日，蒋介石主持召开海军和陆军会议，决定重新开始北伐。然而几乎是同时，南京方面发现武汉政权也有同样的打算，于是北伐再次搁浅。

武汉的军队开始向南京挺进，南京的军队亦向武汉开拔。信奉基督教的冯玉祥将军似乎意识到这是一个机会，趁机占领了陇海线的东段。这样一来，汪的北方便受到了侧翼包围，而南方则将了对方一军。

这一局面是很僵的，而这一僵局只有冯玉祥才能打破。无论是汪精卫还是蒋介石，离开了冯玉祥，谁都束手无策。于是，二人都改变了策略。

在这一关头，蒋介石碰到了好运。斯大林的共产国际代表——印度人 M. N. 罗易给汪精卫看了一份来自莫斯科的电报，电报上明确声称共产党要接管政权。罗易显然希望汪能够对如此广阔的革命前景和美好的未来感到高兴，并与共产党携手并进。但是，这份电报反而使汪感到焦虑。因为在他看来，与共产党合作注定要失败（正如蒋一贯坚持的主张一样）。

汪与他的左翼同事都很忧虑，他们把希望寄托在冯玉祥身上，希望他能想出个办法。冯请汪和其他左翼领袖来郑州商量。会谈从 1927 年 6 月 10 日开始，持续了三天。武汉方面的领导人对冯玉祥作了一些边界上的让步，但实际上只是空头支票。

随后，冯玉祥于 19 日到东部的徐州与蒋介石会晤。两天以后，两人达成了完全一致的意见。这便意味着冯已决定支持蒋，并向汪精卫施加压力。21 日，冯给汪拍了一份电报，敦促他立即释放在押的鲍罗廷，并说武汉方面的官员有意者可以加入南京国民政府。他还补充说，无意加入者应利用这一时机去外国访问。

汪对蒋仍持有敌意，但是力量的平衡现已发生了不利于汪的倾斜。7 月 15 日，汪决定反共，并于 16 日下令屠杀共产党人。罗易已于 3 日离开，鲍罗廷是在 27 日离开的。

加伦来到上海向蒋告别。尽管他被任命为武汉政府的首席军事顾问，但两人之间的私人关系很好。很多年之后，蒋曾这样写道：“这是我一生中最感人的离别。”

中国共产党在困境中试图通过暴力东山再起。从 8 月起直至年底，他们举行了三次武装起义，但都失败了。

8月1日举行的第一次起义具有双重的历史意义。共产党如今视之为人民解放军的建军节而加以庆祝，西方的历史学家则把它看作是民族主义者与共产主义者之间第一次内战的开端（共产党的历史学家也同意内战开始于8月1日，但他们称之为第二次国内革命战争，视北伐为第一次国内革命战争）。

周恩来此刻到了江西省省会南昌。他了解到一部分由共产党军官领导的部队驻扎并活动于这一城市附近。他和他的同事们认为，如果这些共产党人发动一次起义，并把他们的部队拉过来，那么共产党就可能有一支自己的核心武装力量。而且，当时南昌公安局的领导人是朱德将军，他后来成为中国人民解放军的总司令，其他人后来也都功名显赫，其中包括林彪和陈毅。

共产党占领了南昌城，但后又失守，因为一名国民党军官并不像他们先前所料想的那样赞同这一计划。

尽管武汉方面也开始迫害共产党，但并无迹象表明他们拥护蒋介石。

东部军阀孙传芳乘机利用武汉与南京之间的敌意，发起了一次反攻，把蒋的部队赶出了他们所占领的长江北岸的几乎所有的地盘。武汉军队继续向南对蒋发动进攻，这样蒋就抽不出军队来抵挡孙传芳了。

冯玉祥为了自己的利益，同时出于为蒋着想的目的，试图在此刻发挥一点儿作用。他建议武汉与南京两个对立政府各派代表，在他认为是“中立”的吉祥宝地安庆举行会谈。

按照冯的意思，他于8月份在郑州与蒋举行第二次会谈。开始时，蒋曾派穆斯林马福湘将军带去一个友好的消息：“蒋愿意和你结拜为兄弟。”冯的回答是：“太好了。”冯玉祥继续讲道：

> 于是，蒋和我彼此交换了生辰八字，成了结拜兄弟，那次会上，我们相互叩头四次（为的是完成这一结拜仪式）。
>
> 蒋问我，“现在我们已经成了最好的朋友，你准备怎样开导我呢？”我告诉他：“人民是我们的主人。我们应该做他们所希望的事，而不做他们所厌恶的事。”
>
> “还有别的吗，大哥？”蒋又问道。我说：“如果我们能做到刚才我说的那些，那我们就可以实施孙中山博士的三民主义了。既然你再一次问我，我就这样告诉你，我们必须毫不含糊地与我们的士兵同甘苦，共患难。他们吃什么，我们吃什么；他们穿什么，我们穿什么。如果你能做到这一点，我们的革命就会成功。”
>
> 蒋回答道：“很好，我们必须这么做。”

蒋介石可能看到只有一个办法才能打破这一僵局：既然他是争议的真正所在，那么他不得不走。最引人注目的大概就是他屡次提出辞职。

1927年8月13日，他发表了一篇辞职声明，声明中说：

“老百姓的视听力已开始失去往日的敏锐和灵敏。在近三个月至四个月的日子里，北伐几乎进展到山东边界。为什么我们向前推进得那么快？而为什么我们现在的速度又这样慢？请静静地想一想，细心地考虑一下吧，原因是很容易理解的。”

至于他本人，他一直在考虑辞职这件事，但在时机还不成熟时，他不能过早辞职。如果他过早辞职，“那么，我党将承受如下苦难。第一，我们将魂不附体。第二，星移斗转，我担心就连国民党这一名称恐怕也不复存在……”

他说，他希望武汉的同僚们能够加入南京方面来，北伐重新开始，湖南、湖北和江西的共产党被“彻底地消除”。并说，尽管他已辞去了所有的职务，但作为国民党党员和一名中国公民，他将继续履行他的职责，“只要我还有一口气”。

最后这句话有点不吉祥。但是，听到最后这一句誓言的人很少。在蒋看来，而且他也一直这样认为，他的辞职表明他是一个必不可少的人，一个唯一可信赖的“中国的救世主”。

但是，蒋的离职确实缓和了当时的紧张局势。冯将军提出的召开安庆会议的建议现在看来已没有任何意义了。

1927年8月14日，以胡汉民为首的南京方面的五位主要政客以带有讽刺意味的古文体联合给冯玉祥写了一封信。他们问道：当双方仍在激战的时候举行会谈是不是太荒谬了？“玉石和丝绸——友谊的赠品，加上刺刀和长矛——战争的武器，被交替和同时使用，这不成了全世界的笑柄了吗？”

当蒋的辞职被宣布的时候，他已于8月12日前离开了南京，踏上了返回家乡奉化的路程，随行的保镖有200人。他在上海逗留了几天，之后胡汉民等人一路跟随着他。

家乡的群山挺拔宁静，深深地吸引了他。他把住所安置在雪窦寺。这是浙江一座山脊上的佛教寺院。随行人员住在溪口，这里是他的出生地，离蒋的住地约6英里，地势低3000多英尺。

蒋向追随而来的美国来宾声称，他打算在今后的五年里走访国外，学习政治、经济和军事战略，这话或许带有瞬间的诚意。

一个新闻记者写道：“他的引退是一个神话。”

蒋身披中国式的长袍，显出一种学者的风度和守旧的外观，这与军事政治家那种生气勃勃的形象颇为不符。大量的信件送到他的手里。

那时，他还未完全从国家事务中摆脱出来，但是不管怎样，他的压力减少了，而且他可以集中精力转向其个人生活方面。

他的第一次婚姻是一个悲剧，尽管有了一个儿子蒋经国。这暗示着他与其妻只具有一种最低限度的亲密关系。他几乎不了解他的妻子毛福梅。首先是他的军事训练，其次是革命，这些事情耗费了他的精力，也吸引了他的兴趣。

在他为数不多的探家期间，毛反复劝说他放弃戎马生涯，但这几乎等于让他放弃生活。这样的彼此缺乏理解或许就是他对毛粗暴的原因。她的兴趣所在是家务，政治让她感到迷惑，并且她也不为之所动。

1921 年，也许是因为蒋遇到了他的第二任妻子——陈洁如，他决定离婚。

霍灵顿·唐宣称这一安排是非常友好的，并且对她很慷慨。但这一评论与事实是不相符的。在蒋看来，此举意在摆脱其前妻。

当时，在给内弟的一封信中，蒋这样写道："十年来，闻步声，见人影，即成刺激。顿生怨痛者，亦勉强从事，尚未有何等决心必欲夫妻分离也。不幸时至今日，家庭不成家庭，夫固不成认妻，妻亦不得认夫，甚至与吾慈母水火难灭之至情，亦生牵累。是则夫不夫，妻不妻，而再加以母不认子，则何有人生之乐趣也。……吾今日所下离婚决心乃经十年之痛苦，受十年之刺激以成者，非发自今日临时之气愤，亦非出自轻浮的武断。须知我出此言，致此函，乃以至沉痛极悲哀的心情，作最不忍心之言也。高明如兄，谅能为代谋幸福，免我终身之苦痛。"

大约一年之后，在广州孙博士家里，蒋介石遇到了一位父亲富有并受过美国教育的年轻女子。

她对政治有深刻的理解，她热爱她的国家，而且他可能认为她的志向正好与他一致。对于一名政治军事活动家来说，这是完美的结合。她就是宋美龄。

她的父亲宋查理自年轻时起一直是一名基督徒，并是一个无比热情的皈依宗教者。作为第一个在美国接受高等教育的华人，他回到了中国，担任了牧师。

但是，他并未意识到他作为一名制造商大发横财和通过卖《圣经》而致富是与传播福音水火不相容的。他的妻子与他共同献身于基督教事业。她为他生了三个女儿和三个儿子，并且个个都功成名就，这使他拥有一个平衡的家庭。

宋庆龄成了孙中山的第二任妻子，并且站到了共产党一边。大女儿霭龄与银行家孔祥熙结婚，孔后来担任财政部长。儿子宋子文在武汉政府中任职，但后来却成为蒋的财政部长，另外两个儿子宋子良和宋子安在上海金融界和企业界都是名声显赫的人物。

宋氏三姐妹都非常漂亮、聪颖，而且意志坚强。蒋下定决心之后，就一如既往地迅速行动起来。

当他提出结婚的要求时，宋美龄只是温和地听着，但据蒋后来说，她“并不感兴趣”。实际上，当时她已和刘纪文（后来的南京市市长）订了婚。但她同意可以与蒋通信。在以后动荡的五年中，他一直坚持写信，向她求婚。

1927 年 5 月，上海政变后不久，蒋正式向宋美龄求婚。宋家为此召开一次家庭会议。宋霭龄赞成，而宋子文完全不同意。尽管宋氏姐妹独立性很强，而且追求解放，但宋美龄已明确向蒋说明，没有宋母的同意，她不会和他结婚，而宋母并不怎么重视这一婚事。

在这次家庭会议中大家还提出了很多问题。用中国社会的标准来衡量，作为一名士兵，蒋是属于传统的低层次的人，此外他结过婚——一次，或许两次——除非他可证明他已离婚。随后，宋夫人又听到了一些有关蒋生活中的其他女人的传言。还有一点很重要，那就是蒋不是基督徒。

青年时代的宋庆龄（左）、宋霭龄（中）、宋美龄（右），1918～1920年间摄于上海。

导致蒋介石如此坚定地求婚的原因究竟是爱情，还是政治野心呢？或许二者兼有。

胡霖（《大公报》的创办人之一，该报普遍被认为是1949年以前中国唯一独立的报纸）在一次谈话中说：

“蒋的婚姻是一次精心预谋的政治行动。他希望通过成为孙中山夫人（宋庆龄）和宋子文的妹夫来赢得他们。那时，蒋也开始考虑寻求西方的支持。如果美龄成为他的妻子，他便在与西方人打交道时有了‘嘴巴和耳朵’。此外，他一直十分欣赏子文在财政方面的才干。但是，如果说蒋没有爱上美龄，那是不公平的，蒋显然把自己视为一名英雄，而在中国历史上自古都是英雄爱美人。出于政治上的考虑，蒋可以做任何事情。在当时的情形下，娶一位新妻子对蒋来说是非常合理的。”

然而，在蒋写给宋美龄的一封情书中，“爱情”却处处可见。该信于1927年10月19日发表在天津的一家天主教报纸上：

“我对政治活动再无任何兴趣了。如果我这一生中有什么敬佩的人的话，您，我的爱人，是唯一的一位，早在广州的时候，我便托人带信给你的哥哥姐姐（可能是宋子文和孙中山夫人）表达了我的愿望，但杳无回音。那时，这可能是因为政治关系。”

“现在，我已隐居在这个山地荒野之中。我感到自己已被整个世界所抛弃，充满了绝望。回想起在前线所经历的数百次战斗和我自己的那种英雄主义，我只感觉到那种所谓的功绩不过是一场梦幻。然而，你的天资、美丽和品德却使我永远难忘。唯一的问题是，我的爱人如何看待我这个已被世界抛弃的退伍的士兵。”

就在1927年深夏蒋宣布“引退”的时候，宋美龄终于使蒋知道，她同意他做自己的丈夫，但这还要取决于他是否能说服她的母亲。

1927年9月23日，蒋带着一小队随从离开山里的寺院，到达了上海。人们问他：这是否意味着他重返公众生活？他回答说：完全不是。他是来赢得和寻求他的新娘的。如果一切顺利的话，他们将在上海举行婚礼并到国外旅游一年。

28日，蒋乘船抵达日本。东京新闻界忽视了他在辞职声明中所说的关于日本阻挠其进行北伐的一些话，为他作了许多溢美的宣传。

听说他要来，宋夫人便躲到日本东部，以扩大彼此之间的距离。

然而，在镰仓，蒋还是找到了她，并且，迫于宋霭龄的压力，她终于同意见他一面。蒋带来了可证明他与第一个妻子离婚的证件（第二次婚礼显然被视为无效），并且已经“平息了那些搬弄是非者所制造的其他谣传”。

但他是否准备做一名基督徒呢？蒋像往常一样微笑着说，他将尽最大努力并准备研究《圣经》。他不能事先作出许诺，但他的确表示要试一试。

宋夫人渐渐不再反对，不久，她便答应了这桩婚事。

1927年12月1日，两个仪式同时举行。第一个是宗教仪式，在新娘家中由戴维博士主持。第二个仪式在大华饭店举行，宾客如云。

当天，蒋和他的夫人起程度蜜月。他们先在杭州小住，然后到了浙江的莫干山。那里湖水涟漪，树木葱茏，山水交相辉映。

在某种程度上，宋美龄对她的丈夫有一种软化的影响，他学会了用英语“达令”称呼她。但是他的口音太重，所以没有人能真正听懂他说什么。

1927年12月1日，蒋介石与宋美龄在上海结婚。

据说，他的警卫员总是无意中听到“达令”这个词，以为这一定是上流社会称呼“太太”或“夫人”的时髦说法。

有一天，宋美龄让一名警卫给蒋捎个口信，这个不幸的家伙双脚立正，尊敬地说：“先生，达令让我告诉您……”

蒋简直不能相信自己的耳朵。

但很快他便意识到这名警卫并未真正明白这个词的含义。他摆摆手，让这名警卫走开了。

1946年夏天，埃里克·周到桂林采访马歇尔使团。有几次，他站在蒋介石和宋美龄身旁，清楚地听到他们彼此称呼对方为“达令”。这大概是蒋唯一经常使用的英文单词。

在这里还可以引用后来的另一个评价，在1948年夏天与埃里克·周的一次私人谈话中，霍灵顿·唐这样评论道：

“夫人（指宋美龄）为总统做了许多好事。她使他对国际事务更加熟谙，但更重要的是自从他们结婚以后，他已成了一名虔诚的基督徒，现在，他对《圣经》的每一个章节已非常熟悉，以至于有资格做传教士了。”

在1927年蒋结婚的那天早晨，他发表了一篇声明。他在声明中写道：“我们结婚后，革命工作将毋庸置疑地取得更大的进展。因为从今以后，我可以安心地承担起革命的重任……从现在开始，我们二人决定尽我们的全力为中国革命而奋斗。”

蒋到日本之后，两位广西将领李宗仁和白崇禧与何应钦一同打退了逼近南京的孙传芳的军队。基督将军冯玉祥此刻正激烈地与东北军阀张作霖作战。而另一个姓张的军阀也从山东省开始进攻河南省。冯想到了刚刚结拜的兄弟蒋介石，他劝说山西军阀（“模范长官”阎锡山）和他一道拍电报，邀请蒋回来。但是，蒋有他自己的想法，所以对此不加理会。

正如蒋所料，自从他离开南京以后，形势每况愈下。29日，一个新政府——名义上是“联合”的——在南京成立。其内阁成员包括国民党右翼分子和解散了的武汉政府的行政人员。11月，汪精卫伙同靠不住的胡汉民一道（毕竟胡曾是他以前的朋友与合作者）在广州另行设置了一个“国民政府”，宋子文也在其中。

在北京，张作霖于6月18日自封为中国海陆军大元帅，值其统治仍处于风雨飘摇中。中国似乎比以前更加难以统治了。

蒋介石、宋美龄新婚燕尔的见证地——上海“爱庐”。

这时，共产党人正努力恢复他们的力量。8 月 7 日，南昌起义失败后几天，共产国际派特使罗明纳兹来到中国，召开中国共产党中央委员会紧急会议。

共产党听从了莫斯科的指挥，放弃了毛泽东所主张的建立乡村苏维埃的计划。

实际上，毛泽东的时代还未真正来临。毛此时只是局限在湖南开展活动，而包括周恩来和刘少奇在内的新的革命武装正期望着新的革命进程。

9 月 9 日，著名的秋收起义爆发。这次起义的一个战略目标便是长沙城。15 日，毛意识到这次进攻注定要失败，便取消了这一计划。此时，他已被革除所有的党内职务，然而由于通信条件极差，直到第二年春天，他才得知这一消息。

12月，共产党又勇敢地举行了一次起义。尽管毛已被撤职，但党又重新接受了他的主张，即迅速建立苏维埃。然而，这次他们却决定从城市着手，地点是传统的伟大中国革命的中心——广州。

12月11日，经过精心训练的赤卫队攻占了警察局，解除了他们的武装，建立了地方苏维埃政府——后被称为“广州公社”。12日，在海军炮轰的支持下，国民党发动了一次强有力的军事反击，数以千计的人遭到屠杀（精确数字不得而知），其中有10名俄国人。14日，国民党关闭了所有的苏联领事馆和商务机构，中苏外交关系随之破裂。在中国各地，共产主义处于退却状态。

蒋介石又积极活动起来了。汪精卫在蒋举行婚礼时曾去上海，两个人握手言和。

当蒋度蜜月的时候，国民党中央执行委员会从12月3日至10日在上海开会，会议的最后一天恢复了蒋总司令之职。

第十章

蒋『统一』中国

10月10日（双十节，它是1911年革命的周年纪念日），蒋介石就任新的国民政府委员会主席。18名政府委员会成员中包括数名右派分子，但没有左派。作为标志着“统一”的分赃交易的一部分，政府中包括北方的军阀，如冯玉祥、阎锡山和张学良。作为政府主席和总司令，此刻的蒋介石拥有压倒一切的权力。

1928年，蒋介石重新开始北伐，占领了北京，并被任命为国民革命军总司令。

至少在报纸上，他使中国置于他的统治之下，除了张作霖之外，其他的大军阀都投到他的旗帜下，而当蒋进入北部首府时，最后一个军阀张作霖也死了。

至于共产党，蒋在那年的最初几个月中认为他们将再也不会从1927年的失败中恢复过来。的确，在那年夏天，国民党军队和共产党军队发生的冲突中，国民党军队显而易见地占了上风。

但是不久，局势便明朗了，1928年旋风般的胜利只是一个虚幻的梦。

蒋的成功所唯一依靠的是他的部队的力量和其他一点别的东西。他宣称要成为孙中山的接班人，但这一理想却远未得到普遍的承认。在其他力量中，有蒋最强劲的对手——共产党。蒋始终想挫败他们，但从未取得决定性的胜利，直到他们的力量变得越来越壮大。

1928年国民党统治下的中国就像一个看起来很健康，但实际上是不愿承认自己患有癌症的病人。

秋收起义失败后，毛的力量减少到几百人。他们行军至横跨湘赣两省的井冈山地带的险恶山区。早在 1927 年 11 月，他们就到达了这一新的山区根据地。第二年 2 月，他们与朱德率领的部队会合，这支联合起来的部队起名为“中国工农红军第四军”。当时人数达到 8000 至 10000 人。

毫不夸张地说，在这处于共产党统治之下最多不超过 900 平方英里的小地方，毛泽东为他未来征服中国奠定了政治基础。正是在他的指导下，中国共产党的军队逐渐在政治上走向成熟。最初，它只是一支具有高度政治性的武装，在接受军事训练的同时，也接受政治训练。它还是一支平等军队，俸禄极低，但人人都有。从将军到士兵，每天同样都是五分钱。资金“只能通过剥夺土豪获得”（毛泽东写道）。

毛努力使农民和部队打成一片。在最初的创立阶段，他们鼓励农民参加对地主和富农的斗争。

由于这些贫农几个世纪来的确一直受到压迫和剥削，所以他们参与这种行为时颇有一些积极性，而且他们把部队看成是他们的解放者和他们自身的延伸。此外，毛还为部队在分配到贫农家住宿时的行为制定了严格的纪律。

当毛在井冈山的指挥部里刚安定下来的时候，蒋介石正准备恢复他在国民党和国统区中的独裁地位。他的同僚们实际上已把他视为“永久的”统治者，虽然他们并无此意，使他们意识到他是必不可少的。资格是很重要的。

在 12 月中旬下令关闭苏联办事处之后，蒋重回上海，其部分原因毫无疑问是为和新娘待在一起，但更重要的原因则是要迫使他的同僚们请他复出。

1928 年 1 月 2 日，蒋收到了一份电报，敦促他立刻前往政府所在地南京，恢复他北伐军的领导职务。4日，在又收到几份电报之后，蒋才登上火车重返首府。途中，两起互不相关的使火车脱轨的企图均受挫。

9日，他正式恢复了北伐军总司令的职务，他向中央执行委员会宣誓效忠，开始着手于北伐的完成。

现在，他的同僚们认识到同意蒋辞职所付出的代价。他们需要他的军事能力，但却不想给予他政治权力。因此，他被选为军事委员会主席，但只是党的主席团中的一名普通成员。这次国民党的党内选举是2月份在南京举行的，到会者均同意不再开展军事上的强攻。

他的同僚们可能曾经希望限制他的权力。但蒋不可避免地支配着会议。

临近1月底时，他企图通过公布新的宣言来获得知识界舆论的支持，蒋说，中国应停止与各国政府之间签订不平等条约的谈判。他警告说，如果必要的话，中国将宣布它与这些国家的条约无效。对苏联的新政策应得到确定并进行认真的解释。在苏联对中国革命的态度确实发生变化之前，这项政策仍将有效。在这篇宣言中有一个奇怪的建议——就是中国应帮助殖民地和从属国“受压迫的人民”进行自我解放。

在谈到蒋在国内事务中所处的地位时，我们需要介绍一些背景。孙中山三民主义的第二条是民主主义，而它从开始就清楚地表明，民主绝非是人民在不远的将来便可享受到的。早在1924年，受鲍罗廷影响极大的国民党“一大”便提倡国民党一党专政。

孙博士自己解释道，革命需要经历三个阶段：军政、训政和立宪。在训政阶段，党将垄断政治权力，但是这一阶段应被用来为地方政府培训人才。根据培训的时间长短及培训是否成功，他们可从训政政府过渡到立宪政府，并及时走向民主政治的形式。

1928年，蒋介石在十三陵。

无论如何，这只是一种理论，而现在——1928年1月——蒋介石正提倡给这三个连续的阶段下一个清晰而直接的定义。这样，人们便可知道他们立身于何处了。

在中国的所有地区，官员们必须接受自治培训，同时还要举行专业考试，以便发现合适的专家，从事合适的工作。

几天以后，国民党中央召开全体会议时，采纳了蒋的全部建议。然而，他关于对“训政”阶段规定期限的要求则形同虚设。在1928年2月，整个问题看起来很不真实而且令人困惑。确切地讲，“训政”阶段甚至没有开始，因为“军政”阶段还没有过去，首先应该考虑的是继续北伐，直至取得最后胜利。

蒋介石被问及北伐需要多长时间，他说他认为8月份之前能完成这一工作。

会议于2月7日结束。几天以后，蒋便与冯玉祥取得了联系。两个人共同草拟了重新北伐的详细计划，并完成了最高军事人选安排。

由于冯较晚与国民党结盟，眼下他还无意对蒋的最高权力表示疑问。双方同意蒋除了总体指挥外，还将亲自率领一路军的10万人；冯玉祥率领二路军；三路军由阎锡山率领；李宗仁率领四路军，作为留守部队。

即使在这一动荡与期待的时刻，上海还是吸引着蒋介石。3 月初，他携同蒋夫人又来到了上海。

霍林顿·唐曾记述道：“他对位于黄埔江畔的这个世界性的大城市并不非常喜爱，只有当职责需要时，他才待在那里。”如果不是“非常喜爱”的话，那也一定是有与之具有同等潜在价值的东西在吸引他——朋友、金钱、影响、罪恶的魅力？——因为他从来不会离开上海很长时间。无论如何，他这次绝非是为了赞扬它而来到上海，而只是为了检阅他在龙华警备区的部队，并提醒他们对于涉及租界内外国部队的麻烦事情要袖手旁观，因为近来那儿已发生了几起类似的事件。

蒋说：“上海是一个所有国家的人汇集的地方，如果我们这儿的人不守秩序的话，那么，我们的任务将变得倍加艰难。上海的环境太糟糕了，大部分驻扎在此地三个月或者最多半年的军队都要变得士气低落，软弱无力。因此，我们这些军官必须下决心控制好部队，使士兵免受各种诱惑，约束他们的恶习，并为我们的士兵树立榜样。”

几天后，当蒋回到南京时，他决心采取无情的行动，枪决了 50 名士兵，因为他们被指控参与了头一年反对外国的暴乱。此外还有很多人遭到军事逮捕。

这便是他向外国势力保证不再干扰他们的方式。他希望与他们的接触范围缩小而不是疏远。随后，他又正式向他们保证，在北伐期间将不会再有任何反对外国人的暴行。接着，他呼吁外国停止向军阀提供武器和资金，因为那样会延长内战。

3 月底，蒋把他的指挥部移到了徐州，这是北伐第二阶段国民军前进所至的最北处。他把他的部队在扬子江的北岸按东西线部署。听从他指挥的人大约有 70 万，这是第一次北伐军队人数的近 7 倍。而他面对的是张作霖的 40 万人马——由他的儿子张学良（“少帅”）指挥，另外6万人由别的将领指挥。

4月7日，蒋宣布发起总攻，他的战略很清楚，而且最初是严格按照计划进行的。主力部队是他自己的一路军，沿着津浦线向北挺进。与此同时，冯玉祥的二路军和阎锡山的三路军分别从南部和西部进攻河北，把东北军阀的部队从主战场牵制过来。进攻开始后的第21天，国民军开进了山东省会济南。

然而在济南，他们受到了一个新的意想不到的敌人——日本人的阻拦。日军的一系列暴行是由所谓的“济南事件”引起的。

日本人曾一度为蒋感到一丝骄傲，因为蒋受的是他们的那套严格的军事训练；但现在他们却把蒋看成是对他们掠夺北方计划的一个威胁，应该以某种方式控制住蒋，否则他要把日本的保护对象——张作霖赶出北京。

日本人制造“济南事件”是因为在那里有重要的商业利益。根据1919年的一个协议，日本已接管了德国在山东的特权。中国还没有承认这一现状，日本却决定行使这一权利，并把它作为阻挠国民党北伐的理由。所以，他们向这个城市派驻了大量部队。

蒋介石急于避免冲突。他的部队没有必要经过济南，因为北部的军队已经溃退，于是他命令军官们不要进驻济南。但是，其中有名军官可能误解了这个命令，也可能对之表示蔑视，结果他们开进了济南。不久，国民党军和日本便处于紧张对峙状态。

第一起暴行发生了。日本人包围了国民党政府外交部驻当地的办事处，割掉了负责人及16名人员的鼻子和耳朵，随后又杀害了他们。

当蒋派遣的国民政府外交部长前去和日本将领谈判时，也遭到逮捕。在胁迫下，他签署了一项声明，谴责中国人首先挑起了事端。

与此同时，济南城遭到了机关枪的扫射和炮轰。总司令面临着两种选择，他要么抵抗日本人，但这必须冒着剧烈对抗和战败的危险；要么屈服于日本人，继续向北进攻。他选择了后者，静悄悄地从济南撤出了他的部队，把他的主力部队转移到河南他接管的地区。当战火停息的时候，这一退却给他招来许多批评。

济南事件使北伐停止了一个星期。到5月底，蒋已铲除了阻碍其进程的三个军阀中的两个——吴佩孚和孙传芳。第三个军阀张作霖也准备让出北京，而且后来还丢了命。

6月3日，张发布了一则通电，宣布他的部队将撤出关内。他和他的随从收拾好行装，登上火车，前往奉天。他并不知道，日本人虽然曾经资助过他，但那只是因为他对他们有用，现在他们已决定放弃他，使他亡命。当火车接近奉天时，安放在张乘坐的那节车厢中的日本强力炸弹爆炸了，张作霖受了致命的重伤。

蒋并未迅速得知这一对他有重要意义的消息，因为少帅张学良对该事件加以保密，直到他已作出最佳选择为止。很显然，他决定加入国民党一方。

6月初，蒋介石和他的部队胜利进驻北方首府。张学良已宣布所有部队均撤回东北，随后，他派遣他的密使去北京与蒋谈判，但没有结果。进而，蒋又派密使到奉天。其中有一名记者叫萧冬竹，他之所以能成为一名使者是因为他会打高尔夫球，爱跳舞，还能喝酒，而这些又都是张学良最喜爱的消遣。几星期内，他们两人常常见面，尽管只是在舞厅或高尔夫球场。后来，萧向蒋汇报说，少帅很明白，只要他的部队能留在东北，他便准备加入到国民军方面来。

张学良高兴地接受了蒋关于让他担任国民革命军副总指挥的任命，这是一项许多其他军阀企图得到而未得到的荣誉。这一典型的中国式的解决办法使得蒋能有效地控制住东北军阀。

或许，在这件事上，蒋也没有其他办法，因为他不愿意再抽出力量应付东北的战役。但是，他允许少帅继续占据东北却是有原因的：张学良处于这个职位可与山西军阀阎锡山抗衡，因为蒋不信任阎。

这一妙计是蒋从杨永泰那里得到的。杨是蒋最机敏的私人助手，当时是总司令的讲演稿撰写人，蒋很信任他（杨后来在镇压共产党时被暗杀）。

在占领北京的那段令蒋兴奋的日子里，南方2000英里外预示着不祥冲突的消息似乎被忽视了。

1928年6月和7月，国民党军不断进攻令他们头疼的共产党的堡垒——井冈山地区。第一次进攻中，国民党军开小差和被俘的达1000人；第二次，他们攻克并占领了共产党的一些城镇，但20天后又撤了出来。而这一次，国民政府的注意力主要放在北方，所以，在冬天来临之前，毛的根据地一直处于和平状态。

7月22日，国民军的一支部队举行起义，一个整团投靠了共产党，团长是彭德怀——后来成了举世闻名的中国人民解放军元帅，曾担任过中华人民共和国国防部长。他所率领的部队于1928年7月与当地农民武装联合，称为第五军。

毛泽东此刻处于某些麻烦中。土地改革使许多穷苦农民站到共产党一边，但却疏远了许多需要与之合作的中农。国民党军的封锁和夏季攻势带来了许多不利。毛的部队薪金很少，而且给养又很差，所以有些人也开始闹起事来。

在政治上，毛因头一年的失败仍不得志。他没能参加从7月17日到9月1日在莫斯科举行的中国共产党第六次代表大会。共产党的领导权落到了李立三手中。他是一个知识分子，曾在法国留学。不久，他便卷入了与毛泽东的那场有历史意义的争论之中。周恩来被选为新的政治局委员，但毛泽东却没有。毛当选为中央委员。可是由于通信设备太差，直到冬天，毛才知道自己已部分复职。

尽管蒋在他数年后的一本名为《中国的苏维埃》的书中曾提到这些情况，但是当时他当然也不知道这些变化。

进驻北京是他北伐的最高峰，他在高级军事将领的陪同下，到西山的碧云寺作了一次虔诚的朝圣。

在孙中山的灵柩前，蒋与他的同僚们脱帽伫立，不一会儿蒋便抑制不住地抽泣起来。

情感是短暂的，胜利的欢欣也是如此。

现在，战斗结束了，国民党内立刻在左派与保守派之间及蒋介石的支持者与反对者之间产生了新的派系斗争。

1928 年 7 月下旬，蒋去南京参加国民党中央执行委员会的会议。他提交了辞呈，但无人对此感到意外，因为大家熟悉他的习惯，这次他有了可以公开的理由。人们都很清楚，他只是在战斗中任总司令，而现在战斗结束了。

1928 年 7 月，蒋介石（前排右三）率部下到北京西山碧云寺祭拜孙中山。

然而，蒋当时辞职的真正原因是要阻拦他的下属将领，因为他们希望蒋不要理睬少帅所表现的忠诚，继续用军事进攻占领东北。总之，他们认为张学良的父亲曾在北京指挥了反对南方的军队，所以他的儿子一定要受到教训，向强硬路线低头，但蒋急于巩固他的权力以及他所构想的随之而来的革命，而征服东北将浪费本来就不足的人力物力。

蒋的下属们认为蒋错了，同时，他们强调说，蒋在和平时期不做总司令是没有道理的。其实如果蒋成为行政院主席的话，对他们来说才是真正有用的。但就真正的权力而言，所有这些都是不够的，蒋可以在他已有的职务上再加上新的头衔，但要让人真正对他服从敬畏则又是另一码事。从这个意义上讲，蒋的权力是虚幻的。

在北伐胜利完成之后，蒋的同僚和下属们注意到了他的一个变化，那就是他们发现他“骄傲自负，独断专行”。

在他自己这方面，他宣称自己是孙中山革命的合法继承人，他把中国的统一看成是人们对他个人的服从，而他的革命同僚们则心甘情愿地臣服于他。

在国民党中央执行委员会议上，委员们采纳了蒋的提案：按照孙博士的意愿设立立法、行政、司法、监察和考试五院。这至少在纸面上使孙的具有中国特色的五权制宪法得以体现。

接着他们又开始争吵，右派人士退席，蒋宣布会议闭幕，这是8月中旬。

此后蒋极力说服国民党左、右派都同他合作。他同右派的合作比同左派的合作成功得多。他给汪精卫和正在欧洲的孙夫人发了电报，但皆无回音。

10月份，执行委员会在南京开会，以贯彻落实已定下的决议。10月4日，颁布了“中华民国组织法”。“训政”时期——国民党一党专政时期——正式宣布开始，但没有说明结束的日期。不久，国民党中央最高政府机构被命名为“国民政府”。

10月10日（双十节，它是1911年革命的周年纪念日），蒋介石就任新的国民政府委员会主席。18名政府委员会成员中包括数名右派分子，但没有左派。

作为标志着“统一”的分赃交易的一部分，政府中包括北方的军阀，如冯玉祥、阎锡山和张学良。作为政府主席和总司令，此刻的蒋介石拥有压倒一切的权力。而且，大家都同意他有权单独接待外国列强的代表，这使他在实际影响上而不是在名义上成为民国的元首。

这样，经过战争和几次下野，蒋已达到政治生涯的顶峰。此时，他只有41岁。他选择南京作为民国首府。

后来，已故的萧冬竹，这位当了四十年中央新闻社社长的人，于1947年在南京详细地向埃里克·周列举了定都南京的理由：

1. 在南京，孙中山博士曾宣誓就任临时大总统。

2. 北平离江西太远，共产主义者在江西建立了一个大本营，蒋介石要对江西用兵。

3. 南京离上海很近，而上海是全国的金融中心。

4. 蒋自己的部队大部分是南方人，他们在北方定居是困难的。

5. 蒋希望南京和上海在地理上的紧密关联能增加他在国际社会中的亮相机会。

6. 蒋认为北平作为封建帝国的皇宫所在地时间长，故不宜被接受为革命的司令部。

有着传奇色彩的冯玉祥来到了南京这个争吵不休的政治舞台，他那顶众所周知的古色古香的破草帽，那身士兵穿的褪了色的灰色战地服装，还有那双手制的布鞋，使他成了享有俭朴名望的活化身。他喜欢自己驾着军用卡车环城行驶，在早饭前的某一刻不通报姓名地拜访某些高级官员，把他们从沉睡中唤醒。这些拜访对于那些高级官员来讲远非像对冯玉祥那样令人愉快。他成了军事部长，显然人们希望他能够把消费降到最低点。

阎锡山极不情愿地来到了南京，随后，他被任命为内政部长，但事情并不像他所理解的那样，不久后他就回到了太原——他的大本营。

这些新的安排只是权宜之计。在蒋表面上达到权力顶峰之际，他出外作了一次视察。1928 年 11 月，在视察途中他下令所有的赌博场所、鸦片馆和蚌埠的妓院在三天之内立即关闭。在安庆，他召集地方官员开会，指示他们剿灭盗匪，修公路，办学校。他说，这是一个崭新的时代。

当他回到南京的政治争斗中时，他抱怨道：“自从孙博士去世后，我们没有一天能够完全一致和团结。”

蒋介石回到南京

他大声责骂说：“官员们并不知道工作的意义……我们的工作时间不长——一天才六小时……但我仍看见一些职员在办公桌前那副懒洋洋的样

子，有的茫然地盯着空地，有的在看报，或者在睡觉。”

那一年结束时，形势对蒋极为有利。

他把少帅安排到行政院这一举动激怒了李宗仁。但张学良不负蒋所望，1928 年 11 月 29 日，他下令奉天总部上空升起国民政府的旗帜，并公开宣布了他对国民政府的忠诚。

具有讽刺意味的是，八年以后，在著名的西安事变中，他绑架了蒋并使其蒙受了耻辱。

1928 年年底，蒋可以宣称在他的领导下已“统一”了中国。

第十一章

失去的革命

一时的荣耀，使蒋介石忽视了在一个封建国家里进行领土征服所应注意的唯一正确的原则：

那就是——“他应该除掉那些最初反对他的人，用自己选定的人来代替这些人，而新选出的人应该忠于新生的民国，并忠于民国首脑蒋介石。”

此时，中国共产主义运动涌现出两个杰出的人物：毛泽东和李立三……在“文化大革命”期间，李立三由于受到忠于毛泽东的红卫兵的刺激而自杀身亡。

蒋介石自己及外界认为，他在1928年年底已经取得了中国的“统一”。然而，这只不过是一个残酷的假象。

这一假象表面显得堂而皇之，并给人留下深刻的印象，但如果仔细观察一下，就会发现它实质上并没有什么真东西。

蒋介石率军北伐一事深得民心，这使得许多敌对部队及其将领都投到他的麾下。但是这也带来了这样的问题：尽管蒋介石为了保住自己的权力而不时与各地的军阀进行激烈的战斗，但他却从没有真正地控制他的对手或征服他们的地盘。

他们只是以一种中国传统的方式承认蒋介石比自己强大，因而才决定顺风转舵。这就是蒋介石在战场上为什么能够推进得如此迅速以及国民军能在1928年号称拥有200万人，比最初的10万人增加20倍的原因。

尽管从严格的意义上说，佛朗哥对西班牙的征服与蒋介石对中国的所谓征服是不可比的，但如果将这两者之间的不同列举出来，也不无益处。

佛朗哥经过了差不多32个月艰苦和血腥的战争才成了整个西班牙

的主人，而蒋介石只花了12个月时间——其中头九个月是在1926年和1927年之间。随后是一个政治上的休战时期；后三个月是在1928年4月至6月就“征服”了面积比西班牙大7倍的中原。

佛朗哥消灭了自己的敌人，在战场上击败了他们，并将残余的敌人流放或处死，而蒋介石却满足于对手们形式上的屈服。

北伐开始之前的中国与1928年年底的中国之主要不同在于，那些原来与国民党为敌的军阀后来都声称自己是国民党党员。在大多数情况下，这些军阀在自己的地盘内仍保留着原有的权力。

由于蒋介石急于迅速取得成功，因为这会给他带来一时的荣耀和威望，所以他忽视了在一个封建的国家里进行领土征服所应注意的唯一正确的原则，那就是：他应该除掉那些最初反对他的人，用自己选定的人来代替这些人，而新选出的人应该忠于新生的民国，并忠于民国首脑蒋介石。

蒋介石未能取得对地方的实际控制权，他很容易就满足于地方军阀对他的毫无意义的效忠，这是他判断上的最大失误。

在后来的岁月里，蒋介石的权威多次受到地方军阀的挑战。虽然蒋介石总是胜利者，但这些接连不断的地区战争消耗了他的力量，并使他无法集中注意力来处理中国真正面临的问题。与此同时，中国共产党的根据地正在日益扩大。此外，从1931年起，蒋介石还要应付日本侵略者所造成的巨大威胁。

1929年，蒋介石试图通过裁军来削弱地方军阀的势力，结果引起一场危机，这使他深切地感到自己权力之有限。其他任何事都不曾像这使他清醒地认识到这一点。

对蒋介石推崇备至的官方传记作者霍灵顿·唐也不得不承认：

国民政府实际上只控制了几个省。冯玉祥称雄于北方，同时又是有名的西北王，控制了山东、河南、陕西、甘肃、青海以及宁夏等省。而蒋的对手阎锡山则从他那坐落于山峦起伏的山西省的大本营中向河北、察哈尔、绥远等省发号施令。在南方，李宗仁控制着广东、广西、湖南、湖北。中国实际上被分割得支离破碎，差不多可以算得上是诸侯割据……

蒋介石只在长江下游的五个省里享有无可争议的权力。

1929年，蒋介石与周佛海（前左一）、戴笠（后左一）及卫队在泰山。

裁军成了蒋介石最关注的问题，因为地方军阀依靠的是军队。蒋介石争辩说，既然国家已经统一，战争已经结束，大部分军人都应该复员，回到他们的百姓生活中去。他的这些话不无道理，只是所有的军阀心里都清楚，将自己的军队遣散，就意味着失去自己的权力源泉。于是，他们坚决反对蒋介石的复员计划。他们这种自私的愿望最终挫败了蒋介石的企图。

当时的局势既荒唐又具有某种悲剧性。在国民军占领北京后，中国全国共有220万军队。如果把各式各样的正规军及杂牌军加在一起，那么，这支军队在当时相对和平的世界上可以算得上是人数最多的一支军队。

在这支庞大的军队中，根据蒋介石的估计，差不多有200万人在名义上是隶属于国民政府的，其余的则是一些流匪和一些不服从国民政府的军阀的残余部队。如果霍灵顿·唐的数字可信的活（这些数字也不过是个估计而已），那么这200万隶属于国民政府的军队每年要花费国民政府财政收入约4亿美元的75%。

蒋介石对复员人员的安排早已胸有成竹，这些复员军人应该变成一支劳动大军，去从事修路、植树、开发矿山等这类工作。1929年1月中旬，蒋介石在南京召集所有高级将领开会，讨论有关复员的问题。

当时，广西的将军们拥有一支23万人的军队，冯玉祥手下拥有22万人，阎锡山有20万人。至于国民政府——也就是蒋介石本人——拥有大约42万军队。李宗仁、冯玉祥、阎锡山等人很快就意识到蒋介石的裁军建议是大规模地裁减他们的军队，同时又加强他自己的军队（这些军队在名义上隶属于中华民国中央政府）。

冯玉祥回忆说，在这次会议开始的时候，蒋介石将所有的与会者领到一幅孙中山的画像前，坚持要每个人都向画像宣誓效忠。

然后，他提出各路军应该只保留12个师，然后将其余的人员遣散。这时，一个小军阀指出，根据蒋介石的提议，那些编制不足12个师的兵团、不得不再招六七个师才能凑足12个师。蒋介石对这个小军阀提的问题未加理睬，而他自己的部队则刚在北京附近扩编了十几个师。

会议就一件事正式取得了一致，那就是将全国划为六个裁员区。这件事使人感到别扭，有点像是在做交易，故军阀们心中渐渐感到不安。

一天下午，蒋介石邀请冯玉祥去南京郊外洗温泉浴。当他们洗完用毛巾擦身的时候，蒋介石说："人们常说，谁控制了北京、广东、上海和武汉，谁就控制了全中国。"冯玉祥认为蒋介石这是向他暗示，让他对控制着这些地区的军阀采取行动。他含糊其辞地回答说："作为一个全国性的领导人，你必须大度一些，只要你能赢得军队和民众的支持，他们占领了这些地方也无关紧要，他们也都将是你手下的兄弟。"

会议持续了三个星期。2 月 7 日那天，冯玉祥突然中途退席，致使会议就此收场。

中国大地很快重新燃起了战火。李宗仁和其他广西军阀首先采取了行动，他们将矛头对准蒋介石在湖南的一位将军，并把他赶下了台，这是李宗仁、冯玉祥脱离国民政府的一个信号。

晚年的李宗仁夫妇

这些富于戏剧性的步骤发生在国民党第三次全国代表大会的筹备期间，这次大会定于3月份在南京召开。

广西的一个将军从广东出发，前往南

京去参加这次大会，并得到了国民党的安全保证，但当他一到达南京，蒋介石就下令将他逮捕。蒋介石解释说，有确凿的证据表明，该将军参与了阴谋活动。

蒋介石的左派对手汪精卫就此事从法国发来一份长电谴责蒋介石，而蒋介石却认为汪精卫、冯玉祥、阎锡山三人选入中央执行委员会就能安抚他们，但汪精卫根本不吃这一套，而冯玉祥则回到了山东，阎锡山对当选中执委的兴趣也不大。在这种背景下，国民党“三大”开得很不平静——因为那些或多或少仍效忠于蒋介石的人不愿投票支持那些反对蒋介石的人。

由于力量过于分散，再加上一名将领被逮捕，而另一位驻守北方的将领也因兵变而突然下台，桂军战斗力逐步减弱，并隐于一片混乱之中，很快就崩溃了。4 月底，蒋介石在华中取得了胜利。

基督将军冯玉祥是蒋介石接下来要对付的人。当冯玉祥在 2 月份从裁军会上中途退席之后，他所要达到的第一个目标是加强自己对山东的控制。当时，在经过长期的谈判之后，日本军队已准备撤离胶济线。

令冯玉祥和日本人吃惊的是，蒋介石要求日本人暂缓撤离，以便让他自己的军队——而不是冯玉祥的军队——接管日本人撤离的地区。作为报复，冯玉祥调动自己在河南的部队，切断了该省的铁路交通。当时，他对蒋仍是个可怕的潜在威胁，但蒋介石比他棋高一筹，蒋介石通过策动冯玉祥部下叛变战胜了冯玉祥。

这不禁使人回忆起冯玉祥当初背叛吴佩孚的行为。冯玉祥完全信任他驻守河南的指挥官韩复榘，但韩已经被蒋收买，并在 5 月底投奔到蒋介石一方，带走了三个师长以及冯玉祥的 10 万精锐部队。一个被收买的师长由于善于要价而闻名一时，不久他又脱离了蒋介石的阵营。

与此同时，蒋介石与广西军阀又重新开战，这一次战场是在广东。经过相当激烈的战斗之后，广西军队于1929年6月底遭到惨败。

蒋介石从此获得了对华中、华南的实际控制权，而不再仅仅是名义上的控制权了。

和过去一样，政府实施税收的能力是对政府进行衡量的尺度，在击败了桂系军阀之后，国民政府可以在全国22个省征收税金。

蒋介石既有些得意扬扬，又对某些事仍感到不满。他向全国发表了一份宣言，反驳那些有关他实行独裁的指责，警告那些不服从命令的人，并号召全国团结起来。他还说，一旦局势稳定下来，他就辞职引退，去实现他那耽误已久的国外之行。上海的中外商人均对蒋介石的这番话感到沮丧。但那些了解蒋介石过去下野经历的人则感到放心——或者说对他的讲话表示怀疑，因为蒋介石的下野往往是以退为进。

接着，越来越多的皮影戏出笼了。

8月1日，蒋介石召开会议，讨论如何实施年初制定的军队减员措施。这次，那些主要的将军都没有出席会议，而正忙着别的事。这次会议决定，把常备军裁减到65个师，每个师的编制缩减为1.1万人。

辞职的习惯似乎能够传染，宋子文宣布，他筹不出钱来进行这次裁员，因而辞去财政部长的职务。

这次不必要的会议开过不久，汪精卫从欧洲回到中国。他立即起草并发出一封谴责蒋介石的电报，这封电报的措辞之强硬、具体，是汪精卫以前类似的电报所没有的。

电报说蒋介石不仅任人唯亲，而且还把中国视为他自己的私人财产。此外，还指责他在“济南事件”中将中国的主权卖给日本人，并说现在到了“拿起武器，清除国贼”的时候了。

汪精卫的回国使蒋介石很伤脑筋。这个左派领导人与他的追随者被人们称为“改组派”，因为他们明确提出要重新改组国民党，使之重新带有左派的色彩。

冯玉祥及其朋友阎锡山（此人在冯、蒋新发生的冲突中支持冯），与“改组派”举行了秘密谈判。接下来就是典型的中国式的插曲，蒋介石与冯玉祥两人互通一些辞藻华丽的电报，讨论有关出洋之类令人愉快的问题，蒋介石认为出洋是件快乐的事。阎锡山一度似乎也要与冯玉祥一同出国。蒋介石答应不触动冯玉祥的军队，并由中央向冯玉祥的军队发饷，而冯玉祥本人还可得到20万美元的旅行费用。这些条件应该说是不错的。

冯玉祥认为自己可以与汪精卫做笔交易，而汪精卫也认为冯玉祥可能会帮助自己达到驱逐蒋介石这一极为有限的目的。从长远看，基督将军冯玉祥与蒋介石一样，也将变得不再对汪精卫有什么用处，但汪精卫在这时（1929年10月10日）仍鼓励冯玉祥向蒋介石再次提出挑战。这次，汪精卫使用了一种熟为人知的政治技巧（袁世凯也经常使用这种政治技巧），他召集自己的部下（共27人）一起谴责蒋介石，并号召冯玉祥与阎锡山讨伐蒋介石。

在随之而来的战争中，阎锡山出人意料地保持了中立，而冯玉祥由于10万精锐部队倒戈，又连吃败仗，故在11月底冯玉祥的部队被赶出了河南。

这时，东北发生的一次中苏冲突挽救了冯玉祥的命运，但这也只是暂时的（苏军在1929年11月17日进入东北，打垮了数月前占领中东铁路的中国部队）。具有讽刺意味的是，苏军是由加伦将军指挥的，他在几年前曾担任过蒋介石的军事顾问。

接着，一场文字战又爆发了。北平的一条标语写道：“阎锡山是出笼的老虎。”

1930 年的蒋介石

确实，阎锡山在 1930 年 2 月 10 日首先发难，他打电报给蒋介石，要蒋介石放弃武力统一中国的主张并立即辞职。此后几周，蒋、阎两人之间的长篇电报往来异乎寻常地频繁起来，正如蒋介石的文字秘书所说的那样，“他们好像要打一辈子电报似的”。

2 月 21 日，汪精卫也卷了进来。他发了一封电报，谴责南京政府受贿、腐败、独裁。由于厌倦了这场文字游戏，阎锡山突然在自己控制的省区没收了南京政府的财产，解除了中央军的武装。两周后，也就是 1930 年 4 月初，他就任反蒋部队总司令的职务。为了便于指挥部队，冯玉祥担任了阎锡山的副手。此后，他们进行了六个月的极其血腥的战斗。

如果国民党的官方统计数字可信的话，那么阎锡山的部队伤亡了 15 万人，南京方面的部队阵亡 3 万人，伤 6 万人。

冯玉祥被迫辞去了所有的职务。他下台后又生活了 18 年，并在此期间写了大量的诗歌和散文。他偶尔也曾试图重返政治舞台。

1948 年 9 月 1 日，冯玉祥在一艘苏联客轮发生的火灾中神秘地死去。

至于阎锡山，蒋介石最后还是允许他回去统治山西，用谢里登的话来说，就是当“一个听命于蒋介石的军阀”。

最后，蒋介石在很大程度上把自己对阎、冯联盟以及对“改组派”的胜利归功于少帅张学良。

1930年夏，汪精卫在北平举行了一次国民党的“扩大全体会议”，阎锡山将军、冯玉祥将军都出席了这次会议。心怀不满的李宗仁也出席了这次大会。阎锡山同意领导一个由反蒋派组成的“国民政府”，以对抗蒋介石的那个“国民政府”。他于9月9日正式就职，这个新政府似乎是有意选民国十九年九月九日上午九时这么一个良辰吉日宣布成立的。正如他们对蒋介石所指出的那样，“九”这个字在中文里正好与“久”谐音。

少帅张学良似乎对这一象征意义不感兴趣，他在9月18日宣布支持南京政府，在此之前，“改组派”与南京方面都极力争取他的支持。张学良的部队从容地接管了北平，于是“改组派”的所谓“政府”也就寿终正寝了。这次干涉行动使得张学良成了华北无可争议的主人，而他当时年仅30岁。他控制的地盘现在由东北延伸到河北，蒋介石还任命他为中国陆、海、空三军副总司令。但在某种程度上，他身上的军阀习气仍很浓厚。

蒋介石现在又一次掌握了政治上的主动权。1930年10月10日，他发布了一个纲领，其中包括“根除共产主义”、重建财政、实施廉洁而有效的行政、发展经济及区域自治等五项任务。那些沮丧的北方反对派领导人，如汪精卫、冯玉祥、阎锡山等正式接受了这一纲领，并自动宣布下野。

9月中旬，蒋介石召开了中央执行委员会全体会议。他在会上用讽刺的语调，不指名地攻击国民党内某些人腐败、堕落、滥用职权、贪赃枉法，并说所有这些使得一些新鲜血液流入了共产党的阵营。

他还承认他本人也犯了错误（未具体说明），承认自己的一些观点对国家造成了损害。最后他说，现在召开国民大会修改《组织法》，制定一部永久宪法的时机已到。

如果蒋介石认为他现在已经取得了无可争议的地位，那他就错了。

他自己很快也认识到一点。国民党右派领导人胡汉民对蒋介石刚刚发表的长篇大论感到很是恼火。蒋介石想——或者是他说他想——扩大政府的群众基础，但这却是胡汉民不喜欢的。胡汉民认为国民党应该保持对政府的绝对控制，在党内谴责滥用职权（正如蒋介石所做的那样）就已经走得够远的了。

1931 年 2 月下旬，蒋、胡两人在制宪会议上发生了激烈的冲突。胡汉民威胁说要辞去立法院院长的职务。他辞职的请求在当时遭到拒绝，但几天后中央执行委员会接受了他的辞职。接着，蒋介石立即就将胡汉民软禁起来。

尽管胡汉民忧虑担心，但 1931 年 5 月 5 日在南京中央大学召开的“国民大会”并没有扩大多少群众基础。参加大会的 447 名代表全都是国民党党员，或是由国民党指定的党外人士。代表中大约有 50 人是中央执行委员会委员、政府顾问、部长以及身居这种或那种要职的人，其中包括西藏的世俗领袖班禅喇嘛。少帅张学良也是代表之一，蒋介石又向代表们发表了一篇夸夸其谈的演说，最后，代表们宣布接受孙中山的纲领。大会正式宣布中国进入“训政”时期。5 月 12 日，大会通过了“临时宪法”。6 月 1 日，“临时宪法”向全国公布。

尽管这时蒋介石的专权比原先显得更合法一些，但马上又有人出来向蒋介石的权威提出挑战。

各种反叛在广州及平汉轴心爆发。汪精卫在广州再次宣布成立一个独立的政府。令蒋介石惊愕的是，孙科与陈友仁也参加了这个政府。

7 月 31 日，南昌有三个人埋伏在路边向蒋介石的汽车射击，但他们没能击中目标。这三个刺客被捕后供认说，他们是广东政府派来的。

正当中国明显处于分裂之中的时候，日本于1931年9月18日向东北发起了进攻。

中国共产党此时也出现了严重的内部分歧。

中国共产主义运动涌现出两个杰出的人物：毛泽东和李立三（周恩来这时已经表现出他的机智和灵活性，正是这种机智和灵活性的结合，使他在政治斗争中立于不败之地，但他与毛泽东和李立三不是同一个类型的领袖人物）。

1931年，蒋介石、宋美龄登上美国《时代》周刊封面。

当时，毛泽东尚未在全党确立起领导地位，他在俄国人那里也得不到承认，而李立三则在中国共产党第六次全国代表大会上当选为总书记。这次大会是在莫斯科举行的。李立三与毛泽东一样也是湖南人，比毛泽东小七岁。他们两人曾在同一所师范学校上学，但双方的关系却不太融洽。李立三曾在法国参加过勤工俭学，并于1919年进入里昂大学。后来，他在被里昂大学开除后去了莫斯科。他的这种经历使他在党内斗争中比毛泽东处于更为有利的地位，因为当时的国际共产主义运动正由共产国际领导。

中共“六大”闭幕以后，党内争论的焦点是，中国革命究竟应该依靠城市工人（正如马列理论和苏联领导人所坚持的那样）还是依靠农民（毛泽东把他们视为“在中国这个农民占绝对优势的农业国里”真正的革命力量）。

尽管李立三是一个民族主义者，但他毫不怀疑列宁主义或斯大林及其政治局的正确性。他于 1928 年春离开莫斯科回国。他一回到中国，就开始准备以城市为基础的起义。根据马列主义的经典理论，这种起义将会导致中国共产党在中国掌权。

1928 年下半年和 1929 年年初，由于受到国民党军队的巨大压力，毛泽东及其追随者被迫撤离井冈山根据地，转移到江西福建交界的一块更大的地盘里活动。毛泽东及其同事致力于发展他们控制下已经苏维埃化的地区，但李立三却指示毛泽东手下的红军去夺取武汉及其他大城市。

尽管毛泽东认为李立三是在瞎指挥，但他所处的位置又使他不好公然违抗李。1930 年 7 月 27 日，红军轻而易举地占领了长沙这个实际上没有设防的城市。在对长沙进行了十天的占领之后，红军又被国民党军队赶了出来。

接着，红军又勉强进行了一两次攻打大城市的尝试。由于武汉三镇周围防守严密，红军根本靠近不了这个城市。在李立三要攻打的所有大城市里，当地的共产党组织都遭到了毁灭性的打击。

于是，李立三被指控为托洛茨基分子，并被清除出政治局。最后，他被不光彩地带到莫斯科，在那里待了很多年，并逃过了斯大林的大清洗。

在中共取得胜利之后，他回到中国。他承认自己年轻时所犯的错误，后来被允许重新从事政治工作，并于 1958 年当上了劳动部长。但在“文化大革命”期间，他由于受到忠于毛泽东的红卫兵的刺激而自杀身亡。

1930 年革命失败的一个主要影响是，它证明了毛泽东的正确。

此时，毛泽东不再受来自上面的错误决议的摆布。他开始着手在根据地创建苏维埃制度。

1931 年 11 月 7 日，毛泽东的事业迎来了一个高峰。中华苏维埃共和国在这一天宣布成立（之所以选定这一天是因为这一天是十月革命的周年纪念日）。11 月 27 日，毛泽东当选为中华苏维埃共和国主席，朱德当选为军事委员会主席，周恩来当选为军事委员会副主席。

蒋介石当然不能容忍这种情况的发生。事实上，在中华苏维埃共和国宣布成立之前，他已经发动了三次进攻，试图把共产党赶出江西根据地。

第一次进攻是在 1930 年 10 月。在击败了广西的军队之后，国民党军队于 1931 年 5 月再次向江西的共产党发动进攻。1931 年 7 月，蒋介石亲自指挥 30 万人又一次向苏区发动进攻。尽管国民党军队取得了一些局部的胜利，并使红军遭到了一定的损失，但蒋介石所称的这三次“围剿”都以国民党的失败而告终。在红军于 1934 年被迫退出根据地开始进行史诗般的长征之前，蒋介石又发动了两次“围剿”。

然而，在 1931 年秋，蒋介石面临着令他沮丧的局面，一方面共产党逃过了打击，另一方面，他自己的权威仍受到来自国民党内部的挑战，而且日本人正在向中国发起进攻。

第十二章 命运自定

曾是毛泽东“笔杆子”的陈伯达，在他的《人民公敌蒋介石》一书中提出了这样一个问题：“蒋介石的出路何在？”

他说：“事实上，他的‘伟大导师’曾国藩早在很久以前就为他安排好了，那就是：‘与外国人讲和，与人民为敌。’”

毛泽东后来告诉埃德加·斯诺，当时所犯的一个重大错误，就是共产党没有和福建军队联合起来，对付蒋介石。

我们可以确切地指出，蒋介石曾在某一天，犯了他一生中最大的一次错误。

那是 1931 年 9 月 11 日，当时他命令少帅张学良，尽可能地避免和日本人发生任何冲突。不出所料，恰恰是在一个星期之后，日本军队发动了所谓的“沈阳事变”，进攻东北。

张学良请示蒋介石：“我该怎么办？”

蒋介石的回答很明确：“为了避免这一事件的任何扩大，必须坚决执行不抵抗政策。”

由于蒋介石面临着国人反对力量的不断挑战，他已就解决军事问题的顺序作出了决定，先消灭国内的反对力量，然后再对付外国侵略者。

这个决定最后注定了蒋介石自身的命运。

国民党的资料否认蒋介石使用过“不抵抗政策”一词，但是不否认蒋曾经命令少帅避免与日军冲突。

蒋介石是国民党的领导人和自封的孙中山革命的继承者、中国反对帝国主义掠夺的斗士，因此人们普遍认为蒋介石应当领导全国进行抗战。

公平地讲，他确实想抗战，但他认为这是次要目标，首要的是中国必须统一在他的领导下。

他的失算在于他使人民——这里面包括知识分子、农民及士兵——感到失望，结果他那无可争议的自诩的民族领袖的地位便受到了削弱。

在民族危亡的关头，大多数人认为中国人打中国人是不应该的。

如果蒋介石当时作出另一种决定，军阀们就会抛开他们之间的分歧，团结在他的旗帜下。但是相反，对他的普遍不信任进一步动摇了他的统治，并且到最后共产党人将宣布自己是抗击日本侵略者的中国领土的真正保卫者。

在这一年的夏末和在以后的战争岁月里，蒋介石既无能力也不愿意弄清这一事实真相。

他所能看到的是，因为中国的分裂和弱小，它不可能抵抗训练有素的日军的进攻。他不可能认识到中国的分裂正是其力量弱小的基本原因之一，并且面对敌人的进攻可以通过爱国的号召而在他的领导下实现统一。

按照1944年至1948年担任蒋介石秘书长的吴鼎昌的说法，蒋介石错误地判断了1931年9月日军的企图，由于他错误地认为日军并不真正想占领中国的领土，所以他命令张学良撤退。

三年后，蒋介石才相信日本人确实想侵略中国而且有可能想征服中国。但他并没有因此而改变他原定的解决军事问题的顺序，仍然遵循历代统治者一贯的政策："攘外必先安内。"从这句话的内容上（从汉字"安"上），可以清楚地理解为平定国内形势需要动用武力。

蒋介石一直很崇拜曾国藩将军，这位将军镇压了太平天国起义，很多中国人认为曾国藩应该首先对付当时西方列强的入侵，但这位蒋介石心目中的英雄却另有打算。蒋介石仿效了他的做法。

几年后，陈伯达（曾是中国共产党领袖毛泽东的“笔杆子”）在他的《人民公敌蒋介石》一书中提出了这样一个问题：“蒋介石的出路何在？”他说：“事实上，他的‘伟大导师’曾国藩早在很久以前就为他安排好了，那就是：‘与外国人讲和，与人民为敌。’”

对于日本人来说，他们很清楚自己想要的东西以及怎样得到这些东西。

1927年7月25日的著名的“田中备忘录”明确无误地表明了他们的想法。

虽然大多数学者都认为这份备忘录是赝品，但其中的很多要点后来被证实是真实的，人们普遍认为，不管这位后来的日本首相——田中是不是这个备忘录的真正作者，也不管它是不是中国人伪造的，这一切都已无关紧要了。

据说田中把它呈交给了日本天皇，以此作为日本征服东北和蒙古的计划。

中国人把这份备忘录散发到全国，以证明日本的侵略意图。当然大多数读者都相信这份文件是真的，而且随着时间的推移，事实越来越清楚地表明日本人后来所做的一切正好与这份备忘录的想法一致。

备忘录概述了东北的经济资源，主张实行“铁与血”的政策。“它还毫不掩饰地指出：‘获得在满洲和蒙古的实际控制权是为了以此为基础，以贸易和商业为借口，向中国其他地区渗透。获得这些控制权就能保证我们占有全中国的资源。占有全中国的资源，我们就能进一步征服印度、东南亚群岛、小亚细亚、中亚甚至欧洲。’”

日本人一直在寻找借口来实施自己的战略计划。

1931年6月，中国人在一个军事禁区里逮捕了4个日本谍报员，日军遂以此为发动战争的借口。中国军人在7月1日处决了这四名间谍，但“九·一八”事变却是蓄谋已久的。

事变发生时，少帅正在打内战，但他决不是没有力量对付日本人。事实上，他拥有40万军队，大大超过了入侵日军的数量。

但蒋介石命令禁止动用任何武力。蒋决定对日本的进攻不予抵抗。

于是，在日本入侵后的第五天，也就是9月23日，他宣布中国将求助于国际联盟。

据说蒋介石相信国联能做一些事情，对此，有人用了这样一句绝妙的讽刺：

“他没有认识到国联就像威斯敏斯特教堂一样——那里几乎是伟大的政治家们的疗养所。”

在一篇充满“爱国主义”的讲话中——如果这篇讲话能表现出更大的决心，它就更有分量了——蒋介石号召全体人民在中央政府的领导下团结起来。

但是，在执行不抵抗政策的蒋介石的领导下实现统一，这没有太大的感染力。

蒋介石的使者去广州，表示愿意为民族利益而与南方势力达成妥协。

南方同意在上海召开“和平会议”。10月，汪精卫、孙科等左派与蒋介石、胡汉民等右派举行会谈。但是，广州政府无意让步。

他们认为，议和的最简单的办法是南京政府把统治中国的权力移交给广州政府。胡汉民虽然代表南京政府，但在这个问题上却站在左派一边，并认为蒋介石应该离开中国。

按照蒋一贯的辞职习惯，他准备下野，但不离开中国。

接下来是无用的争吵。最后，会议决定，在南京和广州分别召开国民党“四大”。

1931年，蒋介石会见请愿学生。

蒋介石答应等新政府一成立就立即辞职。两个会议按时在11月召开，当事实清楚地表明会议一无所获时，蒋介石便辞去了一切职务。那是在1931年12月15日。

在此前后，大约7万名大、中学生拥入南京。这些人来自全国各地，他们的到来使得因日本入侵东北而引起的骚动达到了极点。

这些学生——从12岁到16岁不等——完全自发地在各城市开始抗议，要求马上对日宣战。他们用各种方法大声疾呼，必须把侵略者赶出去。

在一次学潮中，外交部长王宠惠博士受到重伤。11月底，大约12000名学生到达南京，并在政府大楼外宿营。他们要求见蒋介石，其他任何人都不见。

当时天气很冷，蒋介石考虑到在这种天气下停留在外24小时会把学生冻坏，于是他走到一个阳台上，向学生们发表了长篇讲话。

他说，学生们对政府的要求是有害的，也是无理的，他们应该回到学校去，政府会在适当的时候对付日本人。

由于寒冷和失望，这些年轻人便回家了。

但是，平静是短暂的。

在学生和警察发生冲突之后，许多学生被逮捕。

不久，更多的学生从汉口来到南京。蒋介石同样地“训导”了他们，他告诉这些学生，他们这样做会被日本人利用。12月的学潮规模更大，学潮的领导人决心也更坚定。一些来自北平的学生冲击了国民党党部和外交部。另一些学生则冲击了中央日报社大楼，捣毁了印刷厂和报馆。局势已经失去控制。

蒋介石命令南京的警备队包围了占据中央大学的学生。这些年轻的造反者在军队的护送下，一小批一小批地被迫撤离了首都。

就在这时，蒋介石“下野”了。他在蒋夫人的陪同下，离开南京，乘机前往一个未公开的地方，最后回到了位于浙江山区的家乡。

像往常一样，蒋介石的“下野”发生了奇迹般的作用。

1932 年 1 月 2 日，政府郑重请求蒋介石马上返回南京，就连学生也请他回去。蒋介石平静地住在山区的家里，比平时更为繁忙。政客们向蒋介石发来雪片般的电报。另外两位离任的国民党领导人——汪精卫和胡汉民——也发来电报。这些电报都有一个共同的宗旨：急需制定“对日新政策”。

在这场日本人坚持称作“事变”的战争中，日军迅速地控制了东三省。

日本人策划了一个又一个事变，每一次都暗示着一场范围更大的战争。

日本人宣称在上海郊区的龙华机场也发生了一起类似的事件，据称一些中国人——为了方便起见，日本人没有说明这些人的身份——杀害了一名日本海员。日本领事馆随即向中国当局提出了事先拟好的一系列要求。日本舰队奉命来到这个大城市。很明显，上海面临着日本入侵的危险。

汪精卫和蒋介石都大吃一惊，汪精卫在上海一所医院里已逐渐恢复了健康，此时他起程前往杭州，蒋介石从山上下来与汪会谈。最后两人重归于好。这两个老对手在杭州谈了几天，接着便宣布他们要一同前往南京。1 月 25 日，孙科辞去行政院院长职务，汪精卫继任。蒋则宣布他暂时不担任任何职务。但是他的出现无疑起到了安定人心的作用。此外，他不担任职务也是有好处的，因为这样他从前的不抗日的命令现在便可以忽视了。

28 日，日军向驻守在上海的中国军队发动了军事进攻。十九路军背水一战，英勇还击。当时他们面临着来自南京的阻力，由于缺乏物质援助，供应日益短缺，他们的战斗坚持了 33 天，只是在敌人的增援部队到达之后，他们才被迫撤退。

十九路军的指挥官是陈铭枢、蔡廷锴和蒋光鼐军长。

不久他们的名字和华盛顿及纳尔逊等人相提并论，被列入世界最伟大的民族英雄的行列。

蔡廷锴的名字成了一种香烟的牌子和其他一些货物的商标。

来自全国和海外华侨组织的捐款源源不断地拥来——大约 4000 万中国人捐了款——支持英勇的十九路军。

3 月 4 日，中日在上海签订了停战协定。

这个协定很不得人心，签订协定的人受到了学生们的猛烈抨击。

在南京的蒋介石带着一种既悲伤又酸楚的复杂感情注视着这一切：悲伤的是日本进攻中国带来了新的耻辱；酸楚的是在战争中几位英雄声誉鹊起，而他却沾不上边。

淞沪协定签订两天后，蒋介石当选为国民党军事委员会委员长和当然的国民军总司令。他一上任就把十九路军调到福建——也许他暗地里希望他们能和共产党同归于尽。

南京政府至少做了一件事。

由于害怕武装抵抗，它至少宣布了抵制进口日货。这个运动得到了商人和普通消费者的普遍响应。

1931 年 9 月至 12 月，日本对中国的出口只相当于平时的六分之一。

但是，不管这个经济抵制政策执行得多么好，它都不能遏制日本人的进攻。

1931 年的水灾更是帮了日本人的大忙，这场水灾使得一些地方军事长官不顾蒋介石的不抵抗命令而援助东北守军的努力成为泡影，同时也显示了中央政府减轻人民苦难的重要性。习惯上被称为“老百姓”的普通人民在这年的洪水和灾荒中遭受了前所未有的苦难。

暴雨之后，决堤而出的长江与汉江汇合，大片土地被淹没。汉口的街道也曾一度被水淹没。在近两个月的时间里，大约 200 万人被淹死。在这种“雨天”里，所有的村庄被吞没，只有数万家庭获救。洪水退后，痢疾、饥荒和霍乱开始流行。

在这场灾难中，许多人对“民生主义”的现状感到困惑不解，而国民党曾宣誓忠于孙中山的三民主义。

当成千上万的人民死于非命的时候，国民党的政客们却在为职位和权力争执不休。

新兴的知识分子认为蒋介石拒绝抗日，因此开始反对蒋及其同僚们，广大农民不明白政治的复杂性，他们只了解政府的冷漠无情，因此毫不犹豫地拥护毛泽东，他似乎为人们指出了一条出路。

带着帝国军人特有的狂傲自大，日本人不断地给中国增加困难。1932 年 2 月 18 日，他们宣布“满洲国”独立，它包括东三省和热河，为使自己的统治合法化，他们立溥仪为傀儡皇帝。

这个年轻人是清朝的最后一个皇帝，1924 年被冯玉祥赶出皇宫。他不喜欢中国人，1931 年 11 月 10 日在日本人的请求下，他从天津日本租界的住所出发，搭乘日本轮船前往满洲的“皇宫”。两年后，他从日本人手里接过了“皇位”。

大约是在溥仪到达满洲的时候，中国共产党在赣南召开了“苏维埃代表大会”。1931年11月7日，他们通过了一个临时宪法，宣布成立“苏维埃临时中央政府”。江西的苏维埃政权并不是独一无二的，在中国的其他地区大约成立了五个类似的政权。

苏维埃政权在毛泽东的领导之下，周恩来和朱德是毛的主要助手。和往常一样，蒋介石更担心的是共产党的活动而不是日本人的入侵。他决定亲自指挥反共战争。

这场战争在此前后都被称为“剿匪战役”。这个贬称是有意的混淆。

蒋介石的唯一想法是一举歼灭共产党。在6月9日召开的一次军事会议上，他命令军队开始行动。在湖北、河南和安徽，共产党员受到了攻击，但毛泽东在江西的苏维埃政府却未受到干扰。

政客们的争吵仍然无休无止。一个不可调解的分歧使蒋汪分道扬镳，汪提出辞职并于8月6日指责少帅要对失去东北负全部责任。他的辞职也许是无缘无故的，但这并没有难倒蒋介石。

三天后蒋威胁说，如果汪精卫不收回他的辞呈，他将再次引退。

现在轮到张学良辞职了。

蒋介石在8月4日给汪的一封电报里，保证汪可以在华北自由活动。汪精卫是个病人，患有糖尿病和其他疾病。于是他不再提出辞职，而是请求暂时离职接受治疗。

蒋介石本人代替张学良出任华北军司令。10月22日汪精卫由上海乘船前往欧洲，宋子文代理行政院院长。

蒋介石再次成为无可争议的政治领袖，但只限于南京，而且时间不长。

共产党人不在此列，他们从未完全臣服于他。

另一批人也开始在广州向蒋介石挑战。他们是抗击日军的英雄——十九路军。

三位抗日英雄——蔡廷锴、陈铭枢和蒋光鼐控制了政务会广州分会，它的活动独立于南京之外。未见其人先闻其声，当十九路军于1932年7月到达福建时，人民狂热地欢迎他们，敬之若神。

福建的漫山遍野苍松翠柏，景色秀丽，赋予一代代诗人和画家以灵感，但是福建人民都非常贫困。欣喜若狂的老百姓欢迎十九路军的到来，希望他们能够减轻人民的艰难困苦，让人民吃饱肚子，并铲除压在人民身上的种种不平。

至少在一段时间里，十九路军是严肃地对待这些要求的。不久他们就贴出了这样的标语："消除所有剥削性质的赋税，解散土匪性质的省自卫军"。

十九路军中有很多革命者，其中也有托洛茨基分子和共产党人，陈铭枢就是一个所谓的"第三党"的领导人。"第三党"是1927年年初蒋介石夺取上海之后，在反对蒋介石"白色恐怖"的愤怒风暴中于1927年成立的。在最初的革命热情中，他们处决土匪（先设下诱饵，再把他们送上刑场），修造公路，废除许多额外的不合理的苛捐杂税，保护农民免受各种负担。在无政府和混乱的年代里，这是农民们盼望已久的事。

在福建进行的改革主要是土地改革。在改革中，全部土地国有化并被公平地分配给耕种土地的人。这听起来很像是孙中山的"耕者有其田"的口号，但是两者有很重要的区别：孙中山的想法是使个体农民占有自己的一块土地，而福建的改革是使土地的所有权归政府。

福建改革也并非完全模仿共产党的，因为"第三党"根本不区分贫农、中农和富农。

福建的革命者很快就要公开反对蒋介石了，但与此同时北方的事态也吸引了蒋介石的注意力。1933年年初，日本军队不再满足于东北这一个地方了，他们越过长城进入热河。日军没有遭到多少抵抗，就迅速占领了整个热河省。

1933 年 5 月 31 日“塘沽协定”的签订表明了日军的胜利。对于少帅张学良来说，热河的丢失意味着他的政治前途到了尽头。他把他的部队交给了蒋介石，做了失败的军阀所能做的事，并开始到国外长期旅行。在出国之前，他住进了上海一家医院，治疗他的鸦片毒瘾。

从这些事件中，冯玉祥看到了一个重振名声的机会。5 月 1 日，他离开隐居地，宣布建立“人民抗日同盟军”。7 月，当他的军队把日军赶出察哈尔省时，荣誉果然向他走来。

在南京，蒋介石用一种嫉妒的眼光看着事态的发展，他还不准备抗日，他要先消灭共产党。而冯玉祥同日军发生的战斗搅乱了蒋介石的生活。

蒋介石不需要过分担忧。冯玉祥的性格古怪且反复无常。8 月，冯解散了他的抗日军队，重新在神秘的泰山上隐居起来。日军再次侵犯察哈尔。

大约在《塘沽协定》签订的时候，有关福建即将起义的消息传到了蒋介石的耳朵里。显然陈铭枢是起义者的领袖，他秘密从上海经香港到欧洲，然后又返回南京。5 月底，陈铭枢回到福建，欢迎的场面异常隆重，彩旗招展，欢迎这位“民族英雄”。

孙中山的保守的追随者胡汉民很可能支持了福建事变，其唯一原因是他憎恨蒋介石。

从另一方面讲，毛泽东后来告诉埃德加·斯诺，共产党没有和福建军队联合起来，这是当时所犯的一个重大错误。

事实的确如此，如果他们联合起来，将比各自为战给南京政府造成的威胁更大。

1933年，蒋介石检阅部队准备讨伐福建。

霍灵顿·唐是蒋介石本人认可的他的传记作者。他是这样贬低1933年底发生的事件的："所谓的福建事变的真正原因是无业的政客对金钱的迫切需要。"实际情况并非如此。

1933年11月20日，在一次群众集会之后，起义者宣布成立"福建人民革命政府"。大约在此前一天，陈铭枢以私人身份打电报给蒋介石，对他进行了严厉的指责，并要求蒋下台。在另一封电报里，起义军请求广东和广西政府联合出兵推翻蒋介石。

他们声称："蒋介石的独裁和民族危机已经持续了六年，全世界人民都对他的丑恶和不正当的行为深恶痛绝。"

11月22日，起义者进一步发表声明，怒斥蒋介石"不顾民族的愿望，倒行逆施"，结果是"中国人民就要成为日本的奴隶"。

在起义者发表这些情绪激昂的声明之后，十年来的一次巨大的反蒋高潮随后到来了。

福建军队刚刚宣布他们的主张，蒋介石就马上下令发动全面进攻。他的军队分三路进攻福建，蒋介石到闽西亲自指挥。起义部队放弃了福州，南京政府的空军从温州和株州的临时机场出发，用空袭骚扰起义军。两个多星期后，起义部队被击溃。福建的政治领袖们匆忙地从福州撤走。

蒋军收集起义军残部，重组十九路军，英雄的十九路军成了历史。

第十三章

毛泽东的崛起

长征是一篇史诗，岁月的更替，意识形态的差异，都不能使之失色。

毛泽东给了农民最想要的东西：“土地和同多年来压迫他们的地主们算账的机会。”

1934年间，蒋介石把共产党赶出了他们在南方的根据地，发动了一场“民族复兴”运动。

他认为他已经彻底并永远地打败了共产党。他希望他的“新生活运动”能够像他赢得战争一样“赢得和平”。

但是，他没有赢得战争，他只是把共产党赶跑了，而他的“民族复兴”政策也由于没有引起普遍的注意而石沉大海。

到1933年中期，蒋介石已经同共产党打了六年的仗。作为一个军人，他不断遇到挫折。他已经对共产党苏区发动了四次“围剿”。

他的决心不断增长，这一点可以用数量来衡量。在1930年12月至1931年1月的第一次“围剿”中，他动用了10万部队；在1931年5月至6月第二次“围剿”中，动用了20万作战兵力；第三次战役是从1931年7月至10月，出动的军队达30万；第四次“围剿”从1933年4月至10月，这一次出动了差不多50万的军人；第五次“围剿”从1933年10月开始——几乎是第四次“围剿”一结束就开始了——蒋介石动用了90万军队，其中40万立即开始了行动。

与此相比，红军的兵力比估计的要多一点，但双方在武器上相差悬殊。

1933年5月，蒋介石视察何键（左）一部队官兵，为第五次“围剿”作准备。

受到正面进攻的江西红军动用了大约18万人，还可以加上20万游击队和赤卫队。但是这38万人只有不足10万支枪，手榴弹和装备的供应也不足，而且没有重型大炮。

蒋介石的40万作战部队拥有重型武器并有一支装备有近400架飞机的现代化空军。红军设法缴获了几架飞机，甚至俘虏了几个有经验的飞行员，但他们无法供应汽油，也没有维修人员，因此共产党没有轰炸机。

蒋介石的作战部署是根据他求胜的需要及迫切的心情制定的。蒋发动第五次“围剿”不只是因为六年来的失败让他难以容忍，还有一个新的紧迫性——因为这时蒋介石认为中日之间的决战已不可避免。

蒋介石有几年是依赖德国军事顾问的。

1933年当希特勒取得权力时，蒋介石邀请了一个著名的德国战略家塞克特将军来华。

就是这个塞克特设计了第五次“围剿”的战略。为了帮助蒋介石，他接替了原常驻中国的德国顾问的职务。希特勒显然认为他在中国工作是有好处的，因为1934年年初，在他回德国不久，希特勒就派他到中国担任德国军事顾问团的团长。

值得注意的是，在这早期的岁月里——大约在柏林——罗马轴心延伸到东京以前的七年——纳粹就明显地支持蒋介石的首先消灭国内共产党而任日本人畅行无阻的政策。

塞克特的战略听起来不错，但代价昂贵。

在他的指导下，蒋介石修筑了几百英里的公路。在苏区外围用混凝土修建的包围圈上，到处都是小型的防御工事。埃德加·斯诺称它为“一种长城……它逐渐地向里伸”。国民党军队乘坐坦克和装甲车，在飞机和炮火的掩护下，在江西、福建、湖南、广州和广西等地的外围一次向内前进几百码。然后，他们就去修建新的工事。牢固的包围圈不断收紧。

最初战争打得很艰苦，也很残酷，国民党在闽赣边境取得了两次胜利，击退了红军的抵抗。在炮火的猛烈轰击下，共产党损失了7至10万人，军队分散进入山里。后来十九路军开始在福建起义，出现了几个星期的平静。毛泽东失去了同福建军队联合行动的机会，只好带着他的人撤到赣南一个新的临时根据地。随着“围剿”的进行，国民党杀掉了所有被俘的红军领导人。残酷的经济封锁阻断了苏区和邻近各省的贸易，不知道有多少人死于饥荒。埃德加·斯诺引用“国民党自己”承认的数字说：“在对江西苏区发动的战争中，大约有100万人死于饥荒和战火。”他还引用了周恩来的话说：“红军伤亡超过6万人。”

1934年5月，战争已经持续了七个月，蒋介石决心孤注一掷。当时，中国卓越的战略家、保定陆军学校前校长蒋百里对蒋的影响很大，他使蒋介石相信中日战争的爆发已迫在眉睫。他和蒋介石都认为，战争一旦爆发，他们所面临的必然是一场持久的战争。

在蒋介石的授意下，蒋百里制订了一个全国防御计划，准备把多山的湖南省作为备战的中心地区，而云南省府昆明将成为主要的空军基地。接着，蒋介石继续对共产党进行“围剿”。

最后蒋介石认为他已经取得了“全面胜利”。战争进行近一年时，共产党领导人在江西苏区腹地的瑞金召开紧急会议。

曾身患疾病发着高烧的毛泽东此时已恢复健康，参加了 10 月 2 日召开的会议。参加会议的还有周恩来、朱德和彭德怀。会议作出了重大决定：红军将放弃江西。

会议结束后，红军以难以置信的速度行动起来。1934 年 10 月 16 日，经过不到两个星期的准备，长征开始了。

大约 10 万人参加了长征，[①] 其中包括男女老幼。红军的工厂都被拆毁，机器由骡子和驴运走。红军携带的东西包括银币、步枪、机枪和弹药。在参加长征的妇女中有毛泽东正在怀孕的妻子和朱德的夫人。

国民党根本不知道发生了什么事。红军的先头部队发动进攻，占领了湖南和广东的国民党防御工事。随着国民党地方军的溃退，西面和南面的道路被打通了。

长征是一篇史诗，岁月的更替，意识形态的差异，都不能使之失色。

的确，它不是历史上唯一的一次“远征”，甚至在中国历史上也不乏这种先例。研究中共问题的法国历史学家吉约姆曾列举了现代中国历史上的其他类似事件。

尽管如此，长征仍然是激动人心的。它使红军在经过严重的创伤之后恢复了元气，使毛泽东在多年以后同蒋介石的较量中反败为胜。

关于 1934 年的长征也不乏优秀的宣传家，埃德加·斯诺在树立毛泽东和共产党人的土地改革者和英雄主义的形象方面比任何人都热心，他这样写道：

> 长征的过程中充满了冒险、追求和发现，人类的勇气和

① 此处数字不明确。中共中央机关和中央红军参加长征的人数为 86000 人。——译者注

怯懦，狂想和胜利，苦难、牺牲和忠诚，数千个青年不灭的热情和希望以及令人惊讶的革命乐观主义像一团火一样燃烧着。他们不承认人类和自然带来的任何失败——所有这些和更多的品质只有奥德赛的远征故事里才会有，而在现代社会却是无与伦比的。

毛泽东用诗记载了这一英雄的历程：

红军不怕远征难，万水千山只等闲。
五岭逶迤腾细浪，乌蒙磅礴走泥丸。
金沙水拍云崖暖，大渡桥横铁索寒。
更喜岷山千里雪，三军过后尽开颜。

长征的红军一路作战，损失很大。他们把枪支弹药和银子埋在了途中。横在他们面前的是亚洲最宽的河和最高的山峰，但他们一往无前。

一年后，毛泽东率领 2 万多名战士和随从到达了中国西北的陕西省。在陕西，他们和 1 万名共产党游击队会合了。这些游击队在陕西已建立了他们自己的独立的苏维埃政权。江西红军长征的全程为 6000 英里。

虽然毛泽东和红军保存了实力，但是对蒋介石来说，第五次“围剿”不能不说是一个胜利——尽管不是彻底的胜利，它使共产党在几年内不再是一支有强大战斗力的武装力量。

蒋坚定地执行了德国顾问制订的战略计划。在 1934 年 10 月红军出人意料地突围之前，国民党进行了有效的经济封锁，共产党无法获得枪支弹药。经济封锁加重了红军的困难，而国民党军的安全系数则相对提高了，而且红军对敌人的活动也缺乏了解。

蒋介石的国民党领袖地位第一次确立起来了，结果地方军阀们不得不比过去更卖力地对付共产党。

不仅如此，两个最重要的军阀李宗仁和白崇禧正忙于重建战乱后的广西，这样蒋在战争中就不再有后顾之忧了。蒋认为他对一切都了如指掌，但他没有预见到共产党会突然决定放弃苏区进行转移。

截至1934年年初，在近七年的时间里，蒋介石一直试图完全用军事手段来对付共产党。他的办法是“封锁”和“围剿”，看来他并不懂得，毛泽东不是完全靠组织和铁的手腕来争取群众的。事实上，他从来不会承认毛泽东在江西时给了农民最想要的东西：“土地和同多年来压迫他们的地主们算账的机会。”

1934年，当蒋介石开始“新生活运动”的时候，他没有那样做，甚至没有有意识地同共产党在争取农民这方面决一雌雄。他的观点是简单而原始的：通过恢复儒家思想来改造全体人民，但他同时还吸收了基督教的思想和法西斯主义。

经过批准的传记作家们把蒋的这一主张归因于一件相对来说不太重要的偶然事件。

福建战役期间，他在把司令部迁回南昌时，看到一个不到10岁的男孩正在街上抽烟，蒋介石大为震惊，他从车上下来要求见小孩父母，并批评他们放纵自己的孩子。

霍灵顿·唐说，不久“一场引人注目的禁止青少年吸烟运动”开始了，蒋介石认为，这种有害身心的习惯使中国人不断落后。他们需要的是一种新的行为规范。

不管那个吸烟的男孩是否愿意提供照亮“新生活运动”的火炬，

大约在这件事情发生的时候——1933年年底或1934年年初——蒋介石在“蓝衣社”领导人的一次会议上就此发表了讲话。

他说，中国人很弱，他们自私，不守纪律，不讲道德。他告诉“蓝衣社”领导人们：“必须把我们的革命精神灌输给全国人民，使他们相信我们。”

1934年2月19日，在南昌举行的一次5万人的群众大会上，蒋介石正式发起了“新生活运动”。在会上，他讲述了那个抽烟男孩的故事。

1934年2月19日，蒋介石偕夫人宋美龄在南昌发起“新生活运动”。

他请大家注意一下德国。德国虽然在大战中失败了，但他们很快就恢复了。他们不再偿付战胜的协约国强加给他们的战争赔款，现在他们正在努力废除列强加给他们的不平等条约。而中国呢？同德国人相比，中国人还在忍受着不平等条约所带来的耻辱。德国并不是中国人的唯一榜样，具有斯巴达式纪律的日本人也为中国人树立了一个学习的榜样。

蒋热衷于他的道德主张，提倡许多世纪以前的儒家思想和其他中国先哲们所制定的行为规范，他建议人们要特别注意其中的四点：礼，思维的标准方式；义，正确的处世原则；廉，辨别事物的清醒认识，特别是指在个人的和政治的生活中要诚实无欺；耻，道德荣誉感。

“新生活运动”的口号实际上是把这些儒教的价值标准合为一体：礼义廉耻——被译成英语就是“礼貌、公正、诚实和自尊感”。

尽管蒋正在进行一场军事战争，但他还是以其一贯的速度和精力召集了200批学生，让他们接受训练，然后派他们向公众进行“新生活”的演讲。仅南京一地就建立了13个演讲站，“新生活运动”的领导人每天在那里对大量观众进行演说。他们还印刷了许多小册子，民间团体或宗教团体也被动员起来以便尽可能广泛地散发这些印刷品。为了补充这几项价值标准，还制定了指导人民的八项原则：

1. 把昨天看作死亡，把今天看作新生，让我们抛弃昨天的耻辱，建设一个新的民族。
2. 让我们承担起民族复兴的重任。
3. 我们必须遵守纪律，保持信义、诚实和廉耻。
4. 我们的吃穿住行要简单、规矩、朴素和整洁。
5. 我们要有意识地面对困难，为勤俭节约而努力。
6. 我们要有作为市民的适当的知识和正直诚实的道德。
7. 我们的行动要勇往直前，迅速果断。
8. 我们必须按照我们的诺言去做，即使在未许诺言的情况下也要有所作为。

蒋并不满足于上述四条价值标准和八个原则，他又宣布了日常行为的95条准则。他“教导”中国人说，穿衣要快，站立要直，吃饭时不要说话。

蒋声称：“如果我们想有一个根植于礼义廉耻的新生活，我们就必须从不随地吐痰开始。”他还说，“如果我们要复兴民族，报仇雪耻，那么我们不需要谈论枪炮，而是首先必须从用冷水洗脸谈起。”

把经过许可出版的有关“新生活运动”的国民党的著作拿来和现在所知道的发生过的事情作一番比较，是很有意义的。例如，霍灵顿·唐等人都没有提到“蓝衣社”，因为承认这个法西斯组织存在的任何说法都会损害精心树立的蒋的形象，他们力图把蒋说成是一个“民主”的卫士和一个当之无愧的美国援助的接受者。

宣传“新生活运动”的工作表面上是交给了“青年基督教联合会”——这是一个不太合理的选择，因为这意味着要叫一个基督教组织去传播儒家的思想。但事实上，礼义廉耻同基督教没有什么不相容的地方，蒋本人就是一个接受了基督教思想的儒家传统主义者。从哲学意义上讲，这个混合没有任何地方是非中国式的。

而“蓝衣社”确实在运动中起了重要作用。

根据路德·E. 伊斯曼收集的证据，这一做法现在看来似乎并不是矛盾的。蒋强调古代道德标准，“八五原则”和“九十五条准则”这是一回事，而在他的头脑中还隐藏着另外一个确切的最终目标。

有一次，他提出了一个反问，然后自己回答道：

> 什么是我所倡导的“新生活运动”呢？简单地说，它就是使全国的居民生活全面军事化，这样他们就能产生勇气和速度、忍受痛苦和艰苦工作的耐力，特别是一致行动的习惯和能力，这样他们在任何时候都能为国家作出牺牲。

1933年12月，在“新生活运动”开始前五个月，蒋曾解释道：社会军事化是法西斯主义的三个基本要素之一（另外两个是国家至上原则和忠于领导）。他不可能是无意识地作这番比较的。

然而，西方人对这次运动的描述却比较客观。1934 年 3 月 11 日，“新生活运动”在南昌正式开始。当时举行了一次群众集会，据粗略统计，参加者达 10 万人，代表 142 个组织。在江西省省长和教育总长的陪同下，蒋介石衣冠整洁地出现在会场。

他站在台上正要讲话时，看到一个不修边幅的年轻人在以不同的角度拍照，蒋用手指指着这个不幸的摄影师说：“看那个人！他就是典型。对这种人来说，运动的格言——秩序、整洁等都是毫无意义的。”

摄影师赶快离开了会场。

南昌是首先从“新生活运动”中获益的城市。那次集会后一个星期，几千人在街上游行，他们高举五颜六色的龙和闪光的宝塔，上面写着振奋人心的标语：“不要随地吐痰。卫生能防止疾病。消灭苍蝇老鼠，它们传播疾病。禁止吃喝嫖赌。”

在首都南京，行政院长汪精卫在 3 月 17 日主持了一个开幕仪式。北平、广州和其他城市也有类似的活动。汪精卫还把 8 月 27 日孔子的生日定为中国的国庆日，并举行隆重纪念活动——这时的汪、蒋在政治生活中仍然保持着一致。11 月 30 日，他们联合向全国发表讲话，呼吁保护中国的文物和历史遗迹，他们还宣布成立“中央历史文物保护委员会”。这也是“新生活”的一部分。

关于“新生活运动”，有一件很奇怪但鲜为人知的事情。“新生活运动”的第一任秘书长阎宝航是中共地下党员。他曾一度担任少帅张学良的英语秘书，表面上他是一个虔诚的基督教徒，但当中华人民共和国成立时，他却担任了外交部部长办公室主任。

第二次大战期间，当国民政府在重庆时，人们经常奚落阎宝航在“新生活运动”中所担任的角色，而他却总是列出如下的失败理由：

1. 中国人讨厌别人指点他们孰是孰非。

2. “新生活运动”的分会从来没有得到过地方政府的支持。

3. 警察成了人们行动的监督者，因此引起了人们的普遍不满。

4. “新生活运动”的要旨没有令人信服地被老百姓所接受，他们甚至不明白它到底是怎么一回事。

5. 大多数高级官员对“新生活运动”的意义不以为然，他们只是在口头上拥护蒋介石。

有人生动地回忆过老百姓当时是怎样钻“新生活运动”的漏洞的。例如，当八个人在餐馆里就餐时，他们要的东西不能超过四菜一汤，但餐馆用大盘子盛菜，这样一来一盘就能装两个菜。饭店禁止喝酒，他们就把酒装在茶壶里。人们用这种办法来欺骗监督员——其中大部分是童子军。

有一位将军韩复榘做了件当时很有名的趣事。在济南举行的一次群众大会上，他发表讲话说：

“我衷心地拥护委员长的‘新生活运动’，但是我觉得有一件事很伤脑筋，如果人人都靠左行走，那么谁走在右边呢？再说，这样一来左边就未免太挤了！”

蒋借“新生活运动”开展了一场反毒品运动。这场运动始于1928年，但却陷入了官僚主义的散漫拖拉之中。作为军事委员会的委员长，蒋在“剿共”的江西和其他地区开展了禁止鸦片运动。

他命令处死制造、买卖和运输鸦片者，并授予北京地区警官以类似的权力。吸鸦片的国民党和政府官员被限定在三年内戒烟。另外还成立了戒毒协会。许多戒毒法随之产生。

到1937年为止，那些仍然进行鸦片运输的人，即使是同谋犯，也都要被枪决，没收其财产。三年之后，被认为有罪的吸毒者将接受强制性治疗，然后服刑五年。在自愿治疗期限内不接受治疗的官员将被处以死刑。

1935年5月25日，国民政府决定把禁烟的一切权力交给蒋介石，于是蒋又有了一个新官职——“禁烟总监”，至少这是一个能够满足他性格中残暴的一面的工作。

1935年9月24日，设在日内瓦的国联有关委员会指出了中国反毒品运动的显著成就。

在同一天里，蒋在成都把1936年1月1日定为吸毒者自愿登记的新的最后期限，并宣布违抗者必将受到严厉惩罚。1936年元旦之际，他又宣布禁止江苏、安徽、四川、江西、湖北、湖南、云南等省生产鸦片。2月1日至3日，他在南京召集反毒品会议，宣布要在六年内根除吸毒者和贩毒者。

然而“六年”是不可能的了，在这个最后期限到来之前，日本人早已决定征服中国了。

一般说来，产生于“新生活运动”的禁毒运动比前者本身成就更大。

当毛泽东承诺要解放农民并扫除一千年来的传统压迫的时候，当年轻的知识分子被革命的吸引力所打动的时候，蒋介石却充耳不闻地求助于儒家的价值观和基督教的清教主义。

在民众的眼里，在知识分子的心目中，这些从过去搬来的说教代表了土豪劣绅和商业中产阶级的利益。这场运动只不过从那些苦难的人民身上一擦而过，对他们没有任何的触动。

1934年秋，就在共产党从江西突围开始长征的时候，蒋及其夫人乘坐飞机开始了周游全国的旅行。飞机的出现第一次使这种“与人民见面”的活动成为可能。由于时间和空间的限制，中国历代的统治者和名人都不敢指望能访问中华帝国的每一个省份。

但是，开始时蒋介石并没有这种计划，他只不过是一时冲动，希望坐飞机进行短期旅行。在刚从欧洲旅行回来的少帅张学良的陪同下，蒋氏夫妇飞往洛阳参观了一所新成立的军事学院。为什么不去看看西安呢？张学良建议说。于是，蒋便无意地来到了这个两年之后被扣押的地方。然后，他便渴望到更多的地方旅游。旅行结束时，他们已行程 5000 英里，访问了华北和西北的 10 个省份。

对于比较边远的地区的人们来说，在那种时候，一位领袖的到来——特别是乘坐飞机而来——打破了他们单调的生活。现代社会的其他领导人——也许首先是戴高乐——早已陶醉在了人们的欢呼声中，并从目睹人们对自己的欢迎中吸取力量。这种事对蒋氏夫妇来说也已经是现实了。

由于尝到了“名望”的甜头，他们越来越不满足了。这时旅行已不再是一时的冲动，而是一个系统的计划了。他们的下一个目标是西部和南部各省。

从政治意义上讲，西部之行在整个行程中是最重要的，因为中国还是一个军阀割据的国家。在西南的贵州、四川和云南等地，尽管人们仍在谈论中国的“统一”，但封建军阀仍不受干扰地统治着这些地区，江西共产党进入这些地区使这一问题更加复杂化。

例如，在贵州，红军用四个月的时间消灭了当地军阀的五个师，占领了他们在遵义的驻地并补充了 2 万人的兵力。红军突破蒋的封锁，于 1935 年 5 月突然向南进入南部边界省份云南。这时，蒋氏夫妇正住在昆明。据悉，红军距离昆明只有 10 英里，云南军阀龙云急忙加强对昆明的增援，而蒋这时已在法国人建造的铁路线上撤离了。不久，他们便发现那不过是一小股红军的牵制行动。

大队红军日夜兼程，每日行程 85 英里，奔向位于长江上游的周平堡。他们穿着国民党的军装，轻而易举便占领了这个地方，然后全部红军渡河进入四川。过河后，他们把从国民党军队那儿缴获的船只全部销毁了。

蒋介石夫妇的旅行已不再是一项公关活动，他们飞到四川，希望能在大渡河拦截红军。

决战在一个峡谷展开，那里的河水急速奔腾，两岸是悬崖峭壁。

一位姓刘的工程师建造了一座铁索浮桥，也就是著名的“泸定桥”。红军到达后，发现原来拴在铁索上的木板有一半被拆掉了。尽管如此，红军战士还是赤着脚，在桥上摇晃着快速前进，并向对岸的国民党军队投掷手榴弹。终于他们跨过了泸定桥，打通了通往西部四川的大门。

这是蒋截住红军的最后一次机会。从此，红军更多的是被高山峻岭和其他自然障碍所困扰，而不是国民党的围追堵截。

尽管遇到这些挫折，蒋的西部之行还是有作用的，因为这使他能够“清洗”并“训导”四川和其他地区的地方政府。

他没想到几年后会被迫把国民党的“首都”从南京迁到四川的重庆——如果他没有西部之行的这番“清洗”，这种迁移也许就不可能实现了。

第十四章
日本和西安事变

张学良与蒋介石两人中的一个必须承担不抵抗的罪名。

蒋介石说："现在的局势就像一条在惊涛骇浪中上下颠簸的小船，我们两人中只有一个能乘它渡过河去。如果两人都想过河，那么，要么是我们俩都沉下去，要么是其中一个人跳下去。问题是："你跳还是我跳？"张学良说："我跳下去！"

宋美龄到达西安，蒋介石正在读《圣经·旧约》中的《耶利米书》的一章，他看到这样一句话："耶和华现在做一件新鲜事，他将让一个女人保护一个男人。"于是，这段话就"应验了"。

蒋介石的前面总是困难重重，在1935年下半年，他更是麻烦不断。

虽然他已经确立了全国军事领袖的地位，但他的那些占据各省的对手们却始终没有放弃有朝一日取而代之的企图，而蒋介石在抗击日本侵略上明显的勉强和拖拉，则正是这些对手可以大加利用、以图东山再起的理由。

广西的将领们（他们总是不断地造反，而又不断地失败）在6月份开始组织“全国抗日救国军”。参与此事的两位广西将领是李宗仁和白崇禧，他们和当时的广东将领陈济棠合兵一体。

出于相似的动机，为人熟知的“基督将军”冯玉祥也开始在北方活动，自任“抗日同盟军司令”。和以往一样，冯玉祥的表演匆匆收场，他并不热心于同日本人正面交锋。

南方的问题似乎比较严重，蒋介石这个总司令根本不能理直气壮地驳斥三个将领的抗日主张。

在起兵之前，三位将军曾致电蒋介石，要求他对日宣战。

蒋介石没有改变其战略中预定的先后次序，他回答他们说：“你们不能因一时的冲动而拿国家的命运去冒险。”如果国民党的历史学家可信的话，那么事实上为了他们所宣称的抗日壮举，陈济棠就曾经从日本人手里购买过武器弹药。唐引用日本驻华武官高桥坦少将的话来印证他在1935年6月12日所下的断言。

不管怎么说，反正几位“救国者”在收到蒋介石拒绝的答复时，就统率他们的部队前进15英里进入了和广西接界的湖南省。

此时，蒋介石还抱着一种妥协修好的态度，命令他在湖南的部队后退，避免由于冲突而加剧中国的内战。

这时可以看出，对这些将领们来说，钱是比全国抗战更为重要的东西。广东急需钱用，广西则由于蒋介石发动的反对运输鸦片的运动而造成收入急剧下降。在六个星期里，内部反叛和争吵阻碍了这些军队的行动。

陈济棠逃往香港，广西将领们则因蒋介石宽容的政策而受惠。作为表面上承认蒋介石的权威的回报，李宗仁被任命为“广西绥靖公署主任”，而白崇禧则被任命为国民党军事会议执行委员会委员。中国的面子保住了。

虽然这些反叛将领们的抗日立场无疑是伪装出来的，但在1935年那些反对日本侵略并希望抗日的中国人却有很紧迫的理由对此表示关注。

这年年初，人们曾一度希望中国和日本的关系能建立在新的、稳固而比较友好的基础上。蒋介石曾提出在完全平等的基础上和东京达成一项友好条约。

相对比较温和的日本外相准备接受这个建议，他有意把这个建议解释为蒋介石准备排除西方列强的势力，转而向日本寻求帮助和指导。

但日本国内局势的发展却不尽如人意。日本军人希望采取野蛮的解决办法，他们有意向使用武力的方向发展。

1月，日军借口东察哈尔应该属于“满洲国”，占领了这块中国领土。

5月，危机进一步加深。7月6日，签订了所谓的“何梅协定”，规定国民党军队和组织撤出河北省，并取缔“蓝衣社”的活动。这还不是全部，南京政府被迫颁布一个“敦睦邻邦令”，答应惩治反对“友邦”的行为和言论——“友邦”是对日本的委婉称呼。

12月，中国进一步蒙受耻辱，日本人把河北、山东、山西、察哈尔、绥远并为“自治的”中国地区，实际上是将这些地区置于日本的控制之下。

蒋介石进一步作了妥协。在1935年11月12日国民党第五次代表大会上的一次讲话中，他声称：“我们不应轻易地谈论牺牲，除非把我们逼到了不能不作出牺牲的最后关头。”事实上，他在这里发出了一个温和的警告：中国准备作出的退让妥协是有限度的。

不久，毛泽东和周恩来经过长征到达陕西。对于学生和那些反蒋的军人来说，反对日本入侵是争取力量的最好的口号。但是，更能鼓动人心的是红军在长征中所表现出的英雄主义。

当时在北京师范大学里，埃里克·周的左倾的同学们传播着红军长征中的英雄事迹。这年秋天，他认识了黄敬。黄敬是从青岛来到这个北方都市的（他使用俞启威这个化名），他后来在1949年担任了中华人民共和国第一机械工业部部长。

早些时候，黄敬是北京大学的一个临时学生，但他更多的时间是在燕京大学和清华大学度过的，他在那里的学生中进行宣传和鼓动工作。

黄敬是民族解放先锋队——中国共产党青年组织的前身的早期发起组织者之一，他的宣传鼓动工作是很成功的。12月初，当蒋介石的将军何应钦来到北平时，黄敬决定给他制造点麻烦。五个月之前，正是这个何应钦和梅津美治郎签订了丧权辱国的协定。

12 月 9 日，1 万名学生在北平示威，反对日本人。对一些年长资深的人来说，它使人想到 1919 年的“五四运动”，但是此次运动规模更为浩大。在杭州和上海，在武汉、长沙和福州，另外一些学生举行示威或暴动，在全国各地各种“救国联合会”纷纷成立。

“一二·九”运动爆发了，而且持续了很长时间。对蒋介石来说，这是一个不小的麻烦；而在组织这场运动的共产党人眼里，它是“人民革命”不可分割的一部分。

若干年后，在关于“一二·九”运动的一篇论文里（北京，1961 年），作者说刘少奇把这次学生运动当做“中国历史上反动时代和革命时代分界的标志”来加以称颂，并将其归于中国共产党的领导和毛泽东思想的指引。

另一桩反叛事件出在蒋介石的家里。1935 年，他的大儿子蒋经国给他的母亲（当然蒋介石已经和她离婚很长时间了）写信，指责他父亲的政策。

他用这样一些欢欣鼓舞的话来表达在苏联的感受：“苏联是我的祖国。看到我的祖国苏联一直在各个领域内取得惊人成就，我感到光荣和欢欣。”信的印戳是列宁格勒，蒋经国已经在苏联居住了十年。

这是一件不寻常的事，当蒋经国去苏联时，他只有 17 岁。虽然蒋介石已经转而反对共产党人，但这个情况还鲜为人知，他还经常被称为中国的“托洛茨基”。

1925 年，蒋介石刚刚当上黄埔军校的校长，他的儿子到了广州，那时广州被称为“革命的麦加”。

当他们见面时，这位父亲正为怎样使他的儿子受进一步的教育而大伤脑筋。正在这时，莫斯科中山大学请革命政府选派一批学生去俄国。由于蒋经国的热切赞同，蒋介石便把他列入名单。

这样做有很好的理由，这表明蒋介石对苏联的友好态度，同时给他儿子一个学习革命技能以备将来之用的机会，也解决了孩子的教育问题。由于差不多的原因，蒋介石后来又把他另一个儿子蒋纬国送到纳粹德国。

然而，两年后这个实验就不那么有味道了。那时蒋介石在上海和其他地方对共产党人大开杀戒。

这时对蒋介石来说，把他的儿子召回国已非轻易之举了。事实上，他确实曾经命令他的儿子回国，但蒋经国已身不由己，他给家里写来一封满不在乎的信，拒绝服从并指责其父。

按照国民党的说法，这封信是王明（原名陈绍禹）口授给蒋经国的，他是中共的一位领导人，那时刚好在苏俄。一年过去了，到1936年（这一年蒋经国再次拒绝他父亲的要求），他娶了一位俄国妻子，看来他要在苏维埃俄国定居下来了。

为了不妨碍其战略中“攘外必先安内”的先后次序，蒋介石必须在自我约束和独立决策方面得到认可，以便尽可能地避免和日本人遭遇。

他指示他的战略顾问蒋百里制订一个全国性的防御计划。

1935年冬，他送蒋百里到欧洲各国学习总动员的法律规定。蒋百里首先访问了意大利，在那里他特别关注空军的发展情况。在给蒋介石的报告中，他特别强调“防空地理学”的重要性，他认为在像中国这样的大国里，最为重要的是空军要有速度和活力。他指出，对一个长期的战争来说经济动员是很关键的，宣传工作应该和军事行动同步进行。

蒋介石在对付日本人方面消极从事，一个主要的原因是他掌握的权力的基础很不稳固。地方派军人怂恿他抗战，因为如果他抗日而且失败的话，他们就可以对他的王国进行瓜分。

蒋介石很清楚这种危险，所以他按兵不动。

按理说，苏联人和中国共产党人应该是很乐于对蒋介石所采取的任何初步行动表示欢迎的，尽管他们有理由不相信他。

1935年7月到8月的共产国际第七次代表大会决议号召在一切可能的地方建立人民阵线。

在中国，共产党人受命寻求与国民党建立统一战线的可能性。

对于经过长征而被严重削弱的中国红军来说，新的决议制定的下列方针是很不现实的："在为解放而团结全国人民进行斗争的统一战线中，苏维埃必须成为领导核心。"

这些说教自然不受毛泽东的欢迎，他对共产国际决议所作出的唯一让步，就是在党的宣传中不再把蒋介石说成是反动派，而统一口径把他称做"民族败类"。

毛泽东认为，更有希望的办法是利用张学良。在1936年春，共产党秘密和张接触。他们受到张学良的欢迎，张邀请共产党派代表到他在西安的司令部里来。

蒋介石对少帅和共产党人发展起来的亲密关系并不是完全不满。他认为，在他重新开始"剿共"行动的时候，他将有机会同时消灭共产党和张学良的部队。

这样，就可以除去作为中国政治舞台上一个重要角色的少帅了。但使他不安的是那些关于1936年间毛泽东的军队迅速恢复并壮大的报告。10月，两支国民党部队投向新根据地的共产党。

长征结束时，毛泽东只有2万人马，现在他已经指挥大约8万人了。应当承认，他们许多人缺少枪支，但是这支部队又一次醒目地成为共产党的主力。

这时，蒋介石和张学良之间的关系十分冷淡。称张学良为“不抵抗将军”的说法风行一时，敌对派系的军阀们推波助澜。

张学良本人认为这极不公平，因为难道不是蒋介石在日本首先发动进攻时明确指示他采取不抵抗政策的吗？在沈阳事件后不久，两个人在河北保定的一列火车上会谈。

根据一种未经证实的说法，蒋介石说：

“现在的局势就像一条在惊涛骇浪中上下颠簸的小船，我们两人中只有一个能乘它渡过河去。如果我们两个人都想过河，那么，要么是我们俩都沉下去，要么是其中一个人跳下去。问题是:你跳还是我跳？”

鲁丕（音译，可能是张学良一位朋友的笔名）在援引这些话时，补充道:“他的意思是，现在全国都在反对不抵抗政策，形势很严峻，他们两人中的一个必须承担不抵抗的罪名。张先生慷慨地说，‘我跳下去！’”

为了治愈他吸毒的习惯，张学良在欧洲国家旅行了大约一年，当1934年春天回到中国时，他变成了另外一个人。除了跳舞、喝酒和打高尔夫球的兴趣，他还具有了幽默感。

一位朋友问少帅对意大利的看法是什么，“很好，”他说，“每张桌上都是通心粉，每面墙上都是墨索里尼。”

他为什么回国呢？为了一件事。

福建事变引起轩然大波，他觉得他回国也许能为稳定局势提供点帮助。另一个原因是，东北军希望他回来。官兵们日夜不宁，反日情绪使他们身心不安。由于担心再次出现反叛，蒋介石也希望少帅回到他原来的职务上。

少帅一回国，蒋介石就任命他为河南、湖北和安徽的“剿共”副

蒋介石与张学良（前排左一）合影

总司令，这样他就直接接受委员长本人的指挥。

少帅很有理由反对日本。日本人炸死了他的父亲，他自己也为把大片土地丢给日本而深感自责。

他的朋友和助手们也和他持同样的观点。这些人中有W.H.端纳，他是一个澳大利亚记者，从1928年开始他就被聘为张学良的主要顾问。这位通常被称为“中国的端纳”的外国人强烈赞成中国民族团结以共同抵御日本的侵略。少帅的中国助手们发现，接受反对共产党的建议是很难的。相对于日本侵略者来说，这些人毕竟是中国人，而且其中许多人还是同乡。但是，在1934年年底，张学良仍然效忠于蒋介石，他仍然执行委员长的命令，这在很大程度上违背了他自己的观点。

到1935年冬天，张学良开始改弦更张。当时，少帅正在南京参加国民党第五次代表大会，东北军和红军进行了一场大规模的战斗。

红军伤亡惨重，但东北军也一样，他们损失了整整两个师，如果这就是“剿共”的代价，按这个速度，过不了多久张学良就没有什么人马去打日本人了。

共产党传话说，他们希望结束内战，联合抗日。正是这个建议，促使张学良开始同毛泽东的代表进行谈判。

在研究了关于红军发展壮大和重现生机的报告之后，蒋介石决定到张学良在西安的司令部，去研究已经计划好的第六次“剿共”战役。

蒋介石头一次看到张学良不愿意服从命令。张学良解释说，他知道共产党现正在准备与国民党合作，并在实行一项抗日的全国政策方面听从蒋介石的命令。他主张和苏联结盟，并建立抗日联合阵线。

蒋介石“非常痛心”。作为他的一名部下，而且一贯忠于他的张学良怎么能建议他和共产党联合呢？他大发雷霆，大骂张学良，并宣布张学良已经失去他的信任，接着就返回他在洛阳的司令部。

尽管在这段时间里，蒋介石正加紧对日本的秘密备战，但他并没有改变其既定的战略次序。实际上，离开西安后他的第一个行动就是下令逮捕上海救亡运动的 7 位著名的领导人，关闭 14 家很有名气的杂志社，罪名是宣传抗日。

此后他开始做他私人生活中比较公开的事——按中国的算法，准备庆祝他的 50 岁大寿（在世界大多数地方，应该算作 49 岁生日）。祝寿之日为 1936 年 10 月 31 日，他本人在古都洛阳有意简单地庆祝了这个日子。两块很大的生日蛋糕被拿上来，在蒋介石吹灭蜡烛之后，蒋夫人把切成一块块的蛋糕分给当地的显贵和他们的妻子儿女。就在这个场合，蒋介石在一篇给国人的祝词里颂扬了他的母亲。

在其他地方，庆祝活动就不是那么鸦雀无声了。一年前公开征集的祝寿资金已经收集到很多，足够用来支付购买 100 架美式飞机的费用。在南京，20 万人聚集在明宫飞机场观看飞行表演，他们在一幅巨大的画像面前点火致敬，按中国的礼节三鞠躬。对蒋介石来说，这是一个好日子。

然而仅在几个星期之后，他生活中最古怪，也差不多是最耻辱的插曲在等待着他——西安事变。

11 月底，蒋介石收到的各方面的消息都是糟糕的。他曾派出其最精锐的部队，著名的第一军，在胡宗南的率领下，搜寻并企图消灭甘肃红军。开始送来的消息说胡宗南取得了胜利，共产党逃走了。

但料想不到的是，第一军已受到包围。红军发起进攻，消灭并解除了两个步兵旅和一个骑兵团的武装，缴获了几千挺步枪和机枪，作为额外的代价，一个政府军整团的兵力投降了红军。

这些事件发生在 1936 年 11 月 21 日，四天后，德、日签订了反共产国际协定。战争还会遥远吗？

这些消息并没有使蒋介石改变初衷，走上民族联合的道路，反而更加强了他全面地、一次性地解决共产党的决心。

就好像 10 月份并没发生任何不愉快的事情一样。1936 年 12 月 7 日，蒋介石飞往西安。他此行有明确的目标，通过他的愿望和权威对张学良全面施加压力，迫使他参加第六次“剿共”计划。

首先，他派出大约 1500 名“蓝衣社”“特务”团成员，由他的侄子蒋孝先将军率领。这支部队组织良好，从秘密指挥部出发投入行动，蒋孝先开始逮捕所有共产党的嫌疑分子。蒋介石抛开所有其他目标，召集全体将领于 10 日召开参谋长会议，最后落实第六次“剿共”计划。蒋介石宣布，如果张学良拒绝执行命令，不参加“剿共”战役，他将被解除职务，他的部队也要被解除武装。

但是，一场奇怪的、经过预谋的事变打破了蒋介石的计划。蓝衣社分子在睡梦中被逮捕，被解除武装并关押起来。大部分参谋人员也被监禁，警卫人员投降，50 架飞机和它们的驾驶员也被扣押了。

接下来发生的与其说是一场政变，不如说是一出急转直下的戏（正如埃德加·斯诺所指出的那样）。委员长当时正住在距西安 10 里的一个温暖的四季如春的疗养胜地临潼。早晨 5 点钟，少帅的警卫队队长，26 岁的孙鸣九上尉率领大约 10 辆满载士兵的汽车开到蒋介石所在的旅馆，当他们受到哨兵的阻挠时就开火了。

委员长的警卫大吃一惊，但还是抵抗了很长时间，使蒋本人得以逃走。

根据蒋介石自己后来的叙述，他那时已经起床，锻炼之后正在穿衣服。当他意识到发生了什么事时，在两个人的陪伴下，委员长爬上 10 英尺高的墙，从墙的另一面滚了 30 英尺，跌进一条沟里。他感到一阵钻心的疼痛，后来才发现背上受了很重的伤，还把自己的假牙弄丢了（虽然他自己的叙述里没有这些不体面的详情）。靠人撑住他的脚，蒋介石爬到靠近旅馆的山上，在那儿他遇到了几名卫士。在山顶上，他们遭到下面的射击，几名警卫被打死。

委员长意识到他已经被包围了，就又向山下走，他又跳了一次——这一次是跳进一个被灌木丛遮掩住的山洞里。在明亮的日光下，孙鸣九和他手下的人在那儿找到了委员长，那时他只在睡衣外面胡乱地披了一件长袍。雪一直在下，他浑身发抖，赤裸的双脚和手在爬山

西安事变发生地五间厅，五间厅位于华清池内，1936 年 10 月至 12 月曾是蒋介石的行辕。

时都被划破了。

这时，与其说是因为寒冷，不如说是愤怒。他全身颤抖，大声喊叫："把我打死，一了百了吧。"孙鸣九回答说："我们不会伤害你，我们只是想请你领导全国抗日。"

蒋介石要一匹马驮他下山，但孙鸣九上尉让他伏在自己厚实的脊背上，背他下山。下坡以后又走了很远，一名侍从才带着蒋介石的鞋子赶来。到了平地，一辆轿车停在那里，把他接进西安城。

在城里，他被领进陕西绥靖公署主任杨虎城的办公室。过了不久，张学良走进来，在蒋介石面前立正站好，他毕恭毕敬地称蒋为"委员长"。

对此，蒋介石给予回击："既然你叫我委员长，你就是我的部下。如果你还把我当作你的上司，就马上把我护送到洛阳去，否则你就是个叛徒。如果我是在一个叛徒手里，你就马上杀我好了。除此之外，我没有什么再说的。"在以后的几天里，他一声不吭。

不久，就有消息说杨将军的部队打死或打伤40多名委员长的警卫，同时国民党政府的17名高级官员和将领被关押起来。

少帅交给蒋介石八点要求，但蒋拒绝答应。于是张学良等人把这八点要求电告南京，上面还附带有许多被扣押的国民党军官和官员个人签名。

他们提出的要求如下：

1. 改组南京政府，允许各党派共同承担抗日救国的责任。
2. 立即停止内战，采取武装抗日的政策。
3. 释放上海的爱国运动领袖。
4. 赦免所有政治犯。

5. 保证人民集会的自由。
6. 保护人民建立爱国团体的权利和政治自由。
7. 实现孙中山博士的遗愿。
8. 立即召开全国救亡会议。

值得注意的是，上述文件第二点中重点标出的部分在国民党的文本中找不到，或者确切地说只有埃德加·斯诺的《红星照耀中国》里有这段话（第409页）。很清楚，就连斯诺也用了斜体字，他只是要明确地强调它的重要性。

在主张“武装抗日”这个问题上，任何潜在的事情都可能发生，归根到底，这就是逮捕蒋介石的首要目的。正如斯诺确切指出的那样，八点要求中有七点恰好和“全国救亡”的主张相关，而这个主张是1936年12月1日中国共产党和苏联提出来的。想必少帅在西安事变期间和共产党进行了商议。不出所料，后来苏联政府、中国共产党以及中国红军马上声明他们支持八点主张。

蒋介石被扣押的消息大大震动了中国，中国人陷入深深的忧虑之中，这一点甚至一些反对派的见证人也承认，而且得到许多中间人士的进一步肯定。

埃里克·周这样回忆当时的情况：

1936年12月12日下午稍晚的时候，蒋被扣押的消息传到北平，震动了整个校园。对政治不感兴趣的教授和学生们都突然关心起已经发生的事情来了。北平决不是一个拥蒋的城市，但是在以后的几天里，到处都在为蒋的安全担忧。也许是因为这个原因，左翼团体在西安事变期间不同寻常地保持沉默。

这种普遍的忧虑与后来发生的奇怪的神经战有密切的关系。这次扣蒋事件的制造者张、杨二人，曾经坚信那些因蒋介石一统天下的野心而受害的军阀们会联合起来做他们的后盾，指责蒋介石。

但事情恰恰相反，冯玉祥、胡汉民（他刚刚去世）的追随者，甚至包括桂系军阀，全都声明支持并忠于蒋介石，并要求释放他。这使两位将军明白了他们的困难处境。

在南京，中央政府任命孔祥熙为代理行政院长，任命冯玉祥领导国家军事委员会，由何应钦调动军队。而张学良则被免去所有职务，并要提交国家军事委员会予以处罚。12 月 12 日，孔祥熙和宋美龄乘快车从上海抵达南京。

在南京，何应钦表现得很愤怒。他建议对西安进行讨伐，用飞机轰炸来削弱对方的士气。

这时，蒋夫人指出，飞机轰炸分不清目标，蒋介石本人也可能被炸死，何将军勉强地收回他的建议。

共产党左右为难。

苏联人对这次扣押事件感到震惊，或者至少表面上是这样。12 月 14 日，苏联报刊严厉指责扣押者，还异想天开地指责张学良受了日本帝国主义的收买。在苏联人眼里（根据书面资料来看），蒋介石和他的国民党是唯一能够在中国实现抗日联合阵线的力量。

可以理解，中国共产党很难接受这种观点。他们一开始的想法可能是把蒋介石带来进行审判，然后处决他。

但这时莫斯科下达了命令：中国共产党要为建立蒋介石领导下的民族联合政府而努力。这时，中国历史舞台上出现了一幕小小的喜剧。

周恩来，这个在 1927 年蒋介石政变中从上海行刑队的枪口下逃脱的人，如今却被延安派到西安来救蒋介石的命。

12 月中旬，周恩来到了西安，他马上去见蒋介石。蒋介石这时仍很虚弱，背上的伤口还在疼痛，在心理上他也为自己的痛苦遭遇感到苦恼。一看到周恩来，蒋介石脸色变得苍白——他一定记起了自己曾悬赏 8 万元买这位客人的头。但周恩来很克制，表现得很友好，和他一起来的还有少帅，两人都称呼蒋介石为“委员长”。经过一阵很冷淡的沉默，蒋介石听了周恩来对共产党观点的详细说明。第一次谈判没有结果，以后谈判日复一日进行，一直到 12 月 25 日。

无论是在蒋的日记里还是在他的著作《苏维埃在中国》中，蒋介石都没有提到他和周恩来的会面。

很多年以后，我从蒋的密友陈立夫那里了解到一些有关的背景。在西安事变以前，蒋介石曾派他和周恩来谈判（蒋介石被捕后，周立即被召回延安），参加谈判的还有苏联代表鲍格莫罗夫。

周恩来坚持这样的观点：“如果你们抗日的话，我们将和你们合作。”

对此，陈立夫反驳道：“如果我们抗日的话，你们应该和我们合作。”

接着他提出四点作为国共协议的基础。

1. 中国共产党应该维护三民主义。

2. 共产党应该服从委员长的命令。

3. 红军应该解散。

4. 中国的苏维埃组织应该予以解散，但是，可以和延安签订一个特殊协议，根据协议，作为中国地方政府机构的一部分，共产党可以有他们自己的自治政府。

周恩来接受了这些条件，因为这是共产国际的指示（按陈立夫的说法）。

周恩来同意去见少帅，告诉他和他的追随者不要再给他们自己找麻烦，因为无论如何国民党政府准备抗战了。

陈立夫声称是斯大林本人命令扣押蒋介石的，同时他还指示日本共产党采取一项支持日本军事行动的“爱国”政策。

这些观点中的第二点是有可能性的，但我知道没有别的证据来证明第一点。但是，必须承认，斯大林确实可以从扣押蒋介石中获得益处，因为看起来没有其他办法来加速实现他抗日的决定。

现在，另一位有影响的人物——澳大利亚人 W.H. 端纳出场了，他曾效力于张学良，现在则作为中间人为南京方面服务。他受到热烈欢迎，端纳到西安的时间是 12 月 14 日（在周恩来到达的后一天还是前一天尚不清楚）。15 日回到洛阳之后，他打电话向南京作了汇报。当时南京方面正处于绝望和频频发来的各种关于委员长死讯的情报之中，而端纳能够进一步证明他还活着并且受到优待。

这个消息使蒋夫人更加反对采取军事行动的主张。很明显，现在有可能达成一个和平的解决办法了。

蒋夫人的哥哥宋子文很了解少帅，他飞往西安为蒋夫人的到来做一些安排。这些安排是很明智的。

这位委员长夫人长得漂亮，很有魅力，既老练圆滑，又有外交手腕。她这时的角色是调解人，她表演得很出色。

在她本人的叙述中，对少帅的描述是“很疲倦，忧心忡忡，甚至有些惭愧”，杨虎城则“明显的很紧张”。她友好地会见两个人，好像没有发生任何事一样。

在 12 月 22 日蒋夫人到达的那一天，蒋介石正在读《圣经·旧约》中的《耶利米书》的一章，他看到这样一句话：“耶和华现在做一件新鲜事，他将让一个女人保护一个男人。”于是，这段话就“应验了”。

1936 年圣诞节，蒋介石和他的夫人飞往洛阳，然后飞向南京，

西安事变后，蒋介石夫妇到武康山休养。

带着一种牺牲精神，少帅一路相伴，作为他们人身安全的保证。

他为这个决定后悔了很多年。蒋介石把他送上了军事法庭，判决他十年监禁，剥夺政治权利五年。后来他被赦免，但不光是到国民党 1949 年失去中国政权为止，就是在国民党流亡台湾以后，张学良仍被软禁在屋子里（在 1975 年我写作本篇时，他仍然不能自由活动）。张学良的遭遇一定使宋子文感到不安，他（根据目击者的说法）曾以个人名义保证张到南京后不受惩罚。

张学良本人也确实没料到要受监禁，他把他自愿护送蒋介石到南京当作是对委员长继续效忠的表示。

至于杨虎城，他也被关押起来，有意报复的蒋介石乘 1949 年共产党行将占领重庆之际杀害了他。现在有一种普遍的说法，扣押蒋介石是杨虎城的主意，他劝说张学良袖手旁观。

在西安事变中负责的决不止一方。蒋介石可能会理直气壮地声明——他也确实这样做了——他从未正式接受扣押者交给他的八项要求。当然，直到最后他也没有在任何文件上签字。但是，种种迹象表明，他至少默默地接受了上述要求的大部分内容。他停止了其“镇压”

或“消灭”共产党的计划，不再称之为“共匪”。

他的终生好友张群被称为亲日派，并被免除了在外交部的职务。共产党受邀派出一个代表团参加定于 1937 年 11 月召开的国民参政会，为建立抗日统一战线所做的准备工作在不断进行。

在西安事变这台令人惊奇的各种力量的三角戏中，只有少帅和他的追随者失去了一切。

共产党受益匪浅。他们不再受到骚扰，并赢得了国内和国际上的声望。

第十五章

日本全面侵华

蒋介石依照1812年沙皇俄国战胜拿破仑入侵的战略，制定了一个称为“以空间换取时间”的战略。他的战略却注定了他在抗战结束以后的失败。

斯大林慷慨地向蒋介石传授秘诀。他召见中国大使杨杰将军，请他把实现国家团结的秘诀转达给蒋介石：

“告诉你们委员长，在战争过程中，如果他希望人民不背叛他，就应该准备杀掉450万人，否则，我想他不会使抗日战争赢得胜利……”但蒋介石决不是一个嗜血成性的人。

西安事变的结果是复杂的。其直接结果是让人感到可以放心了，因为国共两党不再处于战争状态，都明确地表示希望把彼此的分歧放在一边。

但西安事变的后果远远不止这些。几乎可以肯定，西安事变加快了日本对中国进行全面战争的步伐。只要蒋介石明显地把消灭共产党作为首要战略任务，日本人就会继续平心静气地慢慢推行他们的高压和吞并政策。但西安事变以后，可以很明显地看出蒋介石的战略次序起了变化。1936 年 11 月的一份日本军方的小册子曾详细地叙述了红军长征的过程，并预言政府军队不久将和红军联合起来。第二年年初，日本人还注意到 1000 名青年到延安抗日军政大学学习①，还有大批的北京学生报名参加二十九军。看到这些情况，日本军方决定加快他们侵华战争的进程。

“我真的相信共产党已经悔悟了，”很多年以后蒋介石这样写道，

① 抗日军政大学，在中国也简称抗大，前身是红军大学，原来的校长是林彪，校址设在延安地区。它是 1936 年 2 月宣布成立的，1937 年 4 月 1 日开学。抗大宣布其宗旨是：为“抗日民族革命战争”培养骨干，把中国从日本帝国主义的侵略和“最大的卖国贼蒋介石”的叛逆行为所造成的灾难中拯救出来。——译者注

“他们真诚地表示愿意和中国的其他力量联合起来共同抗日。另外，就是在针对共产党的军事行动中，我也把他们看作中国人，并希望他们最终能再次忠于我们的国家。”

蒋介石后来对他的决定追悔莫及，因为他认为，他在西安被俘的时候，共产党已经大伤元气，只要再发动一次“剿共”战役，就足以把共产党解决了。

当然，那时他已不由自主，他不能指望在他拒绝抗日时还会在内战中获得广泛的支持，但当时国民党占有很大的军事优势倒是真的。

在以后的岁月里，他一直认为西安事变以后和共产党的重新和解是很大的错误，这次和解造成了1949年的失败。

1937年2月10日，中国共产党中央委员会拍电报给国民党中央执行委员会，提出下列五项原则：

1. 停止一切内战，集中全国的力量反对日本的侵略。
2. 保障言论自由，释放所有政治犯。
3. 召开各党、各界、各军会议，共同抗日救国。
4. 迅速完成对日抗战之一切准备工作。
5. 改善人民生活。

电报中说，如果南京政府接受上述观点，共产党将遵守下列五项保证：

1. 停止推翻国民政府的武装暴动方针。
2. 解散中国共产党苏维埃政府，更名为“特区政府”。
3. 在特区政府区域内，实行普遍的民主制度。

4. 停止没收地主土地的政策。

5. 红军接受南京军事委员会的指导。

按照共产党的主张接受这些建议，不符合蒋介石的性格。这样做意味着委员长丢了面子，因为共产党公开声明蒋介石在西安已经答应或多或少地接受这些条件（是在胁迫下答应的）。

共产党的电报送到国民党中执委时，他们正在召开全体会议。会议的结果是11天后通过了一个所谓的“根除赤祸案”。下面是蒋介石本人记录的这个决议案的内容：

1. 国家武装力量的组织和领导必须统一，以便加以有效控制和进行有效的行动，不允许有完全不同的政治信仰的武装力量并存。因此，所谓的红军和它使用各种不同名称的部队应该完全解散。

2. 政权的统一是国家统一的先决条件。不允许两个敌对政府的同时存在。因此，所谓的苏维埃政权和其他有损于统一的组织应该彻底解散。

3. 共产主义和三民主义是完全对立的，只有三民主义才能拯救中国。共产主义违背中国人民的利益，违背他们的生存机会和生活道路。因此，必须停止其活动。

4. 阶级的战争是以某个阶级的利益为根据的。

它把社会分为很多的阶级，使他们互相敌视和倾轧。它需要为控制其他集团而采取战争的手段或者诉诸武装起义，结果造成社会的混乱和人民的苦难。因此，必须停止进行阶级斗争。

1937 年，蒋介石夫妇在庐山度假。

由于国共两党即将合作，而且事实上将组织联合阵线，斯大林解除了对蒋介石的儿子蒋经国回国的长期禁令。

就在几个月前，蒋经国还把对苏联政府的忠诚置于对父母的孝顺之上，并用一种很不符合中国人性格的方式声讨蒋介石。

1937 年 4 月，他回到了家里，并带来了他的俄国妻子。他离家有 12 年，蒋介石深为自己的儿子长期受斯大林主义的影响而担心，他开始对蒋经国进行再教育。

蒋经国在他的《我的父亲》一书中叙述了他的父亲对他的要求：

①我回国之后，父亲觉得我应该读曾国藩将军的“家书”。……（曾国藩镇压过太平天国起义）父亲认为曾国藩对儿子的教导同样也对我们有用。每次我给父亲写信，如果他没有时间给我一个有意义的答复，他就要我读曾国藩的某封家书。

父亲也不断地把他刚刚读过的书寄给我。书里面有许多他自己的评注，重要的地方都画线标明了。

鉴于我出国时还是个孩子，而且在外国居住的时间太长，父亲担心我对中国的道德哲学和民族精神缺乏深刻的理解。他特别教导我要读孙中山博士的书。

在1937年5月12日给我的信中，父亲说："以后，你读书时应该更重视中国的道德观、民族精神和哲学。②孙文（孙中山）的政治理论是中国哲学的基础，在外语译文中不可能全面详细地论述，特别是俄文版抛弃了原书的精华。③因此，你应该在着手研究三民主义之前先把孙中山的政治理论读上两遍，当然，要全部是中文的。你还应该把你的评语写在纸上，等我检查。④在有关民生的章节里，对马克思主义的批评是特别重要的。⑤除了研究三民主义和类似性质的书之外，父亲还指导我广泛阅读古典和历史书籍以及中国哲学家的著作。

不仅如此，父亲还要求我重读我读过的书，并牢记许多优秀的部分。

当蒋介石用这些话教育其子时，蒋经国已有29岁了，而且已经是结了婚的人了。但这位父亲正在补偿失去的时间，他觉得有许多很不幸的教育应该扫除。

在1937年年初的几个星期里，蒋介石在西安事变中逃跑时背部所受的创伤还在剧烈疼痛。但是，在一个矫正器的帮助下，他开始进行康复锻炼，不久就可以主持抗日的准备工作了。

1937年春，中国的常规军总数达170万人，还配备有59艘总吨位达15288吨的军舰，以及一支号称拥有200架第一流飞机的空军。

大约在这个时候，蒋介石任命了一位退役的美国飞行员陈纳德上尉为他的空军顾问。陈纳德有机会看到这些介绍给他的飞机，马上宣布其中只有91架确实是"第一流的"。

陈纳德是一个粗鲁、刚强、一心奉献和盲从盲信的人（赞成或反

抗战期间，蒋介石、宋美龄与飞虎队陈纳德将军合影。

对他的人都如此说），他曾因耳聋被美国空军革职。那时正是1936年，他46岁。于是他找到一个到中国工作的机会。在一段时期内，陈纳德在中国备战工作中起到很大作用。但是，他并不能在某一时刻创造奇迹，遏制日本侵略者的第一轮进攻。

从这时起，使局势迅速恶化的关键就来自东京了。在东京，军事集团日益强大。军方不赞成再等下去，等到中国新的“统一战线”得到巩固时才发动进攻。他们的方针是马上发动攻势，然后再谈判。

日本军人还记得1905年他们的先辈曾经在军事上教训了沙皇俄国，他们认为，日苏不久将再决雌雄，当苏联有时间建立起军事实力时，它将重新按照传统在东亚大陆扮演日本的强大敌手的角色。因此，他们认为尽快地进行对华战争是有意义的，这样就可以在进攻苏联时拥有这个战略基地。

但是，日本军方还想给政治家和外交家们一个最后的机会，使中国人明白他们的想法。日本驻南京大使川越不厌其烦地提醒中国外交部长王宠惠注意“广田三原则”。

广田是当时日本的外相，他提出：

1. 彻底取缔中国的反日言论和行动。

2. 签订中日反共军事协定。

3. 实行日本、“满洲”和中国之间的“经济提携”。

虽然国共两党前些时候还没有丢掉彼此间的分歧，然而这时却已经有了密切的来往。国民党官员到陕北和共产党会谈，周恩来则到庐山去访问蒋介石。

4 月底，川越回国向政府报告。日本内阁听取了他对 1937 年 5 月 10 日一次重要会议的讲述和他本人对此的看法，然后宣布日本正式派三个师去中国大陆。这很清楚地表明了日本的意图。

19 日，陆相杉山元公开指责中国“过于自信”，采取“轻侮日本”的态度。五天后外相佐藤尚武宣布，如果日本的声望和尊严受到损害的话，除了战争，日本将别无选择。

面对正在加剧的紧张局势，蒋介石秘密派遣他的儿子蒋经国去陕西同周恩来就共产党改组一事进行协商，以便南京政府能给予它合法地位。

6 月 5 日，一个比以往政府更为好战的内阁在东京开始执政。

广田宏毅重返外务省，这时他宣布他本人 1935 年炮制的“广田三原则”已不适用。

很明显，日本在等待一个“意外事件”，或者说正准备制造一个。

不管是不是日本人有意策划，7 月 7 日，这天是星期二，出现了一个偶然事件。那天夜里，日本军队以宛平城为假想目标进行军事演习。宛平是位于卢沟桥附近的一座高墙环绕的小城，在北平东南 15 英里处。日军声称他们的一名士兵失踪，想把他找回来。中国守军的指挥官回答说，他对此事一无所知。按照中国的说法，日本人随后开火了；

按照日本人的说法，是中国人先开火的，但这无关紧要。日本军人现在已经找到了“意外事件”，他们将全面加以利用。六天内，2 万名日军被部署在北平地区。

对于蒋介石来说，一切很清楚，第二次中日战争开始了。

7 月 17 日，在庐山的一次会议上，委员长指出，和平掌握在日本人手里。他说：“我们希望和平，而不求苟安；准备应战，而决不求战。”

蒋介石把和平条件交给日本政府，带有反击的性质。

日本应该承认对华北的战争负责，由官方出面道歉，并赔偿损失。

7 月 18 日，蒋介石在庐山宣布，中国以四项原则作为和平的最低条件：

1. 任何解决办法不得侵害中国主权及领土之完整。
2. 冀察地区的行政组织现状不容非法改变。
3. 中央所派官员不能任人要求撤换。
4. 二十九军现在所驻地区不能受任何约束（在北平地区）。

1937 年 7 月 17 日，蒋介石在庐山发表抗战讲话。

作为回答，日军对中国设防城市屡屡发动进攻。7月29日，当中国“保卫和平部队”在天津进行反击时，日本用飞机进行狂轰滥炸。接着，他们攻进并占领这座城市及北平，宣布他们进城是为了“保护”人民。

既然战争已经爆发，蒋介石就要行使国家的领导权。在向全国所作的一份报告中，他宣布，他的政府将领导全国“苦战到底”。

在北方，共产党也一直表示抵抗日本的进攻。共产党的路线经过反复探讨，并在1937年8月洛川的一次重要会议上确定下来。那时，毛泽东还没有全面控制党。参加会议的代表在对日本的最后一战上取得一致意见。

在“洛川声明”① 中，共产党号召打败日本帝国主义，把抗战进行到底；动员并武装全国人民；建立游击队；铲除汉奸；主张所有政治党派活动自由；建立一个真正有代表性的全国议会以及铲除腐败，向地方征收赋税，反对投机倒把，简化税收制度，提高人民生活水平等。“声明”表示，共产党将和国民党合作，组成抗日民族统一战线。

8月21日，苏联和南京政府的代表在南京签订《互不侵犯条约》。9月23日，一份国民党的声明标志着国共之间新的联盟正式形成。

这份重要的文件是双方各自对意识形态分歧进行一系列更动的结果，双方作这些让步是因为他们都是中国人。7月15日，共产党曾把一份宣言交给国民党，但国民党没有立即发表。19日，根据冯玉祥的说法，蒋介石、周恩来以及一些高级官员在庐山会谈，据说委员长承认了共产党在某些抗日前线地区建立的政权。以后，一直到8月15日“洛川声明”发表，双方都保持沉默。到了9月22日，国民党突然发

① 《抗日救国十大纲领》。——译者注

表了7月15日共产党的宣言，继而在第二天的声明中又肯定了这个宣言。至少在文件中，共产党是愿意作出以前他们曾经拒绝作出的让步的。宣言列举了三个目标并承认四项义务。

三个目标是：

1. 发动抗日战争，收复失地，为独立、自由和全国解放而斗争。

2. 建立一个民主政体。

3. 提高人民生活水平。

共产党愿意承担的四项义务是：

1. 执行孙中山的三民主义。

2. 停止用暴力推翻国民党的统治，停止没收地主土地。

3. 改组红军占领区的政府，使之成为抗日前线地区的民主政府。

4. 红军更名为国民革命军，并接受国民党军事委员会的领导。

国民党政府注意到这些承诺。它宣布："国家的意志高于一切。"

蒋介石和毛泽东长期以来都在为他们和他们的国家所面临的局势冥思苦想。

两个人都有各自的计划和战略，但是毛泽东看得比蒋介石远。

蒋介石的战略是一个为中国、为他的政府、为他本人求生存的战略，而毛泽东则想到要在对日战争中求发展，以便战争结束时能成为胜利者。他的战略是一个取得最后的政治胜利的战略。在这一点上，蒋、毛二人有所不同。

蒋介石对1812年沙皇俄国胜利地粉碎拿破仑入侵一事印象颇深，他制定了一个被称为“以空间换取时间”的战略。当敌人进攻时，中央军就向后撤退，实行焦土政策，把既没有食物也无栖身之处的地方丢给侵略者，不求迅速决战。这样日本将深深地陷入中国广阔的内地，到一定时期日军的战线就会过度延伸，它的交通线将达到并超过其后勤补给的最大限度。

蒋认为，当全面侵华的日军被无休止的战争弄得筋疲力尽、精神崩溃的时候，决战的时刻就到了。

从侵略者和反侵略者的力量对比来看，蒋介石的战略是有意义的——但在军事上、心理上和政治上，他的战略却注定了他在抗战结束以后的失败。

就在他进行大踏步的军事撤退时，共产党在广大的沦陷区开展了活动，通过骚扰日军表现出了他们爱国的英雄主义。通过对他们所控制的甚至是远离抗日前线地区的卓有见识的改革，共产党将人民集合到自己的旗帜下，在人民中“如鱼得水”（毛泽东的话）。

值得怀疑的是，蒋介石是否想到过这些。他总是想在对付日本人之前消灭共产党，到后来他也可以宣布自己一贯正确。但是，毛泽东所清楚地预见到的社会和战略时机却出于他的政治构想之外。

他认为，如果抗战胜利，他将在光荣和胜利的气氛中获得政治上的胜利，而且他的力量将大大超过共产党。但他几乎不能预见到日本是在斯大林的军队控制东北的情况下投降的。他也没有预见到由于中国当时的情况，美国人可能出现的不利于他的倾向。他更加预见不到毛泽东将会创建一支不可战胜的农民军队，这支军队带有强烈的政治色彩，渴望国民党早日垮台。

但是，这些都是以后的事。这时面对的现实是日军的残酷进攻，抗战初期北平和天津迅速陷落。蒋介石决定放弃华北，他的主力将集中在长江一线。除了华北，他决心让日军为占领每一块土地而付出代价。

为了道德上和政治上的理由，蒋介石决心不顾一切，决定不仅在上海进行防御，而且主动地寻求战机。在军事上，这种决定毫无意义，而且也遭到德国军事顾问们的反对。

谁都清楚，武器装备落后的中国军队将遭到武器先进的日军飞机的轰炸。这确实是一个重大的战略失误，他用一些最精良的部队去冒险，而不保存实力以备以后无疑会出现的更为重要的战役之用。

这是军事常识，但是蒋介石想向日本人和整个世界表明，他作出的不是一个简单的选择。必须让日本人明白，这次不同于1931年和在此之前的几次军事侵略；他们面对的是全中国人民的抵抗。

保卫上海的战役始于1937年8月8日，直到11月8日结束——历经三个月的残杀，中国军队付出伤亡几十万人的代价，准确数字不得而知，而日本军队的损失是伤亡6万人。战斗发生在距离租界区五英里的地方，大部分战斗在中国居民区进行。一天，一名中国飞行员准备袭击停在黄浦江一个码头上的日本战列舰，由于错误地判断了目标，他把炸弹投在拥挤的租界商业区，炸死1000多人。

在淞沪决战中，有三位要人伤亡。其中之一是英国大使许阁森，他正乘车从南京到上海，一名日本飞行员用机枪打中他的脊椎骨。还有一个是蒋夫人宋美龄，当她的司机为躲避敌人的袭击把汽车开到路边时，她受了重伤，和她在一起的W.H.端纳也伤得不轻。

在上海会战期间，委员长不断地和每一位将领保持电话联系。他每天晚上平均断断续续地睡上三四小时，他还两次亲临前线视察。最后，日本人从南面包抄了中国军队，使中国军队全面溃退，乱哄哄地撤向南京。

这场战役虽然以失败告终，但它震惊了日本侵略者。它向世界表明，中国人为保卫自己的家园能够拼死战斗。

在11月9日纽约《时代》记者蒂尔·德丁的一次谈话中，蒋介石警告说："敌人没有认识到中国领土是不可侵犯的。中国是打不垮的。只要在敌人的侵略下还有一块自由的中国土地，国民政府将永远是至高无上的。"

几天后，一次新闻茶会突然被日本的空袭所打断，外国记者描写到蒋介石怎样走进花园，当炸弹落在他身旁时，他怎样奇怪地观望着。生理上的恐惧从来就不是他性格的特点。

日军在杭州湾登陆，进行迂回包抄，把中国军队赶出上海。在日军登陆时，他们带着许多折叠船，用以通过太湖运输增援部队，太湖是位于苏州的内陆湖，——它是上海和南京之间的天然防线。日军向国民政府首都南京的迅速挺进震动了全国。蒋介石携夫人于12月7日离开南京，这是日军到达的前两天。临走之前，按照他比较赞许的象征性礼节，他祭奠了位于山坡上的中山陵，并发誓为实现孙博士的理想战斗到底。后来他在汉口建立了临时政府。

南京守军坚持了两天。两天之后，面对日军的不断空袭，在日军11日进入外城之后南京陷落了。日军怀着疯狂的杀人欲，在他们的指挥官谷寿夫的放纵下疯狂地进行烧、杀、奸、掠，多达10万名中国军民惨遭屠杀。[①] 世界舆论为之震怒，就连日本内阁也觉得有必要把谷寿夫召回国。

第二次中日战争的头五个月出现的不仅是包括中国首都陷落在内的灾难性军事失利，而且还有外交上的大失所望。

蒋介石曾指望西方民主国家的帮助，但没有一国肯帮助他，这时正是欧洲推行绥靖政策的时代，也是美国实行“孤立主义”的年代。10 月 6 日，美国国务院声明，认为日本在中国的行为是对 1928 年《凯洛格——白里安协定》和 1922 年《九国公约》的践踏。但是，美国没有向中国提供援助，属于私人所有的美国废钢继续运往日本。国际联盟也谴责日本，但无济于事。

蒋介石任委员长时与蒋经国合影

11 月 15 日在布鲁塞尔召开的列国会议决定，在中日争端中无限期地中止《九国公约》。日本很清楚西方舆论的和平主义色彩，因而采取不对中国宣战的办法，钻国际法的空子，使各国陷入道德上进退两难的困境。

英国卖给蒋介石几架飞机，但拒绝同时提供枪支。澳大利亚拒绝使用一架被派往美国的波音飞机同中国进行联络。英国人和美国人不卷入中国事件的决心如

① 此处数字不准确。“南京大屠杀”中中国军民被害人数约为 30 万。——译者注

此之大，以至于面对日本人不寻常的挑衅行为他们也无动于衷。

一艘英国轮船被日军炸弹击沉，这艘“瓢虫”号是被岸上的炮火击中的。后来又出现了臭名昭著的“帕内事件”，一艘美国炮艇“帕内”号在12月4日被日本空军击沉。日本飞机低空飞行，用机关枪扫射企图乘划艇逃走的幸存者，结果死3人，伤17人。

德国人的态度模棱两可。1936年11月，德国签订反共产国际协定，但德国军事教练团仍在蒋介石的部队里任职。

1937年11月底，日本人同德国驻华大使陶德曼接洽，请他把日本结束战争的条件转交蒋介石。12月3日，蒋介石在南京接见陶德曼大使。他丝毫也不相信日本的条件，但还是一言不发地听着。日本要求承认“满洲国”；建立非军事化地区；中国同反共产国际集团合作；签订中、日和“满洲国”之间的经济协议；改变关税壁垒；中国对日本进行“必要的赔偿”等。蒋介石说明他对这些条件不感兴趣。

不管怎样，当日军逼近南京时，德国人撤走了，那时他们以为不久就能强加给中国一个强制性的和平。

只有一个大国能在中国需要的时候提供帮助，那就是苏联。

8月21日的互不侵犯条约事实上和国共之间的第二次合作一样，为苏联援助中国铺平了道路。

斯大林并不比西方列强的首脑们更愿意卷入中国的冲突，但他充分认识到日本有对苏联远东地区进攻的计划，因而想让蒋介石尽可能地损耗日本的兵力。蒋介石通过中国驻莫斯科大使杨杰将军了解到斯大林的意图，就派他的密友、前教育部长陈立夫到莫斯科商谈一桩武器交易。

1938年年初，苏俄向中国贷款1亿美元。此后不久，苏联的武器和装备通过中亚从陆路运往蒋介石的部队。在规定的期限内，中国相应地把钨、羊毛和茶叶运往苏联作为偿还。1939 年 7 月，苏联又一次向中国贷款 1.5 亿美元。苏联还派出五架苏联飞机并配备驾驶员，以加强中国的防空力量。

德国大使陶德曼调停的努力失败以后，德国军事教练团撤走了，也有一些人以个人名义自愿留了下来。

大批的苏联军事代表团成员来到中国——大约有 500 人，其中有后来在第二次世界大战中名声大震的将军：朱可夫和霍可夫。

那时苏联国内的“肃反”正在全面展开。

12 月底，斯大林慷慨地向蒋介石传授他当时的经验，他召见中国大使杨杰将军，请他把实现国家团结的秘诀转达给蒋介石：

“告诉你们委员长，在战争过程中，如果他希望人民不背叛他，就应该准备杀掉 450 万人，否则，我想他不会使抗日战争赢得胜利。”

他解释道，在苏联任何嫌疑分子都会立即被逮捕，送到内务部。一旦进了内务部，就只有两条路可走：不是西伯利亚就是地狱。

尽管蒋介石偶尔也表现得毫无怜悯心，但他决不是一个嗜血成性的人。

然而不久，他就对惩罚感兴趣了，他发现迅速处决是一种令人生畏的惩治办法。

山东军阀韩复榘由于不遵守委员长的命令，率领所部撤出山东，把山东让给了日本人。委员长下令逮捕他，送交法庭判决，并于 1 月 24 日将其处决。同月，还有另外 9 名军官被枪毙，30 名军官因有背叛嫌疑而被革职。

但是其他军阀却受到重用，在战争中扮演了重要角色，其中包括阎锡山、冯玉祥、李宗仁和白崇禧，白崇禧还担任了总参谋长。特别是冯玉祥，他从韩复榘的死中捞到好处，把韩的侄女纳为妾——后来冯玉祥夫人把她从家里赶了出来。

南京陷落以后，蒋介石放弃了他所有的行政职务，他辞去行政院长之职，让孔祥熙继任。

从那时起，至少在一段时间里，他曾决定集中精力进行一些军事战役，其中一部分战役取得胜利。例如，在山东南边的八庄，日军在现代意义上的直接战争中受到第一次沉重打击，损失 4.2 万人。在郑州会战中，国民党用炸药炸开黄河大堤，致使河水泛滥，几千名日军被淹死，洪水还吞没了日军许多大炮和其他装备。

但很多无辜的百姓也在洪水中丧生——到底死了多少人已无从知道。蒋介石人为地制造的洪灾淹没 11 个城市和 4000 个村庄，共计 2000 万农民被迫离开家园。

正是诸如此类的事件使得千百万默默无闻的农民不断地远离国民党的统治，转而热烈地欢迎中国共产党。

虽然蒋介石已经辞去了日常行政职务，但他希望他的最高领导地位得到确认。1938 年 3 月 29 日至 4 月 2 日，国民党在汉口召开临时全国代表大会，适时地授予他这种权力。他当选为党的领袖（总裁），对所有国民党的决定拥有最后裁决的权力。

他需要一位副总裁，于是毫不犹豫地选中了他的对手汪精卫。汪很有才能，也很不可靠，但让其担任公职，接受领导比让其逍遥自在和密谋策划更为安全。

汉口时期一直到 1938 年 10 月告一段落，身临其境的外国观察员报道了这个国民党历史上最辉煌的阶段。面对死亡的威胁和强敌入侵的压力，在混乱中达到了一致的和谐与统一。一些作家和记者以及有才能的专家来到这个临时作为首都的工业城市，为抗战尽他们的一份力。国共两党携手工作，在内政和军事计划上进行合作。

蒋介石本人住在武昌，每天早晨乘渡船过河到汉口的政府办公室。

一次对他本人住处的空袭炸死了他的 10 名警卫，迫使他放弃原来的消遣方法——在街上散步，也不管有没有灯光，身边有没有警卫。空袭时正在召开一个不寻常的外国记者招待会，可能是某个记者把这个情况透露给了日本人，这使得蒋介石几个月里都不愿接待任何外国记者。

战争给中国带来了巨大的经济损失和混乱。

在此之前，尽管经受了不断的内战和自然灾害，中国经济仍然取得了一些成果。

中国资本主义产生了繁荣的纺织和消费品工业，这些工业主要集中在上海和其他沿海城市。但是，几乎不存在什么重工业，战争爆发时钢的总产量每年不超过 10 万吨。在战争开始之前，蒋介石召见他手下很著名、很有能力的经济事务部部长翁文灏博士，让他制订出一个把工厂和工业全面转移的计划。

翁文灏为人和蔼，工作卖力，而且非常廉洁，他在某个时候完成了这个计划，1937 年 7 月，日本一发动进攻，大转移就开始了。

上海的企业家和商人行动缓慢，他们希望能保护自己的财产，只有 14000 吨的设备能在上海陷落前转移。从现代化的上海机器厂和其他工厂运出来的机器被装上划艇，用树叶和树枝掩盖起来，然后运往长江上游。日本飞机一出现，就马上用芦苇把船伪装好。在其他地方，设备的转移工作是迅速而有成效的。

在远离东部地区数千里的西部四川省，工厂和钢铁厂重新组装起来，一些设备厂则隐蔽在山洞里，中小学和大学也向西部转移。到 1939 年秋，在大学注册的人达 4 万——比战前的最后一学年多 8000 多人。基本力量和设备的保存是一个鼓舞人心的胜利。

1937 年 12 月南京陷落以后，日本攻势暂停，他们希望蒋介石不久就能投降。

当他们发现蒋介石并无放弃抵抗的迹象时，就又发动了新的进攻。当日本人深入中国内地时，千百万中国老百姓在他们到达之前拥挤在道路上，做迄今为止最大规模的迁移。澳门和苏州在 5 月失守。6 月，开封和安庆沦陷。

同时，在遥远的地方，日军决定试探性地进攻苏联远东军。1938 年 12 月 7 日，日本驻苏大使要求苏联军队撤出朝鲜及苏联和中国的接界地区，宣称这个地区应归属“满州国”。在随后的军事冲突中，日军先是取得了胜利，接着又在 8 月 11 日被击退了。

对于蒋介石来说，从象征和心理意义上讲，最坏的新闻莫过于广州这个革命的城市不幸在 10 月 21 日失守。在城市陷落之前，敌人无休止的轰炸使 3000 人丧生。

四天以后，汉口这个临时首都陷落了。在 10 月 25 日这一天，蒋介石发表一篇讲话，他说：“尽管敌人暂时占领了武汉，但他们耗费了 11 个月的时间，伤亡数万人。他们占领的只是一片焦土和一座空城……从现在起，我们将全面开展抵抗运动。”

蒋介石曾想在岳阳建立临时指挥部，岳阳位于武昌和长沙之间，但是他发现这座城市大火冲天，用来制造焦土的火焰正在蔓延。他认为毁城为时过早，因此把两名高级军官送交法庭审判，予以枪决。[①]

依靠微弱的空军，中国人面对日军不断的空袭几乎无能为力。但是，1938 年 2 月 24 日，中国空军在台湾的台北上空击落四架日机。5 月 20 日，中国的大型单翼飞机向日本撒下很多传单，表明日本人没必要

① 原文如此。——译者注

躲避中国人的空袭，中国人并不像日本人那样肆意屠杀和平居民。

这一年不仅对后退的中国人，而且对进攻的日本人来说也是艰苦的一年，霍乱和疾病使日本人损失惨重。

但是，在1938年年底，日本就宣布他们占领了有1.7亿人口的150万平方公里的中国土地。

日本还令人难以置信地宣布，作为死亡5万日军的代价，80万中国人在战争中被打死。此后，日本停止了大的攻势。第二年，日本也没有进一步的大规模的军事行动。在这种形势出现后不久，国民党政府在重庆安顿下来。他们的军队现在和海上断绝了联系，除了苏联的援助物资取道陆路从中亚和缅甸公路运进之外，他们完全处于战略上的孤立状态。

对于蒋介石的“大撤退”，日本军事战略作家末至磨在他20世纪70年代的著作《日本的血腥战争》中有这样的描写：

尽管中国军队由于武器落后、缺少训练而遭受重大损失，他们仍然拥有700万一线作战力量，不断骚扰日军，使他们疲惫不堪。

实际上，使日军很头疼的是中国军队“以撤退代替进攻”的战略。虽然存在着区域性的战斗和小规模冲突，但是一般说来，中国军队是以撤退（而不是进攻）来达到他们的战略目的。

中国领土“广阔而纵深”，中国军队行动迅速。

疲乏的日军追不上他们，特别是在供应线经常被切断之后。

正因为如此，中国军队的主力一直没有遭受决定性的打击。日军几乎是顺利地占领了城市、据点和铁路……但他们要照顾如此之大的地盘，这无疑是一种失败。

从中国军队的角度来讲，这当然并不是一种胜利；但从另一方面讲，也不是一个失败。中国人使战争向内地发展，从而在那里展开决战。

日本军队的传统战略是突破敌人的前线，把敌人劈成两半，进行迂回包抄和各个击破。但是这种战略对中国军队是没有用处的，因为在日军突破之前，他们就会转移到另外一个阵地。从技术上讲，中国军人很有灵活性。

那时，有人建议日军应该缩小战区，主要驻守华北、南京和上海。

但中国军队遵守“撤退代替进攻”的原则，一旦日军撤退，他们就进行追击……结果，在这个有广阔土地的国家，一场战略对峙持续了四年半。

当太平洋战争爆发时，包括死于战时疾病，日军人员损失已达115万。

这份日本人的叙述有助于纠正这时侵华日军的声明，虽然作者错误地估计蒋介石想在内地进行“决战”。

这年年底，日本人又进行进一步的“和平”试探，这一次是由首相近卫文麿在12月22日发表公开讲话。他声称：中国正在为“新生”作准备，它现在可以加入新的东亚经济秩序。

这月初，早已和日本人有秘密接触的汪精卫企图说服蒋介石接受日本的条件。他做过两次努力，一次是在12月9日国民党中央政务会的一次会议上，另一次看来是16日他和蒋介石之间的一次情绪激动的私人会谈。

汪精卫的一个同伙陈公博后来披露，汪精卫曾两次很信任地对他谈了自己的想法，时间是1938年11月月初和月底。

在第一次谈话中，汪精卫告诉他，和日本人媾和的机会正在丧失。从谈话的内容中可以清楚地看出，蒋介石对此一无所知。汪还补充说，一旦时机成熟，他将离开重庆。

第二次，汪精卫通过一份电报要求陈公博从重庆到达成都。他告诉陈，中日之间和平的时机已经成熟。日本首相公布了下列原则：

1. 承认“满洲国”。
2. 在内蒙古签订双边反共产国际协定。
3. 在华北进行经济合作。
4. 废除外国特权和领事裁判权。
5. 双方互不赔偿损失。

如果中国同意这些原则，日本将在两年内撤军。1938年12月20日，汪精卫离开重庆，假装到昆明去，但在烧掉自己的船后他到了法属印度支那的河内。

在汪精卫的出走中，有一个让人迷惑不解的地方。

根据冯玉祥的说法，汪精卫的妻子两周前就带着全家和行李乘飞机离开了。那时，出入重庆的交通全部控制在军统局戴笠手里。普通的乘机旅行者要先登记，经过审查和批准，而高级官员则需要蒋介石本人的批准。

既然汪精卫和他的随员乘机去了昆明，在他离开之前戴笠怎能不向蒋介石报告呢？汪精卫不可能乘飞机“溜出”昆明，如果蒋介石想截住他一定会成功。

因此，后来没人能接受这种说法，即蒋介石本人对汪精卫要在南京建立一个傀儡政府的最后计划一无所知。

1939 年 1 月 1 日，国民党中央委员会决定开除汪精卫。

在此前不久，即 1938 年 12 月 26 日，蒋介石拒绝了日本的条件。他反驳道：“日本强加给中国的所谓‘新生’，实际意味着一个独立主权的中国的灭亡和一个受奴役的中国的出现。所谓‘新秩序’的前提是中国沦为奴隶国家，并和日本一手炮制的‘满洲国’拴在一起。”

在对峙中，悲惨的一年过去了，但更多的考验即将到来。

第十六章

日本陷入困境

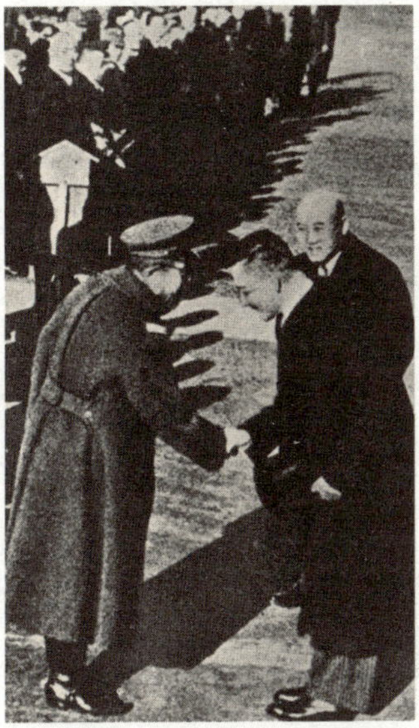

对国共合作一段蜜月的奖励，莫斯科的宣传大军采取了一种新的吹捧姿态。蒋介石不再是“法西斯”和“反动派”，现在成了一位“英雄”，一位“伟大的领袖”。

国外希望中国胜利的人以及国内支持蒋介石的人都很奇怪，为什么不乘胜转入进攻。但蒋介石的战略是退到内地，按兵不动。

毛泽东不愿让八路军冒灭亡的危险，断然拒绝了斯大林要求中国共产党打击中国北部的新增日军的请求。

当年在重庆的人还记得，那时重庆是中国战时首都，而现在它又成了一座普通的城市。

在1938年中国大溃败之前，重庆一直没有什么变化，它是四川的一个商业口岸，省内的丰富物产都由这里运出。它位于长江和嘉陵江的交汇处，把中原大地与高耸的喜马拉雅山连接在一起，1938年，成千上万的难民拥进了重庆，使其人口由20万猛增到100万。

这些新来的人当中有政府官员、商人、金融家、仆人和其他各种人，他们一待就是六年。在这期间，他们和当地人一起，学会了如何忍受重庆寒冷潮湿的严冬、闷热难当的酷夏以及污沟散发出来的臭气。

北京人、南京人、上海人和广东人来势如潮，而四川人倒成了少数。最后，日本战败，这些外省人纷纷离去，重庆又重新成了从前那个无人问津的边远地方城市。

在这些新来的人中，有二三十万是穷人，他们全挤在旧城的城墙内。而那些富人、不那么穷的人或更有办法的人，则在城周围的山坡上建起了豪华程度不同的住宅或别墅。其中最气派的一幢是委员长和蒋夫人的寓所。

当然，委员长在总部大院里还有一个市内的住处。后来，他又在城市的另一边修建了一组别墅，作为他款待国宾的地方。

1938 年 12 月 28 日，美国的陆军武官约瑟夫・W. 史迪威到蒋家的市内住所拜访了他们。这是一次很简短的会谈，只进行了 15 分钟，态度十分诚挚，与后来他们之间的激烈争吵形成了鲜明的对比。早在汉口的最后那几天里，史迪威就见过蒋夫人，他们俩很投缘，彼此都留下了深刻的印象。但这次在重庆，史迪威却是头一次见委员长。

尽管会谈气氛融洽，但史迪威却对这位中国领袖印象不佳，他在一个月之后写的一份报告中提到了他的这种看法。

他认为蒋介石对其指挥中一直存在的混乱局面负有直接的责任。他还批评蒋介石对部下不信任，并认为这是因为蒋介石想独揽大权，以防其地位受到威胁。

史迪威是个精明而难于相处的职业军人，他了解中国，而且懂中文。他对达官显贵没有敬仰之情，是个少言寡语的人，但这并非是出于什么策略。他的诨名“刺儿头”很能反映他的性格。

头一次见蒋介石时，他的使命已将近结束，他们间的那些大吵大闹发生在后来的战争过程中。

在 1939 年的头几个月里，日本人已不再是蒋介石最担心的事了。相反，两个国内问题成了他注意的中心：汪精卫和共产党。

1 月份，委员长派王鲁樵到河内跟踪汪精卫。此人 25 岁，毕业于蒋介石的家乡浙江省的警官学校。他的任务是刺杀汪精卫。他找到了目标，但没有打中，却击倒了汪精卫的一位朋友。后来，他又从河内一直跟踪到上海，但都未得手。他的劳苦换来的是被法国人关了六年的监牢。[①]

共产党是个更让蒋介石头疼的问题。根据“统一战线”的政策，共产党在200人的国民参政会议中获得了一定数量的席位，这个委员会是蒋介石1938年4月建立的战时最高决策机构。

起先在汉口，后来在重庆，共产党都有一个由周恩来领导的长驻代表团。军事委员会的政治部主任是张治中将军，副主任是周恩来，因而政治部雇用了许多左翼党派的知识分子。郭沫若（后来担任北京的中国科学院院长）是政治部第三厅厅长，对戏剧电影的创作、上演和制作实行全面的控制。北京大学的一位姓张的教授，是个同情马克思主义者的留德哲学家，担任政治部机关刊物《战时文化月刊》的主编。埃里克·周从1938年12月起曾在张的手下当过七个月的副主编。据他讲，张与周恩来交往密切，而且只雇左派人士（当时也包括埃里克·周）做编辑人员。张同时也是国民参政会议中的一位积极的代表。

当时一些地下共产党人成功地打入了国民党的许多重要机构。例如，冀朝鼎在中央银行担任管理工作，并深得孔祥熙的信任。到1949年，他成为中国人民银行的第一任行长。还有王炳南，他在“CC”团的据点社会福利部负责组织工作。后来，在国共和谈时，他却成了周恩来的主要发言人，后来又出任北京驻华沙的大使；20世纪50年代后期，就台湾的地位以及其他有争议的问题，他与美国代表进行了长时间的谈判。他的德国夫人安娜是孙中山夫人的秘书，常常和外国记者及西方的外交官在一起，向他们提供新闻或政治传闻。

在一段时间里，蒋介石容忍了共产党，共产党也容忍了他，因为如果不这样做就会影响到苏联给予中央政府的援助。

① 王鲁樵后来成了台北市——蒋介石逃到台湾后的总部——的警察部长，1974年死于车祸，当时地方报纸披露了他这段未完成的业绩。——译者注

对这段蜜月的一个奖励就是，莫斯科的宣传大军采取了一种新的吹捧委员长的姿态。他不再是“法西斯”和“反动派”，他现在成了一位“英雄”，一位“伟大的领袖”。一群来自各国的左翼作家出现在重庆，为建立这种新的形象出力。

同样是这批人，后来反对蒋介石，为他塑造了一个截然相反的万人痛恨的形象，而在同时却让人们相信，中国共产党仅仅是温和的土地改革者，而不是真正的共产党。

蒋介石没有力量解散红军，并使红军战士以个人身份合并到国军中去。朱德及其助手彭德怀手下的2万陕西红军于1937年8月改成了国民革命军第八路军。名义上讲，朱德的部队受辖于北方山西省的阎锡山将军，但实际上八路军接受的是毛泽东的命令。1938年春，长江以南的红军零散部队又得到允许，在叶挺手下改编成新四军，名义上接受国民党将军顾祝同的指挥。

根据共产党对这场爱国战争的官方历史记载，八路军由1937年的4.5万人增加到1940年的40万人，而新四军则在同期由1.5万人增加到10万人。这里，1937年的数字不一定完全准确，但对于1940年大大增加后的数字却没有理由怀疑。

共产党在敌后不论走到哪里，都大力组织群众。在绝大多数地方，农民受尽了日本人的蹂躏，都十分愿意加入共产党，而共产党反过来则十分注意不脱离农民。通过发动农民，共产党扩大了自己的政治势力。

1939年5月，当寒冷季节里笼罩着重庆的大雾散去时，日本人便开始了在这座城市的空中轰炸。头一次空袭是在5月3日，造成5000人伤亡。

防卫的人既没有高射炮，也没有可以躲避空袭的地方。这次空袭一结束，蒋介石和他夫人就露面了。和往常一样，蒋介石训斥了他那弱小的空军的几个指挥官，指责他们太无能。

他命令何应钦负责群众的撤离工作，自己则隐居到最近的一座山上，静静地思考中国的问题。

空袭一直延续了整整一个夏天，到 1940 年春天又开始了规模更大的轰炸。这时，人们才终于建好了足够的防空洞和掩蔽处。轰炸得最厉害的是 1941 年，最长的空袭间隔是 5 小时，最短的一个半小时，就像在德国狂轰滥炸下的伦敦一样，重庆遭了殃。

在 1939 年的 5 月，日本人还干了另外一件事，他们对苏联保护下的外蒙古的边境进行了攻击，以试探苏联是否决心参战。

对此，俄国人予以了猛烈的还击。待在中国无所作为的朱可夫将军正闲得发慌，8 月 20 日他带领俄国人和蒙古人奋起出击，重创日军。这下东京得到了它想知道的答案。

但是，仅仅三天之后所发生的一件事却使日本人和全世界大为震惊：苏联与纳粹德国签订了互不侵犯条约。

现在，日本不仅知道苏联人如果受到进攻就会反击，而且也知道他们不能指望德国人，协调一致的战略是不会有的，尽管还有一个反第三国际的协定。使日本人尤为伤心的是，当时他们正在和德国人商讨建立一个对付苏联的联盟。结果这个会谈很快就中断了。

从 9 月份起，八路军和新四军的势力扩展到了北方的陕西、河北、山东及长江下游的江苏和安徽。

1939 年 8 月 28 日，印度国大党领导人 P. J. 尼赫鲁在蒋介石的山庄会见了蒋氏夫妇，三个人在日本的空袭声中谈了好几小时。

从那时起到这年年底，蒋介石的军队失去了长沙，后来又收复了长沙，并在一场战斗中把日本人赶出了广西。此间，中国南部的昆仑关几经易手，最后在 12 月 31 日的决战中又重新被中国人控制。

这时，国外希望中国胜利的人以及国内支持蒋介石的人都很奇怪，为什么他们不乘胜转入进攻。

后来，这种消极的做法使史迪威大为恼火。但是，蒋介石的战略是撤到内地，按兵不动。他已经如愿以偿地挫败了日本人的锐气。他没有求胜的计划，他只求生存，只求在持久力上超过敌人。

他猜测，美国人迟早会被拉进这场战争，到那时他将是牵制了 100 多万日军的有功之臣。也许连苏联人也会卷进这次战争。到目前为止，中国人已经帮了斯大林的大忙，他们转移了威胁苏联的日军大部队。在这种情况下，蒋介石为何要在军事上竭尽全力，把他将来用于对付共产党的力量一点一点地消耗掉呢？

蒋介石的固执在他后来的失败中再次表现出来。

当他坐等日本人进攻时，共产党更加深入地打到了日本人的后方。他们并非每仗都打，但他们打的仗足以让人觉得他们已转入了进攻。日本人不时地进行疯狂的报复，他们烧毁村庄，犯下了种种暴行。

但是每次报复之后，共产党就变得更强大了，人们对他们所抱的期望也越来越大。而蒋介石在重庆或坐等观望或不安地来回踱步，总是固执己见。他没有看到，他这种按兵不动的做法正在为他开辟一条通向垮台的道路。

即使在战争已经爆发之后，蒋介石仍无法完全摆脱地方军阀割据的局面。

军事历史学家陈晓伟将军 1957 年在香港曾和埃里克·周谈起过这一点。他说，蒋介石把整个战场划分成若干个独立的战区，其目的在于建立独立的作战单位，让每个单位自己去抵挡进攻中的日本人。这样，日本人向内地推进得越深，他们在所经过的战区就会遇到越多的抵抗。

这个计划的弱点在于，各战区的指挥官没有按照所期望的样子去做。各省的部队在保卫家乡的战斗中打得不错，但他们没有准备到远离本省的地方去抗击日寇。光这一点就足以使国军无法转入进攻，即使蒋介石愿意把他直接控制的装备和训练较好的中央军用于进攻而不是防御。

总的来说，国民党的军队在打游击战方面无法与共产党相比。

蒋介石曾在湖南省的衡山地区开办了一个训练游击队伍的学校，以达到从后方骚扰日军的目的。

冯玉祥来到这个地区，看到5000名年轻精壮的村民正在省长的手下接受游击战的训练。然而，他们的热情弥补不了训练上的不足。训练时间太短，实战训练不够。因此，冯将军预言，这些游击队不会有太大的作用。

此话果然言中。

国民党雄心更大的游击计划是在河北省。在冯玉祥的推荐下，委员长任命鹿钟麟担任河北省省长兼河北和察哈尔的总司令。当时，河北省政府已撤退到洛阳。鹿钟麟从洛阳出发，过黄河，向北进发，到达河北时，他召集了30万到40万自带长枪的民兵。带领他们骚扰日本人，并重创敌军。

但是，蒋介石每月在他们每个人身上花的钱还不足6元，而当时一顿简单的饭就不下100元。[①]尽管有爱国之心，但每月6元钱活命都不够。结果，这个计划以失败告终。

但是，有一个地方的国民党游击队的确成了一支不容忽视的力量，

① 原文如此。——译者注

这就是山西省西北部的游击队，这个地区因出产煤和其他的矿产对日本人极具吸引力。

战争初期，日本人就占领了省会太原，并控制了铁路，但是他们没能打垮山上的游击队。在整个战争中，这批游击队几乎随时都可以下山来重创日军，他们一共钳制了50万日军。

1940年头几个月里，最让人震惊的新闻不是军事方面的，而是政治上的：汪精卫完全成了日本人的傀儡。

当他1938年年底逃到河内时，蒋介石所作的唯一的公开反应就是在1939年1月7日发表了一个声明，说明他和汪精卫事先没有讨论过与日本讲和（这不是实情）。

过了许多年之后，有人让霍灵顿·唐站出来说，蒋介石当时是想给汪精卫留条后路，让他再考虑一下他的行动。

我们已看到，实际上蒋介石已派了杀手去刺杀汪精卫。当看到刺客显然不可能成功时，蒋介石的政府在1939年6月8日发出了捉拿惩罚汪精卫的命令。

7月9日，汪精卫指责蒋介石在“为赤色分子帮忙”，要把中国引

1940年3月30日，汪伪政府在南京成立，前排举臂者为汪精卫。

向灭亡。随后，他宣称自己是“正统的中国国民党”的领袖。这个伪国民党开了一个“第六届代表大会”，会议选举汪精卫为“主席”。

到1940年1月底，日本首相米内光大将又提出了一项“和平”建议，他间接地提到由汪精卫来组织新政府。在这个政府里，“甚至连蒋介石将军”和重庆的其他官员也都可以接受。一个月之后，有报道说，汪精卫“政府”已与日本签订了“八条协议”。

所有这些行动的高潮是在1940年3月30日。这一天，汪精卫的“政府”在南京正式宣布成立。整个过程像一出奇特的闹剧。汪精卫不仅把自己的党称做“国民党”，并全部照搬国民党的口号，而且还使用孙中山设计的“青天、白日、满地红”的旗。

这样一来，重庆和南京两个首府上空飘的是相同的旗子。

汪精卫的“政府”甚至还征集了一支军队，他们给被抓来的“士兵”两个选择，要么参加这个军队，要么枪毙。毫不奇怪，这支军队有许多人开小差。1941年9月，在河南北部，3万名汪精卫的士兵杀死了他们的日本军官，转到了蒋介石这边。

日本一直等到11月30日才承认它的傀儡政权，“满洲国”也跟着承认。1941年7月1日，德国和意大利以及轴心国的卫星国罗马尼亚、保加利亚、斯洛伐克和克罗地亚相继表示承认汪伪政权。西班牙也采取了相同的做法。

在重庆，蒋介石对这一消息的反应是，把汪精卫的一个同谋石友三送上了军事法庭，并将他处决。蒋介石的秘密警察还逮捕了155名被认为是暗中支持汪精卫的人。

传统的看法显然认为汪精卫是个典型的叛徒和傀儡，是一个卖国贼。

但是，所有这些情况实际上要比战时人们所看到的复杂得多。汪精卫曾是孙中山最亲近的一个学生。在权力斗争中，他败在了蒋介石手下，受到了排挤。但是，他与蒋介石的个人恩怨并不能作为他在抗日战争中所作所为的唯一解释。

据陈公博讲，他是在1932年就对抗日产生了疑虑。在此之前，他是支持抵抗的，但是长城古北口之战使他十分失望。从幸存的中国将领那里，他得知士兵们根本无法抵挡日本人，因为他们的武器与敌人的相比太落后了。这件事使汪精卫认为，讲和比抵抗强。

1946年，《大公报》的创建者之一胡霖告诉埃里克·周，汪精卫在1932年的欧洲之行以后变成了一个坚定的反共派。

从此以后，在私下的谈话中，他常常自责曾领导过国民党的左翼。他认为，欧洲对共产主义的担心超过了对法西斯主义的担心。他把"真正的中日合作"看成是亚洲的一个稳定因素。但是，由于害怕分裂国民党，他的这些思想一直到1935年才公开。当时，他在南京成立了一个"低调俱乐部"，向政界、商界及文化界的人士传播他那些与日本讲和的主张。

随后，日本发动了对中国的全面入侵。必须承认，与法国沦陷后的贝当和拉瓦尔相比，汪精卫的所作所为没有那么多可为其辩解的理由，因为中国还没有被打败。

尽管如此，汪精卫似乎已完全相信，在日本强大的武力面前，中国不可能获胜，而且，与全面失败后强加的和平相比，在1939年或1940年进行和谈会产生更宽松的条款。

1938年1月16日，日本近卫内阁发表声明说：日本政府今后将拒绝与以蒋介石为代表的中国国民政府打交道，对于汪精卫及想法和他一致的人来说，这个声明使和谈的可能性完全破灭了。如果日本人推翻不了蒋介石，又不与他打交道，那么前景将是无止境的战争。

唯一的办法看来只有以另一个政府领导人取代蒋介石，此人要有一定的履历和声望，必须是讨日本人欢心的。只有汪精卫自己符合这些条件。

起初，日本人自己选中了老牌军阀吴佩孚做他们的傀儡，但是他轻蔑地拒绝了日本人的殷勤表示。日本人曾暗示汪精卫，他们准备在敌对状态结束后的两年内从中国撤走其军队。但是，一旦他“就职”，日本人就根本不愿再作这种承诺。

事实证明蒋介石选择抵抗是正确的。

对于蒋介石和中国来说，1940 年从头到尾都是一个具有极大的政治意义的年份。

西欧的战争灾难给中国带来了不利的后果。利用法国的沦陷，日本向法国发出了最后通牒，要求它关闭由河内到中国的铁路。英国人退出敦刻尔克之后也是元气大伤，并陷入了孤立。利用英国的困境，日本要求英国立即关闭香港边境和缅甸公路，否则将以战争相威胁。温斯顿·丘吉尔在绝望中求助于罗斯福总统：如果战争到来，美国会帮助英国对付日本吗？然而，当时美国自己也很虚弱。而且，在罗斯福看来，让他的国家为挽救大英帝国的家当而卷入一场战争，在政治上是无法考虑的。7 月 12 日，英国人关闭了缅甸公路。让他们的良心得到一点儿安慰的是他们加上了一个附带条件，即只关闭三个月，再给中日一次和平解决问题的机会。

对于委员长和他的政府来说，这是一次最大的打击。因为，当时缅甸公路是中国唯一一条与外面世界联系的通道。

蒋介石发表了一个声明，正式指责英国的决定违背了现有的中英条约。

然而，中国对此无法再做什么，因为他们和英国的处境相同，都是面对凶恶的敌人孤军奋战，没有盟友。在日本，米内光内阁在这个月垮台，近卫重新担任首相。为了守信用，他遵守对英国的许诺，的确又提出了一个“和平”建议。这一次，日本建议给察哈尔、绥远、河北、山西和山东这五个北方省份以特殊的地位，并承认汪精卫政权，对“满洲国”将来的地位问题延期作决定。和往常一样，蒋介石对此未予理睬。

10 月 12 日，看到在中国的和平努力没有什么效果，英国人又开放了缅甸公路。

在蒋介石看来，英国人改变了原来那个残酷的决定，这表示他们从根本上重新肯定了中国的地位。至此他已坚信，日美之间的冲突不仅不可避免，而且很快就会出现。

因此，他宣布，中国完全与英国和美国站在一起，共同对抗轴心国的侵略。这样一来，即使日本提出很体面的条件，国民政府也会拒绝商谈。这些决定是 1940 年 11 月宣布的，在蒋介石的所有将领和顾问中没有一点异议。

蒋介石在抗日期间受到的另一个重大打击来自一个意想不到的地方。

1941 年 4 月 13 日，苏联出人预料地与日本签订了五年的中立条约。在蒋介石看来，斯大林变幻无常的政策简直令人难以置信。斯大林一直在为中国提供军需品，以对付日本人。

可是现在，俄国人却玩世不恭地置 1924 年的中苏协议和 1937 年的中苏互不侵犯条约于不顾，使日本人不受苏联在其亚洲地区采取军事行动的威胁，让他们放开手脚在中国为所欲为。

这次打击对蒋介石显得尤为沉重，这是因为仅仅在两天前，即 1941 年 4 月 11 日，苏联驻中国大使还向中国政府保证，俄国绝不会出于自私的考虑而牺牲一个友好国家的利益。

在上个月，中国人对于日本外相松冈洋右结束访德后对莫斯科进行的访问一直十分关注。但是，这位大使说，苏联政府给予松冈洋右的只不过是一般的外交礼遇。在苏日新签的条约中，日本承认苏联保护下的外蒙古共和国，而苏联则承认“满洲国”。

蒋介石从未像现在这样需要美国的帮助。

1941 年 5 月 10 日，在美国大使纳尔逊 · T. 约翰逊的告别晚宴上，委员长对美国说了一番带鼓动性的恭维话。他说：“我坚信，世界上任何胆敢以美国这个民主国家为敌的国家，都必定会遭到灭亡。”

斯大林与日本签订的“中立”条约无论从政治上看还是从战略上看，都是对苏联有利的，它对纳粹德国与苏联的协定是一个补充。苏德协定起初给两个反共伙伴之间打进了一个楔子，现在的苏日协定则进一步使苏联受到威胁的边境得到了某种不受侵犯的保证。

然而，这个协定并没能保护苏联，就像与希特勒签的那个协定一样，没能阻止希特勒 1941 年 6 月 22 日入侵苏联。

当希特勒的军队向莫斯科开进时，斯大林呼吁中国共产党打击中国北部的新增日军。按照他的考虑，这种牵制能使他得以把东部边境上的苏军撤到其欧洲地区，以用于防御。但是，毛泽东不愿意让他的八路军冒灭亡的危险，因而断然拒绝了这个要求。

9 月份，别无他法的俄国人只好把远东军转移到欧洲前线，这时朱可夫才得以把纳粹的进攻阻止在首都的郊外。

但是，这时的日本并不打算入侵苏联的远东地区。相反，他们的计划是打击美国的海军，横扫东南亚。问题在于，“中国事件”已经拖了四年多，仍然牵制着日本的大部队。

这样，在 1941 年 9 月，东京又作了一次“讲和”的试探。这一次，他们暗示将接受汪精卫和蒋介石之间的和解。但是，蒋介石仍不愿和他们来往。

委员长发现美国的态度很难捉摸。1940 年夏，美国政府停止了对一些国家废钢铁的出口，其中包括日本。如果日本进攻美国，毫无疑问，中国将得到美国的全力援助。

但是，是哪个中国呢？1941 年 2 月，罗斯福总统让他的行政助手劳克林·柯里给蒋介石带去了一个令他不安的口信。柯里与委员长的会谈不下 10 次。第一次会谈时，柯里就转达了罗斯福的口信，大意是在他眼里中国的共产党看上去更像社会主义者，这样，目标当然就应该是国共合作。

柯里希望与周恩来见面，委员长对此没有反对，但是，当谈到中国共产党的所作所为以及他们与第三国际的关系时，蒋介石严厉地指责了这位总统特使。在蒋介石看来，有关中国共产党的错误情报传到罗斯福总统那里已有多时了。

1941 年 12 月 20 日，汪精卫访日谢恩，这是汪精卫与东条英机。

随着 1941 年一天一天地过去，罗斯福总统与日本人的对抗越来越强。7 月份，他冻结了在美国的日本资产。8 月，他警告日本，如果他们进一步采取对亚洲实行军事占领的政策，将会迫使美国“立即采取一切可能的措施”以保护美国的权利和利益。

10 月 17 日，近卫文麿下台，取代他的是军国主义的头子东条英机，随后日美在华盛顿进行了毫无结果的谈判。

12月7日，日本人在未作任何警告的情况下，轰炸了夏威夷的美国舰队及香港与马来亚的英国军队。这一天，美国在珍珠港损失了5艘战列舰、3艘巡洋舰和177架飞机。有2343人死亡，876人失踪，1272人受伤。

第二天，美国和英国对日本宣战，中国对德国和意大利宣战。

蒋介石在拍给罗斯福总统的电报中说：“在我们新的共同战斗中，我们将竭尽全力，与你们站在一起，直到太平洋地区和世界从野蛮势力的祸殃中及无止境的背叛中解脱出来。”

至此，“中国事件”已进入了第二次世界大战。

第十七章

蒋介石和他的同盟者

美国人和英国人参加的一个联合委员会宣告成立。

委员会成立两年之后，在喜马拉雅山上空艰难飞行着的物资护送队，运载着成吨成吨在国外印刷的纸币，以填进严重通货膨胀的无底洞。

珍珠港事件刚刚结束中国的孤立局面，蒋介石就要帮助英美这两个新的盟国。

在日本进攻后的第二天，他就向罗斯福总统、丘吉尔以及斯大林作出了相同的表示，他建议马上召开一次联合军事会议。

斯大林答复说俄国尚未准备好参加太平洋战争，罗斯福和丘吉尔则表示赞同。

这次会议于12月23日在重庆召开，在重庆还成立了一个联合军事委员会，以协调东亚的战略。阿基鲍尔德·韦弗尔将军指出，就英国而言头等大事就是挽救缅甸，当时日本对缅甸的进攻已迫在眉睫。最后大家同意，从中采取行动。于1941年10月重新开放的缅甸公路，确系中国生死攸关的一条供给线，委员长急于使这条道路保持通畅。除了缅甸和经过俄国的陆路之外，中国现在通向外部世界的另一桥梁就是香港。

但是，此时的香港本身就处在日本人日益加大的压力之下。1941年12月，蒋介石提出派遣大批中国军队帮助英国保卫他们的直辖殖民地。尽管这个建议没有被接受，但他还是出动了相当多的兵力从大陆这边攻打日本人。

这是一种堂吉诃德式的行动，因为英国人 12 月 18 日就撤离了九龙，香港于圣诞节那天沦陷。在蔡廷锴（此人 1932 年在上海抗击过日军）领导下的中国军队落入了日本人的夹击之中，逐渐被来自九龙和广州两个方面的日军击溃。

后来，蒋介石又提出派兵帮助缅甸的英国人。他的建议再次遭到了拒绝，英国人担心中国军队的到来会损害与缅甸人的关系。但是，随着日本施加的压力越来越大，英国人又改变了主意。这样，委员长把他的第五、第六军派到了缅甸前线，在那里中国军队于 1942 年 2 月 16 日首次与日军交战。

大约就在这个时候，蒋介石作了一次秘而不宣的印度之行。

他此行的动机是多方面的。一方面，他的确希望能利用自己的影响，为盟国的事业扭转印度的公众舆论。因为当时大英帝国的威望已降到了很低的水平。另外一个不那么无私但又十分体面的动机是，他要争取在战后的世界上做一位伟大的亚洲领袖。

蒋介石夫妇会见甘地（左三）

罗斯福认为这次访问是个好主意，但丘吉尔却把它看作是未经允许的一种干涉。

这次印度之行十分秘密，委员长和蒋夫人到达印度五天之后才宣布消息。

很快他们就遇到了一个礼仪上的奇怪问题。按照中国的礼节，委员长应该到孟买附近甘地的住处沃尔塔去登门拜访。但是，印度的习惯则要求甘地前往客人的住处（这次是在新德里）去会面，总督要求按照印度的习惯去做，当时的印度总督是林利恩戈勋爵。英国驻中国的大使阿基鲍尔德·克拉克·克尔将总督的一封信交给了蒋夫人，信上说如果蒋氏夫妇到沃尔塔去，那么总督将处于政治上十分尴尬的境地，他真诚地希望不要这样做。丘吉尔首相此时也打电报给蒋介石，请他不要违背总督的意愿。他说，否则“就可能使我们联合全印度参加抗日的共同愿望受到损害”，而且“还可能会在这个最需要团结的时刻，无意之中造成突出社会差异的效果”。

委员长十分宽厚地屈从了这些同时而来的各种压力，加尔各答便被选为妥协后的会谈地点。印度的这位领导人是乘坐三等车厢而来的，他与穷苦人一起经受了旅途的辛劳。委员长得知此事后极受感动，随后两人大谈团结起来，共同对付帝国主义。

2 月 21 日，在访问的最后一天，蒋夫人广播了委员长对印度人民讲话的英译稿。不顾英国的不快，他表示希望印度尽快得到自治权，并同时号召印度人民全心全意地支持世界范围内的反侵略斗争。

在他离开后不久，甘地和其他一些国会领导人被捕入狱，这种事在他们与英国统治者的斗争中时常发生。

委员长为了不得罪他以前的英国主子，请罗斯福总统从中调解，总统谢绝了这番好意。

蒋介石回到重庆后没几天，约瑟夫·史迪威将军就于 1942 年 3 月 6 日抵达中国的战时首都，中美之间的重大争执从此便开始了。

关于史迪威与蒋介石的争论，美国方面已有了许多的记载，特别是史迪威那些尖刻的日记发表之后。因此，我们更应该记住中国方面对此也有自己的观点。

实际上，摩擦始于史迪威从华盛顿带来的多种交叉重叠的任务。

第一次见面他就通知委员长，他将指挥在中国、缅甸和印度战场（一般简称“中缅印”）的所有美国军队，在中国所有的国际战争委员会中代表美国政府，并负责对中国根据租借法获得的物资以及其他美国的国际援助计划进行管理和监督，同时又是中国最高司令蒋委员长的参谋长。除了这些之外，他还负责蒋介石与韦弗尔将军之间的联络，韦弗尔当时指挥着缅甸和印度的英国军队。作为最高司令的参谋长，史迪威应接受委员长的命令。但是，在除此之外的其他方面，总统的命令自然要高于蒋介石的。

尤其让蒋介石讨厌的是，史迪威还担任租借官员的工作，这样一来，如果史迪威认为发放给中国军队的某批援助不符合美国的利益，他就可以予以扣压。

使事情更糟的是，中国在享受租借法时没有别国那么“平等”。英国、俄国和其他受援国可以在自己的国家内把美国的援助用于自己认为合适的地方，只有蒋介石必须把他的要求一项一项地呈报给史迪威将军。

显然，这种侮辱性的规定是华盛顿那些支持苏联的人设置的，他们不愿让蒋介石享有阻止向中共提供物资的否决权。

即使史迪威是个讲究策略、精于外交的完人，遇到这种情况也够棘手的，何况他并不是这么一个完人。

在寄往华盛顿的快件里，这位“刺头儿”把委员长称做是“花生米”（无聊的小人物）、“小响尾蛇”（爱吵架的人），可是后来人们从他的日记中又发现，他把罗斯福叫做“老软蛋”，并给当时其他许多知名人士起了他爱用的侮骂性的绰号。

此外，他是带着某种野心回到中国的，对此他起初还是藏而不露的，但后来却干脆不加掩饰了，他想取代蒋介石中国军队最高司令的位置。

这种愿望只不过是一种梦想，这一点史迪威当时应该清楚地认识到，然而他只看到了蒋介石战略上的弱点，却对自己的军事天才无比自信。

与史迪威发生冲突的并不只有蒋介石一个人，另外一个便是陈纳德。

珍珠港事件之后，陈纳德被并入美国军队，级别是空军少将。陈纳德和他那些志愿兵的到来已经大大鼓舞了中国人的士气，这支“飞虎队”很快便成了传奇式的人物。在此之前，面对日本的空袭，中国毫无防御，现在他们觉得自己有了保护。陈纳德的志愿兵成了美国的中国空军特遣部队，后来又成为第十四航空队。按照史迪威和蒋介石制订的战略计划，陈纳德统管湖南、广西和云南的一系列空军基地，这些基地将用美国的援助修建，并用飞机从印度翻过喜马拉雅山空运给养。

关于这些空运过来的物资应优先用于何处，史迪威与陈纳德有不同的看法。陈纳德希望把它用于他的空军基地，但史迪威却想用于训练在印度拉姆加尔以及云南昆明的中国新兵，史迪威指望用这批军队赶走缅甸的日军。

与史迪威不同，陈纳德与蒋介石相处得很好。

1947 年在南京与埃里克·周的一次谈话中，委员长当时的秘书长吴铁成曾谈到过这种少见的和睦关系，他列举了一些原因。

他说，陈纳德对中国国内的政治没有表现出任何兴趣，而且一贯尊重蒋介石。他只谈论他最了解的话题，即空军问题，这一点极少有例外。另外一个促进两人关系的因素是，陈纳德对他手下训练的中国飞行员十分信任，因而极少提出批评。作为职业军人，陈纳德很得蒋介石的赏识，因为蒋介石也是职业军人。就这个层次而言，蒋介石同样欣赏史迪威的气质，只不过这种单方面的欣赏没有得到相应的回报。

史迪威主要还是个战场的将军，也是第二次世界大战中这类将军里最好的之一。他的第一次缅甸战役于1942年的头几个月里打响，5月份以失败撤退告终。当他看到撤离显然不可避免时，他连委员长都懒得通知一声。

他倒是给他在重庆的助手马格鲁德将军拍了两份电报，说他的部队已分散成小部队，无法再集中起来，他将把部队撤出缅甸，开往印度。事前，委员长就下了命令，万一失败，中国军队就撤到缅甸北部的密支那，再从那里回国。没有与蒋介石商量一下，史迪威就撤销了这道命令，并下令中国军队撤入印度。

一听说史迪威的这道命令，委员长就马上给缅甸的中国第五军军长杜聿明将军拍了电报。尽管史迪威对集中部队表示悲观，但杜聿明还是想方设法集结了三个师的兵力。他们成功地杀出了一条回国的道路。对此，史迪威大为恼火，回到重庆就给蒋委员长写了一封信，说蒋介石不应该直接与他手下的将军联系。

奇怪的是，作为一个中国通，史迪威竟然愚蠢到无视中国将士的军心。中国军队历来就有这么一个传统："当中国军队无路可走时，他们也绝不会降低自己的人格，躲到国外去。"

尽管在罗斯福总统送给蒋介石的礼物中，史迪威不是最受欢迎的，但是毕竟还有其他东西值得感谢。最受欢迎的一件就是1942年年初那笔50万美元的贷款。

当时蒋介石正在新德里，总统给他拍了一封报告这个好消息的电报，说"中国军队对于凶恶的侵略者的英勇抵抗，赢得了美国人民及一切爱好和平的人们的最高赞扬。"这类话还说了很多。十分高兴的蒋介石回电说："你在世界的这场最大的危机中所表现出来的远见卓识，值得让一切真正的政治家羡慕。”3 月 8 日达成的贷款协议中的第二条，把最后的偿还期推迟到战后，条件是要“符合美中两国的共同利益，并有利于建立世界永久性的和平与安全”。

接着，英国人也马上带来了 5000 万英镑的贷款。有美国人和英国人参加的一个联合委员会宣告成立。

在记述这些事情时，唐[①]说：“联合协作的目的，是期望在以后的战争中能使中国的货币建立在一个坚实的基础上。”但这完全是个空想。

史迪威到达中国时，正值美国和英国宣布对华贷款，这时中国的通货膨胀已经很严重了。“苦力随身都有 50 元”的现象使史迪威十分震惊。随着战争的延续，货币不断贬值。到最后（据怀特和雅各比的记载），一个月的所得在一个晚会上就能花光。

为了保障平民百姓的生存，政府按冻结后的价格向他们每月定量供应大米、布匹、食油、盐以及燃料。

委员会成立两年之后，在喜马拉雅山上空艰难地飞行着的物资护送队，运载着成吨成吨在国外印制的纸币，以填进严重通货膨胀的无底洞。

然而，钱并不是中国人生活中追求的唯一目标，“脸面”对他们更为重要。

在 1942 年 10 月 10 日的“双十”纪念日上，委员长公布了一件 1911 年辛亥革命以来最为中国人挽回脸面的事情。他宣布，美国和英国已经放弃了那些臭名昭著的“不平等”条约所给予他们的治外法权。英美两国放弃这些权力并非出于被迫，就这一层而言中国的这两个盟国作出重大的让步可以说是自愿的，但这并不是他们主动提出来的。

① 霍灵顿·唐。——译者注

起初，他们主张在战后再作决定。但是，蒋介石对他们指出，早一些宣布会起到鼓舞中国人民的效果，考虑到这一点，英、美作出了让步。

当蒋介石逐渐成为战争中盟国的一位领袖人物时，毛泽东掌握了对中国共产党的全面领导。

国共两党的“统一战线”终于在1941年年初破裂，其中具有决定意义的事件便是1941年1月的“新四军事件”。对这一事件，两方的宣传机器至今仍在争论，而事实真相则更加模糊了。

当时，新四军一直在长江以南离上海不远的地方作战。1940年9月，蒋介石的参谋长何应钦命令新四军向江北转移，然后再过黄河与第十八路集团军（国民党对共产党八路军的叫法）配合夺取新的据点。

共产党犹豫不定，一方面因为冒着日军的火力过长江太危险，另一方面是因为他们有自己的计划，他们想在长江以南的南京——上海——汉口的三角地带中建立新的作战根据地。①

蒋介石把转移的最后期限延长到了12月31日，但是新四军仍在原地未动。

突然，共产党的参谋长项英秘密率领他的部队南移。1941年1月4日，新四军与兵力占绝对优势的政府第十四师交火。后来的事情就不清楚了。但可以肯定的是，项英被杀，新四军的军长叶挺受伤入狱。共产党大约损失了1000人。②

1月17日，蒋介石命令解散新四军。共产党没有理会这个命令，

① 原文如此。——译者注

② 此处有误。实际情况是，1941年1月4日，新四军总部及所属部队9000余人奉命北移，6日行至茂林地区时，突遭国民党军七个师八万余人的包围袭击。新四军被迫抗击，血战七昼夜，终因弹尽粮绝，除约2000人突围外，大部分壮烈牺牲，军长叶挺被俘，副军长项英遇害。——译者注

以同样的名称重新组成了新四军，用七个师的兵力代替原来的那支军队。在好几个星期的时间里，共产党的宣传猛烈指责国民党解散新四军的做法，并指出这个决定是“亲日派”打算与日本人签订和约并参加反共协定的计划的一部分。

3月6日，蒋介石给国民参政会写了一封长信，指责共产党不讲信用，并加上了下面这段并不全是实话的文字：

> 我无须声明，我们的政府唯一关心的就是领导全国抗击日本侵略者，消灭叛徒汉奸，它绝没有一点要再以武力“镇压共产党”的意思。政府不愿再听到那种现在已成为中国历史遗迹的不吉利的话。望他们服从命令，放弃对他们的战斗同志的攻击，并停止一切挑衅行动；这样，政府将尽可能地为他们考虑。

以前，蒋介石曾私下说过：“日本人是肌肤之病，共产党则是心头之患。”

即使在“新四军事件”之后，国共两党的关系仍在继续。1942年3月28日，周恩来和林彪（此人在黄埔军校曾是蒋介石的学生）以共产党的名义提出了四条要求：

> 1. 在全国范围内承认中国共产党的合法地位，而目前只是有限的容忍。
> 2. 正式承认“解放”区的行政机构。
> 3. 将八路军由三个师扩充到十二个师。
> 4. 允许新编的新四军留在黄河以南，直至战争结束。

蒋介石拒绝了这些要求，但是一年之后，它们又被提出来了。

新四军事件之后，接踵而来的是桂林和昆明这类城市中势头越来越猛的反蒋活动。当时，委员长手下的桂林政府是由李济深主管的，这样原来以香港为基地的左翼作家和剧作家便云集桂林。

李济深愿意为这些文化难民提供保护，为他们找工作，给他们以财政资助。那时，欧阳予倩领导着省立戏剧艺术学院，他以前曾参加过福建省国民革命政府。在他的指导下，以反政府为主题的剧目获得了极大的成功。尽管这些剧目没有对蒋介石指名道姓，但是观众一看就知道他是靶子。人们从秦始皇和曾国藩这类剧中人看到了蒋介石的影子——前者是秦朝的第一个皇帝，后者是蒋介石十分佩服的一个19世纪的军事政治家。对反蒋立场不加掩饰的杂志也如同雨后春笋。

但是，真正使蒋头疼的还是地下共产党，如杨刚女士、萨空了和金仲华等人。在美国战略情报处与美国驻桂林领事馆主办的鸡尾酒会上，他们都是常客。

后来，杨女士在1949年成了中共对外政策委员会的副主席，萨空了当上了国务院民族委员会的副主席，而金仲华则成了上海市的副市长。

在1942年，他们为争取美国人进行了不懈的努力，这是党要求他们按“国际统一战线”的原则所做的一项工作。

在昆明，西南联大和云南大学成了反蒋人士和共产党的同情者的庇难所。虽然民主同盟一直到1946年开全国政治协商会议时才公开活动，但1943年他们在昆明时就已经十分活跃了。

民盟一些领导人物当时都在昆明讲学，后来当中华人民共和国成立时他们又在北京出现。其中有罗隆基，后来任北京的轻工业部部长；另一位是吴晗，后来任北京市的副市长，他的剧作《海瑞罢官》成了

1966年“文化大革命”的导火索。

民主同盟在昆明的其他人士还有闻一多和李公朴，后来他们两人都被国民党特务暗杀。

云南省长龙云以前是个军阀，对于民盟在学生中的活动，他或表示宽容，或故意不管。后来，他也作为“民主人士”出现在北京。

在西南联大，人们首先利用墙报表达对国民党政府的不满和批评，虽然这些文章没有直接攻击蒋介石，但它们对整个重庆政府以及蒋介石信任的部下进行了猛烈的批评。

在重庆，战略情报处（后改名为美国情报处）雇用了许多左翼人士。这些人在宣传国民党政府的黑暗方面起到了相当大的作用，因为外交官和外国记者们都把这里当作重要的消息来源地。

1941年4月，苏日签订了中立条约之后，日本人马上开始了他们那项臭名昭著的“三光政策”（杀光、烧光、抢光）。

他们的直接目标就是八路军，在这种情况下毛泽东被迫减少了共产党军队在中国北部平原的出击，把兵力撤到了山西的高原以及山东的丘陵地区。

从1942年2月至9月，毛泽东在延安发起了“整风运动”。从这时起一直到1945年春，他有系统地重建了全党的组织结构。

当毛泽东在北方巩固他的权力时，蒋介石的政权却江河日下。

委员长本人变得更专断、更难于接近，政府官员要见他得等几个星期，而且在越过了重重障碍之后，还要看蒋夫人是否在兴头上。

身为国民党的总裁，蒋介石实际上掌握了至高无上的权力，他可以操纵行政院，挟持立法院，绕过司法院。其实，这些机构只是摆设。

他有自己的一套体系，按照这个体系，他把政府的事务分配到三个人头上：陈立夫管党务，何应钦管军事，孔祥熙主管政府的实际事

陈立夫

务。这三个人每人代表一个派系，而蒋介石的权术奥秘就是利用相互对立的不同派系。

人们一般都认为，在蒋委员长的三位心腹中，最引人注目的要数陈立夫（多年以后我在台湾见到他时，他仍是位显赫的人物，虽然他已年迈）。他在本书中已经出现过。他有达官贵人的优雅气质：他的头发花白，这对一个中国人来说有点过早，但他双眼乌黑，炯炯有神。他坚决维护中国的传统，维护儒家思想，认为中国文化是至高无上的。对于他的智慧和精力，无人怀疑。

作为国民党的秘书长，陈立夫是战时中国的铁腕人物。他是蒋介石早年的保护者陈其美的侄子，他和哥哥陈果夫都是蒋介石的部下，这样他就成了一个高高在上的人物。

他们兄弟两人掌握着所谓的“CC 系”（中央俱乐部）[①]。他们兄弟俩先后担任了一些重要的职务，如国内安全局（中统局）的局长、国民党的组织部长等。他们或单独或合伙给共产党和其他各种异己的力量造成很大的破坏。

陈立夫不仅比陈果夫小八岁，而且比患有肺结核的哥哥更健康，他还担任了一段时间的教育部长。他是捍卫“思想纯洁”的无情卫士，把可疑的学生或教授送进监狱或送上刑场，他从不心慈手软。

但是，陈氏兄弟对自己要求很严，个人没有腐败行为，因为他们感兴趣的是权力，而不是金钱。

① 中央俱乐部的创始人和最初的领导人是戴季陶。后来，他沉湎于佛教，陈氏两兄弟便成了共同领导这个派系的头目。

当了十四年军政部长的何应钦将军自然领导了另一支强大的派系，即军人集团。如果这一派能团结起来，本来是可以比目前更强大的。何将军代表着老一代的军人官僚，是他们使蒋介石得以掌握大权。

但是，在这个派系中还有一个更年轻的派中派，他们对蒋介石比老一辈更加忠心耿耿，并下决心要扫除妨碍抗战的腐败无能的现象。这些年轻人被称为黄埔系，其中最有名气的是陈诚将军。他是当代中国最引人注目的人物之一，在国民政府逃到台湾之后，他担任“副总统”，主管推行了一项极为有效的土地改革计划。他身高刚过五英尺，体形瘦小，但精力充沛，在驻华的美国人中，他很快就成了一名受欢迎的中国军官。他 20 世纪 20 年代毕业于保定军事学校，曾是蒋介石手下的一名年轻的黄埔教官，黄埔系的其他成员都是在蒋介石任黄埔军校的校长期间从那里毕业的。

1944 年，在美国的强大压力之下，何应钦的军政部长职位被陈诚取代。

何应钦是个长着圆脸、体格健壮而又很谦恭的人。他是军队腐败无能的象征，在这支军队里，阵亡将士的大批抚恤金直接落入了地方指挥官的腰包，而应征的士兵却在挨饿。

行政院长兼财政部长孔祥熙又代表着另一个派系，即强大的宋氏家族。他娶了蒋夫人那位专横的姐姐宋霭龄，便自然而然地成了一位有权有势的人物。他为人直率友善，戴着眼镜，蓄着短短的八字胡，精于为自己聚财，也同样精于毁坏国家的财政。

也许他最大的特点就是他与生俱来的家世，他是孔子第 75 代直系后裔。

怀特和雅各比引用了孔祥熙一位朋友所说的话，认为有关孔祥熙的议论有 90% 是假的，但他补充说“另外 10% 比那些议论所说的还要糟”。

常有人说，孔夫人的投机生意之所以成功，全靠她掌握证券交易的秘密消息，而这种消息只可能来源于她那身居政府要职的丈夫。

对于这种说法，既没有人出来否认，也无人说这是诽谤。

由于乡村收粮食税的税官大都把税收所得占为已有，所以孔祥熙解决政府各种财政问题的一贯做法便是印更多的钞票。抗战胜利那天，物价已是战争爆发时的2500倍。

尽管如此，重庆的美元储存量仍然很大，这是因为孔祥熙坚持只让美国人用1美元换20元中国货币，而当时黑市上的美元价格已涨到了400元，后来又涨至600元，最后高达800元。在国民党内，还有其他的派系及一些地位显赫的个人。美国人最喜欢的一个派系是政治科学系[①]，其成员都是些具有现代思想的专家治国论者（尽管当时还没有这个词）。其中许多人在美国或日本留过学，绝大多数能说英语，并立志要使他们的国家成为一个技术发达的高效率的工业国家。[②]

在这个派系中，有两个人很突出：孙科和宋子文。身为辛亥革命之父的儿子，孙科是神圣不可侵犯的。作为一位学者和改革派，他有勇气站出来说话，却没有与国民党一刀两断、另拉一批自己人马的个人欲望。虽然他是立法院的院长（英国人称主席），但他无法与陈立夫操纵的党的机器抗衡。蒋介石害怕听到开明的言论，常常一连好几个月拒绝见孙科。

① 政学系。——译者注

② 属于这个派的人称之为政学系。它原名为欧洲事务论坛，是由黄兴在美国创立的，当时他与孙中山在有关党员必须按手印的一条规定上产生了分歧，便于1913年离日赴美创立了这个论坛。这个组织改名是在第一次世界大战之后。20世纪30年代初，领导人是杨永泰，但他1936年在汉口遇刺身亡。此后便一直没有确定的领导人，此派系中最著名的成员有蒋介石的密友张群将军。

宋子文也有同样的待遇，他在1942年至1945年任外交部长。他也是位高高在上的人物，他敢于大胆直言他的想法。但是，委员长更喜欢唯唯诺诺的人，宋子文很少招他喜欢。

不幸的是，人们常常把宋子文当做另一个该受指责的国民党人与孔祥熙相提并论，可是实际上他们两人有着很大的差别。宋子文虽然也发了大财，但他与他的姐夫不同，他是靠充满活力的企业资本发的家，同时为国家创造了财富，为数以万计的人创造了就业机会。

最使国民党声名狼藉的是它的军队。富家子弟花一大笔钱就能逃过兵役，这些钱落入了那些出卖免役名额的官员的腰包。

而年纪相同的穷人子弟则被抓丁队强迫抓去，捆在一起，拉去当兵，有的新征士兵在到达指定的部队之前就丧了命。怀特和雅各比列举了一些有关中国派驻缅甸部队的可怕的数字。有一支部队在500英里的行进中，损失了30%的兵力，而在那些被认为比较强壮一些的幸存者中，有15%被一位美国大夫诊断为肺结核。除了结核病之外，痢疾、疟疾、疥疮、脚气和寄生虫病，连同斑疹伤寒和流感，又夺去了许多人的生命。绝大多数病员得不到医疗照顾。一般说来，一个师平均只有一位中国医师。但是，这里却没有西方军队中一种主要的疾病——性病，这可能是因为士兵的身体太虚弱，因而无力去寻花问柳，或者即使有能力也因为太穷而付不起钱。

起初的情况就够糟糕的了，随着通货膨胀的势头猛增，形势更是急转直下。1939年秋，埃里克·周带着少校的荣誉军衔在军事委员会当过一阵翻译。

他每月的工资是60元中国货币。而当时一双鞋都卖到了80元，到1943年一双鞋的价格在900到1200元之间，而少校的工资却一分未涨。

在这一点上以及其他许多方面，山西省的“模范省长”阎锡山树立了一个大家不愿学习或无法学习的榜样。

1939 年（根据他的回忆录），他带领 30 万军队开进了山西省的西部山区。“那里几乎是不毛之地。当地人极端贫穷……”1940 年 6 月，他开始实行一种以实物形式增收农业税的制度，并在军队、公务员和学校教师中间推行食品和其他必需品的定量供应制。

至少在他所管辖地区里，军队能吃饱肚子。1941 年夏，中央政府号召全国学习这种做法，但是一心只想满足私欲的国民党军官仍然只顾中饱私囊。

信奉基督教的冯玉祥将军也有体恤士兵的好名声。他描述了这样一件事：有一次，他去一个地方，当地长官正在那里欢迎他的到来，当地人却把他们团团围住了。他们向冯玉祥恳求说，他们的孩子（有八九百人）被征入伍，正在去训练营地的路上。但是，地方长官却让这些新入伍的士兵在出发前把棉袄制服脱下来。当地人喊道：“这么冷的天，他们会冻死的！”冯玉祥为他们做主，干预了这件事，最后地方长官派人带着棉袄制服去追赶两小时前出发的新兵队伍。

冯玉祥接着还提到了下面这件事：

> 第二天，我去视察驻扎在白市驿的军队。那里的团长给我看士兵的点名册。我发现上周还是满员的，但是现在每个营都少了三四十人。我问他这其中的原因，这个团长回答说：“新兵从家里出来时，一路上没有吃的。一到这里，他们就猛吃猛喝，结果把自己撑死了。”但实际上，他们是被饿死的。

还有一次是在离重庆 15 英里的沙坪坝，这位信奉基督的将军问一名团长他的伤病员都在哪儿。团长把他带到了几英里地以外的一个山村子里，那里有20多个生病的士兵。

冯玉祥写道：

> 我进去后发现这些可怜的年轻人都在发烧。他们躺在拆下来当床用的门板上，身下垫着干草。我摸了摸他们的额头，问他们吃过药、喝过水没有。这些无辜的年轻人哭了，他们说："自打我们生病之后，没有一个人来看过我们。我们连一口开水也喝不上。"

由于受上司的欺压，国民党的军队便反过来欺压他们所遇到的村民。即使把其他1000种原因都撇在一边，光这一点就能解释为什么共产党的军队能最后取胜。他们让农民觉得解放军需要他们，并给了他们一个奋斗的目标。一般来说，共产党军队的战士一旦穿上军装，就能做到不强奸、不抢劫、不欠债，并帮助农民收割粮食。这种对比是十分明显的。

蒋介石对人民的这些疾苦不闻不问，除非有人向他提到某些具体的事例，这时他总要大发一顿脾气。他越来越与世隔绝了。他之所以变得如此难于接近，这与他的独断作风和孤僻性情是有关的。

从1942年11月起四个月的时间里，蒋介石利用蒋夫人及其姐姐和外甥女访美这段较长的空隙，写了一本书。这本书以绝对优先的高速度排印出来，于1943年3月10日在重庆出版。这本题为《中国之命运》的书显然是对毛泽东《新民主主义论》的回答。

毛泽东的这本书是1940年1月发表的，它把马克思列宁主义运用到了中国的情况之中。人们常说蒋介石的这本书是由一位以前的秘书、前任教授陶希圣捉刀代笔的，不管怎么说此人在该书的起草中起了很重要的作用。[①] 但是这本书很可能大部分是由蒋介石口授的。不管怎么说，蒋介石对全书的内容负完全的责任，并为它感到十分的自豪。

这本书是蒋介石对其基本政治思想的阐述，在重庆被奉为孙中山《三民主义》以来最重要的一本书。虽然当时严重缺纸，但这本书第一次就印了 20 万本，到 1943 年年底重印了 200 多次。《中国之命运》在中国的学校和大学里很快就成了一本必读的书，全体军官、公务员及中央政治训练学院的全体学生和国民党青年团的全体成员都必须读这本书。

时隔不久，蒋介石又推出一本内容短得多的书《中国经济学说》。同样，这本书至少有一部分是由陶希圣代笔的，但是许多经济方面的专业内容则出自一位姓陈的经济专家之手。

在这两本书里，民族主义的调子很重，其中《中国之命运》比《中国经济学说》更甚。蒋介石把中国的问题毫无例外地归咎于外国列强的掠夺和不平等条约的危害，而《中国经济学说》的主要目的则是根据孙中山的教导找出一种中国式的解决经济问题的办法。

围绕这两本书，有一些有意思的事。其中之一便是主要的捉刀人陶希圣的身份。在 1934 年至 1937 年之间，他在北京大学任中国社会史教授，还担任过北平师范大学的讲师。1928 年，他给蒋介石当过一段时间的秘书，后与汪精卫结为密友，并和他一起逃到了日本人那边。

① 陶希圣的主要工作是为蒋介石撰写讲稿，后来他成为国民党中央委员会的委员。在写这本书时，他是《中央日报》董事会的主席。在蒋介石漫长的政治生涯中，他还有三位讲稿撰写人。第一位是政学系的首领杨永泰，20 世纪 30 年代在对共产党的一次“围剿”期间，他被暗杀。第二位是本章提到的记者陈布雷，1948 年于南京自杀。在陶希圣之后的第四位是中央委员会的副秘书长泰孝仪，蒋介石的遗嘱就是由他起草的。

但是，陶希圣后来和汪精卫闹翻，带着汪与日本人签订的一份秘密协定逃到了香港。

他回重庆被看作是忠实的表现，在那里他住在蒋介石当时的秘书陈布雷的家中，与委员长关系密切。

更奇怪的是，《中国之命运》这本书竟没有英译本。本来宣布译本准备在1943年4、5月间出版。但是，几个月甚至几年过去了，仍不见英译本。

最合适的解释是，英译本的出版计划取消了，因为重庆方面已及时发现这样做不合适，当时国民党的宣传机器正在为蒋介石树立一个伟大的民主领袖的形象，如果在这个时候让西方的英语读者看《中国之命运》这本书，那就会对公众舆论起到相反的作用，尤其是在美国。因为这本书的调子从头到尾都是反西方、反自由的。

这样就出现了一个奇怪的现象。当《中国之命运》在中国发行高达100万册并成为必读书时，国民党的审查机关却在外国记者的电文中删去了一切有关此书的内容。

1946年1月，六位国会议员想要国务院自己翻译的这本书的译本，结果他们遭到了拒绝，理由是该书属于"绝密"文件。《中国经济学说》就是这个月在纽约的共产党"前线"杂志《美亚杂志》上发表的，并附有一篇由美国左翼作家菲利浦·贾菲写的评论。贾菲于1947年将蒋介石这两本书的英译本合编在一起并加了注释。

然而在1943年，广大的美国公众都不知道蒋介石并不是人们听说的那种伟大的民主领袖。

在蒋夫人访美期间，她给许多人作了演讲，赢得了人们的爱戴，征服了美国的公众。但是在私下，接触过她的人都不喜欢她那种专横的作风。害怕受她"美色诱骗"的罗斯福答应了她要更多飞机的蛮横

赴美期间的宋美龄

要求，下令在试飞结束前就马上提供柯蒂期——赖特公司生产的C-46飞机。这种飞机有好几架都在喜马拉雅山坠毁了。

蒋夫人不在时，重庆传出了委员长与一位姓陈的小姐的风流韵事，说陈小姐与委员长同床共枕，还为他做他爱吃的浙江家乡菜。

这种流言没有依据，但却使蒋介石火冒三丈。在他夫人回来之后，他召集了外国记者、内阁部长及工作人员，申明他那高尚纯洁的一夫一妻的爱只属于他的合法配偶，并断然否认了有关他不忠的传言。

这件事发生在1943年3月间，当时国民党的军队正遭受着灾难性的失败。但是，委员长申明自己清白的消息却一连几天压倒了有关战况的报道。据怀特和雅各比的说法："只要提出要求，就可以从政府那里得到委员长辟谣的抄件。"

总的来说，蒋夫人对美国进行的长时间的访问，为重庆政府赢得了一场宣传上的重大胜利，紧接着舆论界就把蒋介石宣扬成一个战争时期的主要领袖。

1943年10月，盟军最高司令、东南亚战区总司令、海军中将路易斯·蒙巴顿来到了重庆。他带来一封温斯顿·丘吉尔写的介绍信，信中称蒙巴顿与他有25年的老交情。蒙巴顿外貌英俊，极具魅力，有着非凡的外交天赋和杰出的战略才能。

根据巴巴拉·塔奇曼的记载，他送给蒋夫人一个上面用宝石镶着她的名字缩写的卡蒂尔梳妆盒，并在委员长面前说自己是个比较年轻的指挥官，渴望“吸取委员长的丰富经验”。这样一来，他很快就博得了蒋夫人的欢心，他此行的目的是和蒋委员长及马歇尔的个人代表B. B. 萨默维尔一起商讨缅甸以及其他抗日战区的战略问题。

然而，蒙巴顿一来就卷入了蒋介石和史迪威的纠纷之中，因为他到重庆时正好碰上罗斯福听信了中国政府和陈纳德将军的抱怨，已作出决定将史迪威召回国。

蒙巴顿可不喜欢这样做，他不想失去一位对中国有如此广博的知识的同事，也不愿和一个水平不如史迪威的继任者凑合。

蒙巴顿对史迪威说，他可以留下来继续工作，条件是只要他向蒋介石道歉认错。虽然心里窝火，史迪威还是听从了蒙巴顿的建议，向蒋介石赔了不是。委员长宽厚地接受了他的道歉，两人很快就和解了。

紧接着，蒋介石在战时国际事务中的影响发展到了一个高潮。

11 月份，他作为三巨头之一与罗斯福总统和丘吉尔先生一起参加了开罗的首脑会议。

他是以中华民国国民政府主席的正式身份参加此会的，在此之前他已于 10 月 11 日宣誓就职，接替 8 月 1 日去世的原主席林森。三位领导人从 11 月 22 日至 26 日在梅纳大厦饭店开了四天的会。

1943 年 11 月，蒋介石与罗斯福、丘吉尔、宋美龄（前排从左至右）合影。

会后发表的联合公报对蒋介石个人来说是一大胜利，联合公报记录了三个盟国决定剥夺日本“从中国人那里窃取的诸如满洲、台湾、澎湖列岛”等所有领土，并将这些地方全部归还给中华民国。

而且，罗斯福保证支持 1944 年春对缅甸日军的海陆空联合进攻，以打破对中国的包围，并为国民党的 90 个师提供武器装备和训练。他还表示在战后将继续支持中国反对“外国入侵”。中美将联合占领大连海军综合基地。这些保证显然是为了防止苏联争夺东北，同时也让蒋介石作出了解决共产党问题的承诺。

得意扬扬的蒋介石带着从未有过的声望回到了中国。

他不知道罗斯福总统还要在德黑兰（11 月 27 日至 12 月 2 日）与丘吉尔和斯大林会晤，在这个会议上罗斯福向斯大林作出了与给蒋介石的承诺完全相矛盾的保证。

的确，美国人没有履行罗斯福在开罗向委员长作出的许诺。1944 年罗斯福取消了对缅甸的联合进攻，也没有落实对国民党 90 个师的武装和训练。而他的继任者杜鲁门没有在战后支持中华民国对付俄国人，尽管他的确作了一次努力，但已为时过晚。

然而，有一件事罗斯福坚持住了，即决心让蒋介石兑现他的承诺，解决他与共产党人的分歧。

第十八章 战争结束

让罗斯福总统、马歇尔将军及美国战时的其他领导人感到莫名其妙的是，蒋介石对消灭日本人反倒不如他们感兴趣。

高斯在一份电文中提到有人说蒋介石是奋力领导中国抗日的伟大领袖，对此高斯评论说："看看眼前这些冷酷的事实，谁都会认为这是在胡说。"

在一段时间里，罗斯福觉得他和蒋介石委员长的对话简直像"对牛弹琴"。

蒋介石说：“就我而言，最大的问题不是日本，而是我的国家的统一。我肯定你们美国人总有一天会打日本，也许要我动用保留在西北对付共产党的军队帮忙，也许不用。在另一方面，如果我让毛泽东把他的宣传扩展到整个自由中国，我们就是在冒险，我们将一无所获，你们美国人也一样。我之所以这样讲，是因为毛泽东的背后有一个共产主义的学说，并且后面还有俄国。”

这些话可以说基本上是委员长讲的，但它的可靠性仍值得怀疑。

这段文字引自法国空军莱昂内尔·马克斯·蔡桑将军写的中国内战史，作者把这段话安排在记叙蒋介石与史迪威讨论的上下文中。[①]

虽然史迪威好像不曾引用过完全相同的话，但这些内容与蒋介石在私下交谈中所持的观点是一致的。它集中体现了蒋介石在第二次世

---

① 见蔡桑的《共产主义者对中国的征服》（伦敦 1966 年版）第 17 ～ 18 页。在这（转下页）个英译本中译者作了脚注：“这一材料来自一位国民党高级将领，作者不能透露他的身份。”蔡桑所写的这段事发生时，他本人并不在中国，但他在巴黎是国防部的副参谋长，他的材料来源于他手头上的法国情报。从总的情况看，可以证实这些话的确是蒋介石的观点。

界大战正打得不可开交时的态度，也为美国为什么对蒋介石火冒三丈作出了最好的解释。

让罗斯福总统、马歇尔将军以及美国在战时的其他领导人感到莫名其妙的是，蒋介石对消灭日本人反倒不如他们感兴趣。在1938年年底之后五年半的时间里，日本人没有怎么去碰中央军，也没有发动新的重大的进攻。而蒋介石这一边则十分满足于坐等观望事态的发展。他的那些训练和装备得最好的精锐部队，都在西北逼近延安的战线上对付共产党的军队。

的确，在日本入侵中国的早期阶段，中国的中央军遭受了巨大的损失，而这时的美国还舒舒服服、平平安安地处在中立的状态之中。但是，中国目前已卷入了一场更广泛的战争，罗斯福将怎样理解中国政府那种消极被动的做法呢？美国人支持这样一个不能令人满意的政府并予以物质上的援助，这样做对吗？如果把这些援助提供给那些淳朴高尚而只是名为“共产主义者”的中国共产党，是不是会利用得更好一些呢？

白宫得到的消息和情况以及美国报界公开的报道有很多很多，而且相互矛盾。其中，有史迪威将军发回来的言辞尖刻的电文，里面全是在抱怨国民党军队里的官僚是如何的无能，如何的混乱，以及委员长这个人是如何的碍事。还有美国在重庆的大使高斯写回来的持怀疑态度的报告。有一次，高斯在一份电文中提到有人说蒋介石是奋力领导中国抗日的伟大领袖，对此高斯评论说：“看着眼前这些冷酷的事实，谁都会认为这是在胡说。”

1942年10月1日，落选的美国总统候选人温德尔·威尔基来到了中国。威尔基体格魁梧，善于交际，而且很容易轻信别人。

他被他所看到的情况征服了。战时的首都为了欢迎他，把门面乔装打扮了一番。中国人的热情好客、蒋夫人那种诱人的魅力以及委员长学者般的派头，冲昏了威尔基的头脑。

1942年10月，蒋介石接见来到中国的威尔基(左)。

他参观了黄河边的“作战前线”，那里摆放着“缴来的”日本人的武器和装备，其中包括头盔（据说这些东西从一个地方搬到另一个地方，就是为了打动来参观的重要人物）。对此，威尔基虽然也产生过一点点怀疑，但又很快打消了。

于是他向蒋夫人建议说，她可以做一名最理想的外交使节，因为她“有头脑，循循善诱，品德高尚，并具有才智、魅力和豁达的同情心以及雍容的仪态和炽热的坚定信念”。后来，蒋夫人把这些吹捧她的话当真，竟采纳了威尔基的这个建议。

除了这种引起人们错觉的事之外，还有许多混淆视听的报道。威尔基属于那种襟怀坦荡的人，但是还有更多的居心叵测的人也在暗中推波助澜。而其他的人，动机比较单纯，他们看到国民党如此腐败，就理所当然地认为共产党肯定是好的。

1941年2月，委员长对劳克林·柯里说，他希望美国总统罗斯福给他派一个深得罗斯福个人信任的政治顾问。但是，柯里却向总统推荐欧文·拉铁摩尔做委员长的“政治顾问”。

拉铁摩尔是一位著名的汉学家，后来他曾担任过利兹大学的领导，而当他在被任命之前，他和罗斯福总统一面都没见过。

九年之后，当时已放弃共产党信仰的美国共产党前任主席路易斯·F.比登兹在泰丁斯委员会作证说，拉铁摩尔当时是美国共产党的特工人员。后来，他在美国太平洋关系研究所里成了反蒋派的领导人。

有关任命他的前前后后的详细情况，都记录在参议院 1952 年 7 月 2 日归档的参议院司法委员会的报告里了。实际上，统一战线时期左派作家把蒋介石大大吹捧了一番之后，就有人在 20 世纪 40 年代开始进行歪曲的报道。这并不完全是一个贬低蒋介石和国民党政府的问题，即使那些进行错误报道的人也没有接二连三地给蒋介石冠以种种罪名，那些可悲可叹的事实也是不言自明的。

错误的消息来自对共产党的国中之国田园牧歌式的描述。这种宣传又被罗斯福的另一位特使副总统亨利·华莱士天真浪漫地向前大大地推动了一步。从 6 月 21 日至 24 日，副总统和委员长进行了四次长时间的会谈，委员长听着华莱士大讲他精心编织的有关共产党员只不过是“农业改良派”的理论，以及论述中共的马列主义的“危害性”和“正统性”的老生常谈。华莱士坚持要访问延安，起初委员长拒绝了，但后来又改变了态度。从延安返回后，华莱士果然说共产党人的确是“农业改良派”。当蒋介石再次要求美国召回史迪威时，他确实是支持这样做的。

在军事方面，蒋介石 1944 年再次被迫还击日本人，因为日本又发起了新的进攻。对中国来说，这一年是漫长的抗战中最可怕的一年，日本人在攻打了 15 天之后，靠释放毒气才夺取了湖南省北部的常德。

这座城市几乎被日军炸平，10000 幢房屋只剩下 30 幢，全城的人都逃离了。而中国的增援部队七天之后才赶到，这时日军被迫撤退。很快人们便发现，这次进攻对日本来说有着重大的意义。

在太平洋，日本人在各岛屿上的战斗进行得很糟糕。日本最高领导层最担心的是，美国的远征军会在中国大陆的南方登陆。一旦发生这种情况，美国人在空中便会得到陈纳德将军的第十四航空队所建立的一系列基地的全力援助。因此，日本必须完全控制整条京广铁路，以达到将中国一分为二和孤立重庆的目的。由于有苏日中立条约，而且俄国正忙于对付欧洲的强大敌人，所以日本不必担心苏联人的进攻。因此，他们在 1944 年 3 月把“满洲”的 10 个师调往湖南。

1 月份，毛泽东和他的同事接受邀请，派出代表与国民党会谈，以全面解决两党的分歧。毛泽东紧接着又提出了联合政府的观点，要求给予共产党平等的地位。

一个月之后，美国共产党以及同情延安政府的人发动了一场宣传战，呼吁美国施加压力，迫使重庆允许一个美国使团访问延安以打开国民党的封锁。

3 月份，俄国人的飞机轰炸了新疆。4 月 2 日，苏联政府指责新疆当局向外蒙古派兵，并声称国民党的飞机轰炸难民。这些无中生有的指责是为苏联的飞机轰炸找理由。5 月中旬，驻重庆的苏联大使被召回莫斯科，苏联的军事顾问也随之全部回国。

此时，国共双方已在西安进行了几次会谈，当共产党坚持要求政府承认共产党控制地区以及作战部队的自治权时，会谈很快就陷入了僵局。

当时，日本正在进行大规模的进攻，他们有 180 万人的进攻兵力。这些并不都是他们的精锐部队，最好的军队大多在别处的前线，但是他们装备精良，指挥有方，而且受过极其严格的训练。蒋介石的 600 万兵力不是他们的对手，因为在这 600 万军队中有许多都是食不果腹、指挥不良、装备落后、无心恋战的部队。

从长江以北的河南省又传来了大饥荒的消息，这次饥荒是灾难性的，情景十分悲惨。这个消息是在 1943 年 2 月由《大公报》首次披露的，这份报纸为了保持其独立性克服了种种困难。该报全面报道了当地人民的悲惨遭遇。由于这是首次报道，报纸被扣发了三天，后来审查部门把这些消息从报上删掉了。西奥多·怀特把他的亲身见闻写成了一篇令人难忘的报道。他认为，在收成很差的 1942 年，政府把绝大部分粮食以税收的方式征走了，第二年又遇上长期的干旱，结果造成了饥荒。灾民的救济严重不足，由于情况较好的邻近省份的竞争，再加上地方上心狠手辣的囤粮商的破坏，救灾工作无法进行。估计有 200 万到 300 万人背井离乡，逃荒到外省，大约有同样多的人死于饥饿和疾病。

1944 年 4 月中旬，日本 6 万军队对中国这个闹饥荒的省发起了进攻。日军进攻时，中国的一位指挥官汤恩伯竟不在河南，也没有来得及回来抵挡日本人的突袭。汤恩伯是国民党军人中名声最糟的一个。

根据冯玉祥的记载，汤恩伯指挥的军队每个单位都缺编，这样，军官们就可以把付给并不存在的士兵的军饷装进自己的腰包。冯玉祥的这个记载不可不信。

更有甚者，汤恩伯和他的军队与敌人的生意做得十分红火。他们从河南边界的界首购进日货，然后运到内地出售。回来时又把中国的产品卖给日本人。这种往来为日本的情报机关提供了便利条件。[①]

汤恩伯不在前线只是国民党防守河南时严重失职的例子之一，当他们为内部矛盾争得不可开交时，日本人已夺取了省会。

① 战争期间，在诸如重庆、成都、昆明和桂林这样的大城市里，中国公司进口外国奢侈品的生意十分兴隆，大发战争横财的人把大把的钱花在瑞士手表、英国衣料和法国化妆品上。人们认为这些东西都是从上海途经汤军队驻守的地区辗转运来的。汤恩伯还在河南种烟草，卖给内地的香烟制造商。跑生意的人常常到上海和广东南端的广州湾购货，然后拿到重庆等地出售，以牟取暴利。

中国的第十二、第十三军相互攻击，推迟了撤离时间。而当地的农民用草耙就将5万中国军队解除了武装。日本人花了三周的时间，击溃了30万中国军队，控制了到汉口的铁路。

在这个灾难性的时刻，罗斯福总统却给了中国重重的一击，他要求中国抽调国内防御急需的兵力。他一直缠着委员长，要他向缅甸西北部派遣由美国训练装备的Y军，因为在那里，日本人的进攻威胁到了边界那边印度的英帕尔。

蒋介石根据开罗协议，两次拒绝了罗斯福的要求，协议规定由史迪威率领他的中美陆军部队在缅甸公路北段向日本人发动进攻，配合缅甸南部5万英军的海陆空联合登陆，以夺取仰光。

丘吉尔虽然同意这个计划，但显然不很热心，因为这个计划与英国的战略没有多大关系。蒋介石支持这个计划，他有各种不同的理由。他警告总统说，他预计那个时候日本人会在中国东部发动大规模的进攻。他提醒总统不要忘记在开罗所作的承诺。这无疑是有道理的。

但是最后，蒋介石却莫名其妙地答应了罗斯福的恳求，同意在4月14日将美国训练的部队派往缅甸。

不出几天，局势的发展就证明了蒋介石的担忧是有根据的，5月，日本人在湖南发动了一场精心策划的进攻，到这个月下旬长沙失守了。在此之前，薛岳（小老虎）曾三次夺回长沙，可是这一次又被日本人赶走了。

在这一年里，日本人取得了一系列的胜利。11月底，他们控制了广西，夺取了第十四航空队在衡阳、零陵、桂林和柳州等基地。至此，侵略军距重庆直线距离仅有200英里，中间只剩下贵州的山岭将日军隔开。

国民党仅在湖南南部的衡阳作了一次抵抗，薛岳将军尽管得不到增援（也许因为他不是蒋介石的嫡系），仍在敌军兵力大大优于自己军队的情况下坚守了40天。

在记述这些失败时，蒋经国写道："父亲对桂林的失守十分痛心。他在日记中写道：'桂林的防御工事坚固，粮食弹药充足，各种电讯设备和武器都用上了，可没打到一天就败下阵来，太让我痛心了！'"

桂林和柳州的失守是有原因的，有一位军事史学家谈到此事时说：

> 中国的军事当局在这种突然袭击面前，完全没有准备。他们一直以为，日本人担心美国会从东海岸登陆，因此不会再向内陆推进。桂系军队主力都在省外。桂林市的政府官员和当地的商人不赞成卫戍部队在城市周围打仗，他们怕这座城市会被毁掉。另外，衡阳在英勇抵抗后仍免不了失守，这也挫伤了桂林和柳州守军的士气。

在这灾难性的几个月里，蒋介石为了抵抗日军，调集了一切能调集的军队。其中，有一些从黄河两岸步行了2000英里，还有一些是从缅甸前线空运而来的。到1944年12月，这批国民党军队终于在贵州省挡住了日本人的进攻，并把他们赶回了广西。这是这场长期战争中的转折点。

由于把注意力集中到了战场上，蒋介石没有看到中国可悲的现实。是因为这些情况没有引起他的注意呢，还是他那极度的自信使他不自觉地忽视了那些应该引起重视的消息？这很难说清楚。

他自己并没有腐化（如果不算权力腐化），但其他一切都具备了：由于他容不得反对意见，喜欢浮夸胜过喜欢实话，而且不愿听到与他的乐观态度相矛盾的事实。所以他的周围都是些唯唯诺诺的人。还都之前，在重庆许多人都说当时他的助手常常伪造报纸上的社论和新闻，告诉他一切都好，让他放心。没有人告诉他物价飞涨，食品短缺，也没人汇报普通人每天受苦受难的悲惨生活。

社会底层的公务员、教授、老师和学生都在饥饿线上挣扎。这些受过教育的中国中产阶级，和更低层的人们一样，愿意承受战争带来的牺牲。但是，有权有势的人和他们周围的人明目张胆地在战争中聚敛财富，自然引起了人们强烈的不满。国民党的官员，有靠山的人以及发战争横财的人，享有很大的特权。

因此，很多知识分子都支持民主同盟。他们不一定是亲共产党的，但他们痛恨国民党的腐败政权。

国民党秘密特务的所作所为也让人厌恶，他们捕风捉影，随意逮捕政治嫌疑犯。实际上，这些特务根本不讲究所谓的“秘密”，他们往往是暴露自己的身份，以使周围的人害怕他们。

对于局势的日益混乱和人民的日益不满，视听闭塞的委员长也一定略有所闻。也许是为了讨好美国人，在1944年年底，他为了提高效率作了一些调整。腐败无能的孔祥熙终于被撤下去了，由他的大舅子——对他十分轻蔑的宋子文担任行政院院长。宋子文离开外交部造成的空缺，蒋介石让温和谦逊、工作勤勉的王世杰填补。就连根基深厚的何应钦将军也靠边站了，他在军队方面谋取私利所造成的混乱可

1945年左右的蒋介石

与孔祥熙相比。接任他军务部长职位的是精力充沛而又能干的陈诚将军。但是，何将军并没完全失去把军队的战斗力搞得不能再低的一切权力，他还是个总参谋长。

一旦宋子文身居要职，委员长对那些眼不见为净的事就不能不管了，因为他的这个读过哈佛大学的大舅子坦率直言，是中国很少的几个敢于在最高上司面前陈述自己思想的人之一。

但是，这也无济于事。蒋介石曾向马歇尔将军说过，一般的经济规律无法对中国的农业经济产生作用。

孔祥熙印钞票，是因为这是推动国家运转的最简便的方式，至少在一段时间里这样做能起作用。

尽管宋子文努力苦干，忙得不亦乐乎，他仍无力克服委员长存心设置的障碍。政府对国家预算的胃口越来越大，到 1947 年竟占用了高达 80%的国家预算。这样，宋子文也只好去印钞票。

在缅甸，当贵州的战役还在进行时，史迪威在与日本人的战斗中，取得了一系列艰苦而又辉煌的胜利。这些胜利绝大部分都要归功于他手下的中国部队。

到 1945 年 1 月底，缅甸西北部的利多公路已与通往昆明的老缅甸公路部分接通。这样，日本长时间的封锁终于被打开了。1 月 28 日，首批陆上运输队的 500 辆卡车到达中国。为了表示历史的公正，蒋介石将这条公路改名为史迪威公路。

然而，史迪威将军并没有享受到这一迟来的荣耀，他当时已离开了中国。1944 年夏天，他与委员长的长期争吵变成了一场危机。从罗斯福总统拍给蒋介石的电报中，可以看到矛盾的激化过程。

在一段时间里，总统觉得他和蒋介石委员长的对话简直像对牛弹琴。这是宋子文造成的，尽管他在当时的国内事务上能直言不讳，但出于谨慎和他自己的外交策略，他不让蒋介石听到白宫的直截了当的抱怨。在翻译罗斯福的电报时，他把可能惹蒋介石生气的段落全部删掉了。

史迪威曾通过他的保护人马歇尔将军提到过他的老论调，暗示唯一让中国全力投入战争的方法就是让他（史迪威）取代蒋介石做最高司令，统率中国境内的中国和美国的部队。

1944 年 7 月，马歇尔向罗斯福提出了这个建议。罗斯福于 7 月 6 日打电报给蒋介石，说他认为史迪威是“有权协调所有在华盟军，包括共产党部队的人”。为了防止别人改动这封电报的内容，电报由重庆的一位老资格的美国军官费里斯将军亲自送交蒋介石，并带上大使的一等秘书——众所周知的反蒋派人物谢伟思当翻译。

电文十分直率，但是蒋介石在读这份电报时很平静，脸上还像往常那样带着微笑。让人吃惊的是，两天之后他回信表示服从。但他要求美国派一个“全权的”调解人来调整他和史迪威的关系。蒋介石只是在一个问题上表示了他的不快，他建议今后总统给他的来信，都应委托孔祥熙博士转交。

罗斯福总统很高兴，但是他的有些顾问却认为事情太顺利了，简直不像是真的。果然，他们想对了。

7 月 23 日，蒋介石提出了三条以前没有提到过的条件，他说：

> 共产党的军队当然可以由史迪威指挥，但他们必须事先接受中央政府的领导；他与史迪威的关系不应再出现权限不清的情况；中国政府应全权控制租借物资。

为了让问题更加复杂化，他指示在华盛顿的孔祥熙博士宣布，当他提到中国军队时，他只是指那些已经由史迪威指挥、在缅甸作战的中国军队。

总统被弄糊涂了，但他认为自己至少在一个问题上是和蒋介石一致的，即任命一个权力很大的调解人。他选中了陆军准将帕特里克·赫尔利，他是个身材魁梧、性格豪爽的俄克拉荷马人，他那精心修剪的八字胡透着他的自信。在此之前，他担任的最高职务是在胡佛总统的手下当陆军部长。后来一想，总统又决定派唐纳德·尼尔逊陪同赫尔利一起去。尼尔逊是一位商人，当时他当过一段战时生产委员会的主席。他的特别使命是研究中国经济，他也是个身材高大，充满自信的人。9月6日，他们两人经莫斯科来到了重庆。

赫尔利到达时，蒋介石和史迪威之间的裂痕已无法弥补了。

虽然“刺头儿”深得军队和下级军官的敬仰，但中国将领讨厌他那种粗率、傲慢的作风，他们希望他不去理会军事官僚机构中的种种缺陷，或者把他的意见留在肚子里。为了保护自己，就连最高军事机构中像何应钦和陈诚这样的竞争对手，都能合起伙来在委员长面前说史迪威的坏话。

还有一个造成误解的原因是蒋介石的浙江方言。史迪威会说汉语，不愿意要翻译。但是，除了蒋介石的老乡之外，连其他中国人都觉得蒋的话难懂。当他说“好，好”时，他的意思是“我知道了，我知道了”。但在普通话里，“好”表示同意。如果史迪威是按这个意思去理解的，那就能解释为什么史迪威会指责蒋介石总是“违背诺言”。

蒋介石的浙江话引起误解的故事还有不少。

其中最有意思的是这样一件事：军事委员会联络处有一个姓侯的主任，大约1943年或1944年，有一次他被召集到委员长的办公室里，结果最后遭到了一顿训斥。他极力为自己辩护，当蒋介石吼道："枪毙！"时，他脸都吓青了。他哆哆嗦嗦地回到家里，告别了亲人和朋友。几天过去了，他仍然活着。等他缓过劲儿来时，找蒋介石的一个贴身警卫打听到底是怎么一回事。警卫的话让他松了一口气，但是他却成了人们取笑的对象，原来蒋介石常带着很重的口音吼的那句话是"强辩"！在这种情况下，双方都会有误解，因为侯是湖南人，他说话时带着很浓的地方音，蒋介石几乎听不懂他的话。这个笑话在上流社交界广为流传，这位侯先生成了大家的笑柄。

除了口音之外，蒋介石还有其他影响别人正确理解他的意思的习惯：他喜欢点头，即使他不同意说话人的观点。这是蒋介石的个人习惯，并非中国习俗。

在他与史迪威打交道的过程中，这个习惯或许又造成了一些理解方面的混乱。根据《大公报》胡霖的说法，他们两人最后闹崩是因为史迪威建议使用共产党的军队去打日本人，条件是向他们提供美国的武器弹药。虽然史迪威拒绝与周恩来会面，但史迪威的美国顾问与周恩来的助手来往密切（这些美国顾问在美国对华政策方面所起到的作用，本章还会在后面提到）。既然史迪威的政治顾问都积极支持延安，那么即使不存在别的其他原因，史迪威也很难赢得委员长的信任。

1944 年 9 月，由于军事前线吃紧，蒋介石十分有礼貌地请求史迪威把他手下的中国军队调一部分保卫云南省的龙陵，缅甸公路从这个地方横穿而过，而且当时此地正处在日军的压力之下。

史迪威拒绝了这个请求，并火冒三丈地电告马歇尔，要求给蒋介石写一封口气强硬的信，逼他就范。其实，既然蒋介石是按规矩"请求"他而不是"命令"他调动部队，那么史迪威大可不必这样做。

马歇尔亲自口授了这封写给蒋介石的信，在签上罗斯福的名字之后就于 16 日寄出了，信直接送到了史迪威的手里，这封信他读得津津有味。信中以强硬的措辞要求任命史迪威“不受限制地统率所有……部队”，并不加掩饰地威胁说，美国有可能撤回对蒋介石的一切援助。为了享受一下胜利的喜悦，看看死对头的狼狈样，史迪威决定亲自去送这封信。在进会议室之前，他把信给赫尔利看了，赫尔利建议他缓和一下语气。但这正是史迪威不愿意做的事。他走进会议室，把未经任何删改的汉译文交给了蒋介石。蒋介石读信时十分平静，没有让史迪威享受到胜利者的欢乐。

然而史迪威知道，这一击正中要害，他在日记中用十分粗鲁的语言写下了他当时的想法。他“给这个花生米塞了一把红辣椒”。他还写道:“这一刀正好扎穿了这个浑蛋的心窝。”在宣布散会之后，委员长像他的侍从们常常看到的那样，大发了一通脾气。

蒋介石让宋子文给他出主意。现在的问题是，怎样能除掉史迪威同时又保住租借物资。

蒋介石决定向罗斯福摊牌。9 月 25 日，他电告总统，要求他召回史迪威，另外派人。这时，罗斯福终于意识到让史迪威继续待在重庆已没有必要，他在那里的作用已经发挥完了，但罗斯福仍想在东亚继续让史迪威施展他的军事才能。因此，罗斯福作出了一个妥协的反应。10 月 5 日，他答应蒋介石另外派人取代史迪威担任他的参谋长，但又建议让史迪威在缅甸战役期间继续留在那里。

但是，蒋介石不会就这么便宜罗斯福，在 9 日给总统的答复中，他长篇大论地分析了开罗会议以来战争形势的发展，并不无正确地指出，由于把他手下由美国训练的军队派去了缅甸，结果使他在日本大举进攻华东时，处于兵力不足的危险境地之中，无法抵挡日军。对此，他早已提出了明确的警告。

他接着写道：史迪威“对华东战局的成败毫不关心”，而且拒绝向那里发放租借的弹药。“简言之，我们夺取了密支那，但却丧失了整个华东”。由于当时蒋介石是在罗斯福的强大压力下才向缅甸派遣部分 Y 军的，所以这封信不但批评了史迪威将军，而且也间接地批评了总统。

这一回，总统算是“领会了对方的意图”。18 日，史迪威被召回。在他临行之前，委员长授予他青天白日特别勋章，这是中国授予外国人的最高荣誉勋章。可以想象，史迪威拒绝了这个奖赏，但他咬牙接受了随后举行的告别茶会的邀请。告别会上，蒋委员长扬扬得意，口若悬河，而史迪威则闷闷不乐，一言不发。27 日，这位“刺儿头”飞离中国，一去不复返。

随着史迪威和高斯大使相继于 1944 年 9 月和 11 月离去，中美关系上第一阶段的误解就此结束。

而他们的继任者的到来，又揭开了第二阶段的序幕。这个时期的误解在深度上并不亚于前一个阶段，但在性质上却有着微妙的差别。

史迪威已识破了蒋介石的军事意图，而高斯则看穿了其政府的“民主”主张。

蒋介石拒绝向日本人进攻，使史迪威处处碰壁。就这一点而言，人们无法不对史迪威深表同情，但他这个人视野狭窄，缺乏政治头脑。当蒋介石仍然大权在握时，他却在做在华所有中美两国军队总司令的美梦，这未免太不明智了。

史迪威将军和高斯大使受职业外交顾问的影响很深，他们不加批评地全盘接受了这些顾问对中国共产主义的错误认识。史迪威自己就曾要求任命小佩顿·戴维斯担任“（他）这次任期的联络官”。戴维斯生于中国，父母都是新教传教士。约翰·斯图尔德·谢伟思也有相似的家庭背景，1944 年 7 月他作为使馆人员来到中国，当时在中国的其他职业外交官都有着基本相同的观点，他们写给国务院的报告是由他们负责中国问题的上司范宣德批转的。

这些人在 20 世纪 50 年代的“麦卡锡时代”曾名扬一时，他们都受到了长时间的调查。他们的案子引起了轰动。各自的外交生涯也就此断送掉了。

在许多年之后，重读他们当年从重庆寄回的描述当时情况的信件，稍有头脑的人便能看出，这些信并不能证明他们就是共产国际的特务。但是不可否认，他们发自中国的报道对美国政府产生了强大而且最终是决定性的影响，使美国脱离了其官方政策要支持的蒋介石政府，而转向了毛泽东的共产党。

如果说他们不是“共产党的人员”，那么其他在那关键的几年中深得总统和国务卿信任的美国顾问们则不一定也是如此。一个有意思的例子是约瑟芬·特拉斯洛·亚当斯女士，尽管她当时和美国共产党的主席厄尔·白劳德工作关系密切，但却能时常接近罗斯福总统。

实际上，美国在重庆的大使馆所提出的主要观点既是现实的，也是有先见之明的。他们的信件十分正确地指出了苏联在远东的扩张野心。他们认为：

> 中国共产党一直是跟随苏联的，但是现在民族主义正在改变着他们的态度；中国可能会爆发内战，在这场战争中，共产党取胜是不可避免的。

1945 年 3 月，谢伟思访问延安。他的报告为美国改变政策，转向

1944年11月，蒋介石向魏德迈将军授勋。

支持共产党，提出了令人信服的有力的论据。

1944年11月1日，高斯大使辞职，其继任者[①]是8月以来一直在中国担任总统私人代表的赫尔利将军，他于1945年1月8日就任大使。

在史迪威离去之后，他的指挥权被一分为二：丹尼尔·苏尔坦将军接管缅印战区，阿尔伯特·魏德迈将军指挥中国战区。赫尔利和魏德迈与他们的前任形成了鲜明的对比。赫尔利是个待人诚恳、性格外露的人，他没有职业外交家克劳伦斯·高斯所具有的那种外交方面的敏感。而魏德迈虽然有不容置疑的才智和卓越超群的气质，但在外交上和史迪威一样缺乏策略。两位新上任的人都是坚决反共的，为了他

① 高斯大使及其手下著名工作人员的信件后来收进了那一大本著名的“白皮书”，即《美国与中国的关系》（1949年由国务院发表）中。1945年时，其中的许多信件，连同大量保密的文件落到了纽约的亲共的月刊《美亚杂志》手里。后来的《美亚杂志》案也是轰动一时的案子。它的编辑菲利普·雅各布·贾菲还编辑过蒋介石《中国之命运》的英译本，他当时在美国共产党办的学校里任教，即纽约的杰佛逊政治科学学校。

们眼里的美国利益，两人都坚决支持蒋介石。

然而，这两个人又都肩负着帮助国共两党和解的任务，这个目标由于蒋介石决不让步而被排除在考虑范围之外。

赫尔利很快就和他手下的全体外交人员发生了争吵，他不同意也不希望他们报告那些有利于延安而不利于重庆的情况。魏德迈也与他的政治顾问戴维斯产生了不和，戴维斯是他从史迪威手下留下的人。但对这位顾问的建议，魏德迈还不至于像赫尔利对其部下那样恼火。然而，当魏德迈和别人一样，发现无法使中国的两党走到一起时，他所受到的挫折并不亚于赫尔利。

委员长对这两个人的任命十分高兴。赫尔利将军刚就任大使时就向国务院和他在重庆见到的所有人士讲明了他的使命，这个使命包括五个目标：

1. 防止国民政府垮台。
2. 支持蒋介石做中华民国的总统与军队的委员长。
3. 调和委员长与美国司令官之间的关系。
4. 发展中国战争物资的生产并防止经济崩溃。
5. 为击败日本，统一中国的一切军事力量。

赫尔利并没有马上认识到其中的第五个目标是与前面三个目标相互矛盾的。

他很快就尝到了苦头。他最初那种过分的自信，一方面是由于他乐观的天性造成的，而另一方面则是因为他在来华途中和斯大林及莫洛托夫在莫斯科进行了交谈，俄国人曾向他保证，他们对中国共产党已经失去了兴趣，并希望与重庆改善关系。

在赫尔利试图使国共两党合并军队的第一次努力失败以后，按照罗斯福总统的指示，他又作了一次更大的努力。那是在1944年11月，当时他飞抵延安与共产党的领导人进行了一次会谈。怀着马到成功的得意心情，他于11月10日带着一项五点建议飞回了重庆，这项建议主要的要求是建立一个有共产党参加的联合政府。当他得知蒋介石对这样一个要剥夺国民党独揽大权的资格的计划毫无兴趣时，他十分狼狈。

11月22日，蒋介石提出一项反建议，答应承认中共为合法党派，并将共军并入国民党军队。但这项建议没有同意联合，在共产党方面周恩来起初接受了蒋介石的反建议，但是12月8日他离开重庆返回延安时又改变了态度，认为这些建议无法接受。在28日从延安发来的电报中，他要求释放所有的政治犯，撤走包围共产党地区的国民党军队，废除一切压迫性的规定，停止秘密警察的一切活动。

这种突然的转变使赫尔利感到又着急又失望，尽管委员长并没有这种感觉。不久，赫尔利就发现，美国战略情报局（中央情报局在战时的前身）已秘密提出向25000名共产党游击队提供全部装备，以便在华北日军的后方开展破坏活动，这样一来共产党就没有那么高的热情与国民党谈判了。

当赫尔利和魏德迈发现了他们背后发生的这些情况之后，便明确地向共产党表示，美国政府不会牺牲重庆来和他们打交道。1945年1月24日，周恩来回到国民党的首都，准备参加另一轮会谈。

要使国共双方消除分歧，看来没有捷径可走。周恩来坚持在联合政府建立以后才能移交军队，而蒋介石则要求共产党先解散他们的军事组织再来谈联合。

由于周恩来没有让步的表示，蒋介石便宣布他将在5月4日召集一次会议，开始按孙中山的遗嘱起草宪法，以废除一党专制，建立宪政。

由于担心共产党会被排除在这一重大行动之外，周恩来又做出了和解的姿态。2 月 3 日，双方发表了一项联合建议，提出召开政治协商会议，取代国民大会，以便为建立宪政开辟道路，同时为统一军队制订一个共同的方案和计划，并决定国民党以外其他党派的参政方式。

就在此刻，在数千英里之外的苏联克里米亚，正在开一个意义更加重大的会议。这是“二战”期间的最后一次首脑会议，它将决定战后世界的格局。会议 2 月 4 日于雅尔塔召开，一周以后结束。

这时的罗斯福总统已精疲力竭，形容枯槁，的确到了行将就木的地步。就这样，他在协约上把中国的领土主权交给了斯大林，并把东欧也交给了他。而丘吉尔则无能为力地在一旁看着这一切，听着这一切。

在这些整整过了一年才公开的秘密条款中，斯大林同意“在德国投降两三个月、欧洲战争结束之后”参加对日作战。作为回报，苏联将得到千岛群岛，霸占外蒙古、南萨哈林（库页）岛及附近岛屿，并控制东北的港口和铁路设施。

按道理，涉及外蒙古和东北的条款应征求蒋介石的同意，但罗斯福总统却把这一切都包办了。

斯大林耍的一个主要手腕，就是他“准备与中华民国政府签订一项友好同盟条约……以其武装力量帮助中国，将中国从日本的奴役下解放出来”。就这样，这位苏联的领导人一下子就达到了沙俄帝国一直梦想实现的目标——在远东扩张领土，打垮日本，并削弱中国。

显然，雅尔塔会议的条款直接违背了罗斯福在开罗首脑会议上所作的庄严承诺，比起在德黑兰会议上制定的条款是有过之而无不及的。辛亥革命的一个重要目标，就是实现使中国不再在国际上遭受屈辱的强烈愿望。1937 年，蒋介石抗日参战，其最高目标就是要恢复中国的领土完整。

可是，在雅尔塔，罗斯福总统这个曾对中国作出过保证的人，却背叛了自己的诺言，放弃了他说过要支持的一切。

需要指出的是，在雅尔塔会议期间，美国正在准备对日本开展大规模的空中进攻，原子弹也即将投入生产。美国的军事指挥官们明白，他们不需苏联的帮助就能击败日本。

然而在这种情况下，罗斯福总统不但没有与委员长商量就签订了“雅尔塔协议”，而且还背着他对斯大林作出了一个许诺，即其中的内容暂不告诉蒋介石。

至于什么时候再告诉他，斯大林回答说：“等我们从西线腾出一些部队，往远东调去25个师时……就可以同蒋介石元帅谈这些事情了。”

这个秘密保守得十分严密。美国国务卿詹姆斯·F. 贝尔纳斯后来承认，他都是在事后七个月才知道雅尔塔会议的远东条款，虽然他当时也出席了这次会议。

1945年3月2日，罗斯福在向国会报告雅尔塔会议的情况时，若无其事地说：“很自然，这次会议只涉及欧洲的战争和欧洲的政治问题，与太平洋战争无关。”

尽管采取了种种保密措施，有关牺牲中国的传闻还是传到了蒋介石的耳里。极度不安的赫尔利大使在雅尔塔会议结束大约一周之后，于2月19日离开重庆回到了华盛顿。在白宫，总统把雅尔塔协议给赫尔利看了。

3月6日，当蒋介石的外交部长宋子文拍电报给赫尔利求见总统时，这位大使仍在华盛顿。宋子文得到的答复是，在既定的旧金山会议召开之前，来不及进行有益的会谈。旧金山会议定于4月25日召开，将讨论建立联合国的事。这时，蒋介石已经得到了有关雅尔塔会议相当准确的情报。于是，宋子文3月10日又给罗斯福的私人助手哈里·霍普金斯拍了一封电报。在给赫尔利的电报中没有提及雅尔塔会议，而给霍普金斯的电报则提到了此事。宋子文提出他将以代总理而不是外交部长的身份访美。

宋子文的电报没有得到答复，他的访问被推迟到了旧金山会议之后。在这次会议之前，富兰克林·罗斯福就于4月12日死去了。

此时，蒋介石对于他所面临的形势和问题有了一个十分清楚的认识。他的心思已完全扑在了中国战后的权力斗争上。他感到末日就要到来了。在他看来，不管美国人会施加什么样的压力，接受共产党建立联合政府的要求都将会引起灾难性的后果，因为这样无异于不战而败。

他必须争取时间，必须在敌对状态结束之后争取足够的时间，以使自己处于必胜的位置。但是，同时他还必须稳住美国人，他们一直在抱怨他的政府不民主，并且正逐步倾向于支持他的对头共产党。在相当长的一段时间里，委员长一直没有采取什么行动，只是主持着他那个懒惰低效的政府。

现在，他要让人们看到，他并没有失去他的政治技巧和果断决策的权力。3月1日，他宣布“国民大会”将于11月12日召开，以推行“宪政”。一旦推行宪政之后，一切政党就是平等的了。即使在此之前，中国共产党和其他党派也可以参政，但是最终的决策权力和责任仍掌握在国民政府手中。

蒋介石是从领土和权力两方面去考虑的。一旦日本人撤走，中国的绝大部分土地，至少在名义上将由国民党控制。通过继续把持政府，他便可以得到组织地方行政机构的权力，进而控制“国民大会”的代表人选。

毛泽东和他的同事们自然看穿了这套把戏，并在 3 月 9 日指责整个方案是一个“欺骗性的分裂中国”的计划。专门处理麻烦事的周恩来退出了由赫尔利发起的会谈。

然而，共产党对于蒋介石建议的政治措施，还不能完全置之不理，但他们首先必须制定一个适用于今后这段关键时期的政策。

4 月 23 日，中国共产党第七次代表大会在毛泽东的主持下在延安召开，会议一直开到 6 月 11 日。

这时，共产党宣布他们已做好了重新与国民党谈判的准备，甚至可以按蒋介石的条件有保留地参加政治活动。毛泽东宣布，中国共产党现在控制的解放区已有 9550 万人口，在这些解放区里，“地方的联合政府已经或者正在由人民选出”。毛泽东还说，他们的军队有 91 万兵力，另外还有 220 万民兵。对此，蒋介石和美国情报机关有不同的估计。蒋介石的估计是，共产党有 30 万武装军队，而美国情报机关估计共产党有 47.5 万兵力、20.7 万条枪支。

当中共代表大会仍在进行时，国民党也召开了它的第六次代表大会，会议从 5 月 5 日一直开到 21 日。自然，蒋介石再次当选为党的总裁。“国民大会”的召开日期定在 11 月 12 日。

会议向共产党作出了一个让步：即同意通过立法使一切政党获得合法地位，而有关“国民大会”参加成员的重要问题，则留待“人民政治协商会议”决定，“在这个会议上一切党派都将有代表参加”。7 月 1 日，一个由国民党成员和民主同盟的代表组成的代表团飞抵延安。但是，他们从延安带回来的答复却没有让蒋介石满意。

毛泽东建议，推迟国民大会的召开，中国的各大政党应该开会讨论建立一个临时的联合政府。

蒋介石面临的第二个问题是，如何从寄托于国际的已破碎的希望中再捞回一些东西。

罗斯福的继任者杜鲁门总统，于5月26日把哈里·霍普金斯（又是一个不久于人世的人）派到了莫斯科。斯大林告诉他，苏联人已准备好于8月8日开始在中国作战。但是，在中苏订立条约之前，他们不会参战。

他声称支持蒋介石作为唯一有资格领导中国的人，至于领土他对满洲和新疆都没有任何企图。他甚至准备让国民党的代表在由苏军占领的满洲地区组织地方政府。6月15日，赫尔利拜见蒋介石，向他正式通报了雅尔塔会议的协定。

美国决定牺牲中国、支持在满洲的俄国人的消息显然震动了蒋介石，但他保持了平静。他建议，中苏签订任何协议都应有美国和英国参加，大连港的海军基地应由四国联合处置，而且英美应该参加中苏移交库页岛和千岛群岛的讨论。

如果赫尔利回答时的态度还不算冷淡的话，那么他的答复本身则是冷冰冰的——美国政府将遵守雅尔塔协议。蒋介石的建议没有一个是可以接受的。

于是，蒋介石召见宋子文，向他下达了几点简要的指示，并派他前往莫斯科。6月下旬，宋子文抵达莫斯科，这位外交部长此行的目的是反映委员长的立场。

尽管中国处于弱势，但宋子文仍不愿让步，这也是蒋介石的意思。宋子文与斯大林和莫洛托夫进行了一周的会谈，但是双方的分歧之大，一如当初。7月14日，斯大林去参加波茨坦会议，宋子文也回到了重庆。

由于杜鲁门不像罗斯福那样倾向于妥协，因此他想使美国在满洲问题上也有一个发言权，于是他要求斯大林同意使大连成为一个“自由港”。当蒋介石听说这件事之后，他得到了一点安慰，因为杜鲁门毕竟有意要满足他的一些要求，而在赫尔利那里这些要求都被断然拒绝了。

8月7日，宋子文率领一个新的代表团赴莫斯科，这一次，他是作为总理前往的，随行的还有新上任的外交部长王世杰博士。

这时的形势正在迅速地发展。就在一天之前的8月6日，美国向广岛投下了一颗原子弹。8日，苏联向日本宣战。两天之后，第二颗原子弹落在了长崎。由于相信有杜鲁门的支持，所以宋子文和王世杰开始时的态度都十分坚决。

这些事情过去了将近三十年之后，我在台北见到了王世杰。他告诉我，他当时曾要求斯大林作出一个具体的保证，但斯大林却反问道："你们想让我干什么？去打毛泽东吗？"王世杰反驳说，他要求俄国人所做的一切，就是他们必须保证不向中国共产党提供政治上或物质上的援助，这种援助都应提供给中华民国的合法政府。斯大林答应了。但是，到了最后，宋子文却拒绝在由莫洛托夫起草的新协议上签字。王世杰博士看到这件事已别无选择，便在虚线上签了字。

对中国来说，这是一个很苛刻的协定：

> 中国人允许苏联将大连港作为海军基地使用，同意宣布大连为自由港口，答应外蒙古的地位由公民投票决定（苏联人后来控制了这次投票），并且同意中国的长春铁路由中苏共同所有。反过来，斯大林只作了一些没有什么约束力的保证，即承认国民政府为中国的合法政府，不干涉中国的内部事务。

拖到这时，杜鲁门才作出了一个已为时过晚的决定。他想采取军事行动，抢在苏联控制东北之前占领此地。8月11日，他向参谋长联席会议主席下达了命令，要求他们在日本投降之后马上准备占领大连和朝鲜的汉城，“如果那时这两个港口还没有被苏联军队夺走”。然而，一周之后，这项命令便被取消了，因为苏联军队已抢先到达了大连，并牢牢地控制了东北。

当中苏会谈仍在莫斯科进行时，日本内阁已提出投降。接受投降是在8月14日——中苏条约签订的当天。9月2日，在停靠于东京湾的美国密苏里战舰上，日本正式签署了投降书。

对中国而言，一场战争结束了，而另一场战争即将到来。

第十九章

马歇尔使命的失败

赫尔利的自信是由于无知造成的，而毛泽东和蒋介石无比的自信则属于另一个类型：他们都有坚定的信念，认为自己代表着中国。

马歇尔严厉地指责蒋介石用军事行动破坏了他的调解工作，并指责他把70%的预算用于军费，使国家经济陷于崩溃，这样做只会为共产主义的蔓延提供肥沃的土壤。

日本垮台之快使得蒋介石及其政府毫无准备。

埃里克·周讲的一件事就能证明这一点。1945年8月份的时候，他是天津市长萧振瀛的私人秘书。[①]

15日这一天，萧振瀛正在他的乡下别墅里与当时国民党的总参谋长陈诚将军及另外两个人打麻将。这时，电话铃响了，电话是从总统官邸打来的，要找参谋长。陈诚从麻将桌旁站起身来，嘴里嘟嘟囔囔地抱怨电话打搅了他们的牌局。其他人在一旁听着，试图从陈诚的反应中猜出谈话的内容。但是，他只反复说“是，是”。放下听筒之后，他转过身来，突然大声说道：“好了，是他。为什么——日本人非得今天投降？现在我要去参加胜利游行了，偏赶在我玩得正带劲的时候。”其他人都说：“就是，胜利来得太快了，我们还没来得及做什么准备呢。”萧振瀛显得比其他人更为兴奋，他说：“不信等着瞧吧，接管东北将是我们最头疼的事。”

果然，在随后的几天中，他的乡村别墅门庭若市，东北来的政客

① 此处有误。此时天津市长应是张延谔。——译者注

1945年9月10日，冷欣将日本投降书呈递给在重庆的蒋介石。

络绎不绝。除了萧振瀛之外，大家都一致认为应该释放少帅，并请他出任东北军的最高统帅。他们的主要理由是，在东北没有人能像张学良那样受人拥戴。

但是，他们没有想到，蒋介石会对张学良记恨终生。张背叛过蒋介石，甚至还羞辱过他。蒋介石决定不释放张学良——或者说对此事根本不予考虑。

这样一来，委员长面前便出现了一种进退两难的局面，在东北有能力有威望的政界人士中，找不出对他忠心耿耿的人。由于没有一个现成的“统帅”，蒋介石决定分疆而治。于是，他把原有的三省重新划分为九个省，哈尔滨和长春则作为行政院直辖的特别城市。这样一来，他就弄出了九位省长的空缺，他把这些职位留给了东北地区与“CC系”有关系的二三流政客，而东北的民众则根本没听说过这些人。

蒋介石不但不释放少帅，不让他工作，就连少帅的同事也一个都不让返回东北，即使以非官方的身份也不行。出人意料的是，身为满族人的埃里克·周却被从未见过面的哈尔滨新任市长杨绰庵看中，杨绰庵请他当自己的第一秘书长，被他婉言拒绝了。杨绰庵也是一个忠诚的国民党党员——一名政学系的成员。

由于仍需一位最高统帅，蒋介石便任命另外一名政学系成员熊式辉为东北九省的最高长官——这使“CC系”和黄埔系的人很不高兴。

在任命熊式辉的同时，委员长还任命他的儿子蒋经国为外交特派员，专门负责与苏联占领军打交道。

几个星期之后，蒋介石邀请老资格的记者胡霖在重庆进行了一次非正式的密谈，征求他对战后恢复重建工作的意见。现在看来，胡霖的意见当时对蒋是有利的，但委员长全没听进去。

胡霖的建议是：

1. 将首都迁回北平，并将其改称为北京。其目的是为了赢得黄河以北的人民对国民党的支持，由于该党曾选定南京为首都。因此，北方人便觉得他们脱离了政治生活的主流，成了二等公民。

2. 要么认真与共产党谈判，要么公开向他们宣战，不要理会美国政府的建议。

3. 接管日占区的工作一定要体现出公平和同情，不搞政治迫害。因为，与日本人合作的人绝大多数都是违心支持傀儡政府的。日本人打进来时，国民党仓皇撤走，而其他绝大多数人则被扔下没有人管。

4. 由于日本人从1931年起将东北占领了15年，因此，应给予东北特殊的关怀。

5. 在原来日本人占领的乡村地区实行农业改革。

6. 高度重视日占区青年的再教育问题。

蒋介石对此建议无动于衷。

少帅不能获释，就因为他曾是一个“叛逆”。同样，曾在日本人手下做过事，甚至仅仅在日战区生活过的人都不可能得到委员长的谅解和信任。

人民原以为他们被解放了，但他们很快就发现，骑在他们头上的只不过是又换了一拨。

日本刚刚投降，重庆就马上派出官员接收南京、上海、北平和天津。这些前来作威作福的“解放者”，像贪婪的饿狼一样突然骑到了人们的头上。他们毫无同情心，脑子里根本没有一点儿恢复重建的概念。所有的东西都要没收：黄金、房子、汽车、女人。

在他们口中，“重庆”一词的意思就是：“芝麻，开门！”借此他们可以为所欲为。

曾为日本人工作过的人均被逮捕入狱。但是，只要他们拿出现金和财物进行贿赂，就往往可以被保释，或免遭逮捕。那些为汪精卫政权卖过命的人，他们的亲戚朋友也受到了牵连。这些人的贿赂往往容易奏效，可以使其免受铁窗之苦。

不光是重庆的官员从接收工作中发了大财，当时有一位英官员坐飞机每周于重庆和上海之间往返一次，把成箱的中国钞票带到上海，以官方汇率兑换成外币。经过几个来回，他就赚了 10 万美元，随后便辞去了官方的职务。此人在担任“盟国”官员期间，在上海市原来的法国租界中还占了两幢漂亮的洋房，据说他离职去香港享清福时卖掉了房子，又得到了一大笔钱。

此外，还有一个当时在美国新闻处工作的人，据说此人借美国新闻处的名义收买了敌军财产管理局——“接收”机构的一个分支，搞到了 12 幢空房子。这些房子都在虹口区迪斯威尔路边的一条小街上，原来住的是上海的日本人。一般来说，这种带花园和阳台的英式三层楼房，每幢都应收 200 盎司黄金作为有关的费用。但此人却分文不花，就搞到了这些房了。他挑了一幢最好的留给自己住，其余的便让他的朋友们分享了，在上海人们的眼中，那位英国官员与在美国新闻处工作的人，都属于“重庆来的官员”。

当时，有几句民谣十分流行，就连孩子们都会唱：

想中央，盼中央，中央来了更遭殃。

过了一段时间，就轮到东北了。那些接收人员拿走了车间里的工具和医院里的设备，而这些东西不久便出现在街头小贩的货摊上。住宅和办公楼的房顶、门窗和水管也被洗劫。

台湾的情况也和东北一样。在这个日本帝国最富饶的殖民地上，成群的国民党人为了私利而大肆掠夺。

在所有这些地方，国民党官员的所作所为震惊了当地的人民，使他们对国民党更疏远了。“中央政府”这个词在普通百姓的口中带着轻蔑的含义。过了不久，那些为政府工作的人也不愿提及自己的身份了。

蒋介石对这些暴行置若罔闻。

日本投降之后，他满脑子想的都是上层的政治问题——尤其是在与中国共产党保持距离的同时，如何能继续得到美国的支持。因为，美国人要他去拥抱不共戴天的对手。他准备以某种方式来满足美国人的要求。他已有 18 年没有见到另一位能够掌握中国命运的人了。

而现在，1945 年 8 月 28 日，蒋介石和毛泽东在重庆握手会面了。

迫于美国国务院的压力，在抗战胜利之后，蒋介石接连三次向毛泽东发出邀请。毛泽东表示，如果赫尔利来接他，并以其个人的名义保证他的安全，他可以前往。

一年前，赫尔利访问延安时，毛泽东曾见过他。和到延安时一样，赫尔利在重庆也突然心血来潮地跳起了印第安人的练兵舞，口里还“呀呀、呀呀”地尖叫着，把中国东道主吓了一跳。据说他喊的是阿克陶族人的方言，年轻时他曾在俄克拉荷马学过这种方言。

他头脑简单，对于中国问题，不愿意也没有能力进行研究，所以他最初以为促使共产党和国民党联合是不会有什么问题的。1944年，正当他认为成功唾手可得时，没想到竟前功尽弃。不过这丝毫没有减弱他的自信。这一次他确信，国共合作已指日可待。

赫尔利的自信是由于无知造成的，而毛泽东和蒋介石无比的自信则属于另一个类型：他们都有坚定的信念，认为自己代表着中国。

当然，他们各自都有充分的理由不信任对方。在这种情况下，他们之间的会谈注定要失败。苏联人掌握着解决问题的关键。

尽管蒋介石——通过宋子文和王世杰——在中苏条约的谈判中处于弱势，但该条约还是赋予了他在政治上压倒毛泽东的明显优势。

不过，从地理位置上看，毛泽东进军东北比蒋介石要方便一些。8月9日，苏联人进入中国的第二天，毛泽东便向日本人发起了全国范围的反击。10日，朱德将军要求日军和伪军放下武器。

但只有少数日军和伪军向共产党投降，而大多数则向政府军缴了械。这样一来，除了魏德迈将军指挥的由美国人负责训练和装备的39个师之外，国民党的军队又从日本人那里得到了足够武装40个师的装备。

苏联人进军东北之后，不让美国人和中央政府在这个重要的工业区立稳脚跟，他们只允许红军进入东北。

在从北面和东面进入东北的苏军中，还有一批驮着辎重的中国共产党的部队，他们可以在小城镇建立地方政府并设置防御设施。另外一支苏联军队经过内蒙古及河北北部进入了东北的南部，他们与林彪指挥的共产党军队会合，并为其提供铁路运输。林彪的部队很快便在南部建立了许多行政和防御设施，配合北部已经建立起来的据点。

在这个关键时刻，蒋介石的面前不仅有苏联和本国的对手所设置的障碍，美国盟友的态度也阻碍着他实施他的战略方针。

在 8 月和 9 月间，他关心的头一件事就是夺回中国东部的重要城市，如南京、上海、汉口和北平。

中央军是坐着由美国提供的飞机和军舰进入这些城市的。诚然，在受降和安排遣返日军的过程中，蒋介石得到了麦卡锡将军、魏德迈将军、巴比上将及其他美国军官的全力支持和援助。

但当蒋介石的部队就要到达北平西北部的张家口和赤峰时——从这两个地方他们可以阻止毛泽东的军队进入东北——马歇尔将军给蒋介石施加了很大压力，迫使他下令停火并停止前进。这一决定使得中国共产党比较顺利地进入了东北。

正是这些部队，在经过了苏联人的重新整编、训练和武装之后，回到中原，完成了对整个大陆的占领。

无疑，魏德迈将军对马歇尔将军的行动所造成的后果十分关注。在军事上，他认为中央军在经过长期的艰苦战争之后，没有能力夺取东北，他建议蒋介石巩固其现有的地盘。

但是他也意识到，需要在中国北部和东北一带建立一道屏障，以阻挡苏联的军队。出于这个目的，他要求华盛顿再向中国派 17 个师的美军。然而，他只得到了两个海军陆战队的兵力。

毛泽东刚到重庆时的局势就是这样的。他在重庆待了七个多星期。

会谈分两个级别进行，即毛泽东与蒋介石的会谈和低一级的两党会谈。其中，国民党方面有张群、王世杰和邵力子参加，共产党方面有周恩来和王若飞参加。会谈一开始，双方就摆出了各自的观点。

蒋介石与毛泽东（右）合影

蒋介石坚决要求共产党解散军队，将其并入国民军，以此作为参加国民政府的条件。

而毛泽东则同样坚决。他坚持共产党在正式编入国民军时，应保持原有的编制并仍由现任军官指挥。而且，共产党还要参加国民党军事委员会。

永远那么乐观的赫尔利曾希望在他9月22日回美国治病和述职之前，国共能够达成协议。

他给毛泽东发了一封信，讲明了他的意思，然后就和张群一起，坐下来等待这位共产党领导人的回音。

他计划在得到答复之后，就上飞机。

信是回了，但没有提到协议的事。

毛泽东只是请赫尔利暂缓回国，直到陪他安全地回到延安。赫尔利找到了蒋介石，蒋说他将保证毛泽东安全返回。但是，毛泽东坚持要大使作出书面保证，以确保他安全返回。他得到了这个保证。

赫尔利带着失望飞离了中国。

蒋介石没有采纳魏德迈的建议，他决定行使中苏条约赋予他的权力占领东北。

然而，使他烦恼的消息不断传来。苏军正在有步骤地拆卸东北的工业设施，并将其运回苏联。从表面上看，如果苏联人像蒋介石想象的那样，准备把东北交给他的对头共产党，那么这一举动就很令人费解。由于缺少苏联方面的资料，人们只能推测。

斯大林认为美国人也和他一样在耍手段，他不相信美国人会听任他实行他在中国东北的计划，所以他不想让国民党到来时得到那里的工业设施。可是在美国方面，并没有真正下决心支持中央政府在东北的权力，尽管罗斯福在开罗会议上作过这样的保证。

10 月 6 日（毛泽东仍在重庆），美国海军试图让国民党军队在大连登陆，被苏联拒绝。其理由是大连是个商业港口，不能用于军事目的。

随后美国人又不大热心地试了另外两个港口，同样遭到拒绝。这两次拒绝他们的不是苏联人，而是中国共产党。直到 11 月 1 日，国民党才在山海关登陆，这使他们在南部有了一个小小的落脚点。

10 月 10 日，正好是双十节。毛泽东、蒋介石和他们的助手起草了一份联合公报，公报没有掩盖双方完全缺乏共同点这一事实。

这份联合公报直到第二天毛泽东飞回延安之后才发表。在两个问题上，公报似乎表现了某种进展。例如，虽然政府拒绝承认“解放区”的共产党政府，但却同意扩大地区性的自治。至于武装力量，共产党出人意料地同意在全国范围内将其原有的 80 ～ 100 个师的兵力削减为 20 ～ 24 个师，并将部队驻扎在指定区域内。

这些事情还没有安排好，国共两党之间的小型冲突几周之内便在各地爆发了。

蒋介石和毛泽东会谈的失败对帕特里克·赫尔利大使来说是致命的一击。从他上任开始，就与他手下的中国问题专家发生了争执。

和他争论最多的是他的工作人员中最勤奋的一个，即谢伟思。他从不放过任何一个攻击蒋介石及其政府、颂扬中国共产党的机会。他认为，共产党才是这个国家里真正的民主主义者。

谢伟思曾多次毅然建议美国政府由支持蒋介石转为支持毛泽东。有一次，赫尔利先生曾警告他说：“如果你只管汇报情况，我们还可以继续合作。但是，如果你想干涉我的事情，我就赶你走！”

看到谢伟思仍无视他的警告，赫尔利大使便把他召回了华盛顿，当时是 1945 年 4 月。

不久之后，谢伟恩便和另外三个同事一起被捕了。因为共产党的前线刊物《美亚杂志》的编辑部里发现了大约 100 份他写的电文。

使馆工作人员中另一位与谢伟思观点相同的人是约翰·戴维斯。在 1944 年 12 月 12 日的一份秘密报告中，他建议美国中止对国民党军队的援助，除非他们停止阻击共产党的部队。戴维斯曾在魏德迈将军手下当过他的临时政治顾问。赫尔利也把他召回去了。

1945 年 11 月 26 日，帕特里克·赫尔利向总统杜鲁门递交了辞呈。在他的信中，他指责大使馆和国务院里的“职业外交人员”站在中国共产党一边。

有些人对共产党说，赫尔利为防止国民党政府倒台所作的努力“并不代表美国的政策”，他们还劝告毛泽东“拒绝将中国共产党的军队与国民党合并，除非把领导权交给共产党”。

11 月 27 日，杜鲁门总统宣布接受赫尔利的辞呈，同时任命乔治·C. 马歇尔将军以大使的身份作为他在中国的特别代表。

在 12 月的头两个星期里，马歇尔与总统、国务卿贝尔纳斯、副国务卿迪恩斯·艾奇逊进行了一系列的会谈，反复研究了美国下一阶段的对华政策。

政策基本没变，只作了几处重要解释。马歇尔将军继续奉行前任的政策，努力实现政治上的统一。但是，如果他的努力失败了——即使失败是由于蒋介石拒绝合作而造成的——美国政府也仍将继续支持国民党政府。

此外，大家一致同意，美国应帮助蒋介石向北方进军，“以便结束日军的遣返工作”。不管调解成功与否，美国政府将支持蒋介石，这个决定将对外保密。

美国之所以支持蒋介石在华北建立军事力量，表面上所说的理由不过是用来遮人耳目的，实际上是为了使马歇尔将军能保证国民党在与共产党对抗中军事力量始终处于优势。

总统还声明，中国的建议将得到美国慷慨的经济援助，前提是马歇尔将军能完成建立一个联合政府的使命。

蒋介石为杜鲁门总统任命马歇尔而拍手叫好，毛泽东和斯大林也为此高兴，卷入中国之争的各方都觉得这一任命会对自己有利。

总统的特使带着三项具体的指示来到了重庆。他将努力促使国民政府和共产党停止敌对行动，完成将共产党军队按比例编入国民军的工作，并召集一个有国民党、共产党、民盟及其他团体参加的全国性会议。会议的目的在于结束国民党的领导，并使共产党参加联合政府。

马歇尔将军是“二战”中的一位伟大的战士，是使盟军得以获胜的主要功臣。带着这种威望，他接受了去中国的使命。

他性格沉稳，举止文雅，而且品德高尚，为人正直。尽管他的聪明才智比赫尔利更胜一筹，但他对错综复杂、明争暗斗的中国政坛并不比赫尔利更谙熟。他刚一到达就被各方包围了。

其中当然有国民党，因为他是被派往蒋介石的政府的，另外还有共产党方面的周恩来以及张澜、罗隆基等民盟的领导人。民盟被国民党视为共产党阵线中的组织。

马歇尔最关心的事情之一，就是要保证赫尔利的继任者既能称职，

1945年12月，蒋介石夫妇与马歇尔在一起。

又能受到欢迎。他起先推荐魏德迈将军，因为蒋介石很信任他。马歇尔似乎从没想到过，蒋介石的信任这一点足以使共产党人认为魏德迈不够格。

他在一次非正式的记者招待会上透露了对魏德迈将军的任命。周恩来马上便知道了这个消息，他向马歇尔提出了强烈抗议，声称共产党一方完全不能接受魏德迈。

马歇尔将军很尴尬，他电告在华盛顿的艾奇逊，请他取消这项任命。

当马歇尔让周恩来提一个可以接受的人选时，这位共产党的领导人推荐了燕京大学的校长司徒雷登博士。司徒雷登博士在中国工作了大半生，颇受人们尊敬，但是他对中国的政界却并不熟悉。

国民党把共产党否决对魏德迈的提名一事，看作是敌人的一次胜利。

马歇尔将军以他那军人的果敢，向他宣布的三个目标迈进。

第一个目标是停止敌对行动。在这一点上，中央政府满足了他的一半要求，他们建立了一个三人委员会，由马歇尔领导这个委员会，另外加上中央政府的代表张群和共产党的代表周恩来。1946 年 1 月 10 日国共双方在名义上达成了一项停火协定。蒋介石和毛泽东命令各自的武装于 13 日停止一切军事敌对行动。在北平成立了一个军事调解执行部，任命了八个停战小组，每组包括一个美国人，一个政府代表和一个共产党人。

时隔不久，人们便看出这一项协议形同虚设。当谈判还在进行的时候，双方的军队便在河北、山西、绥远、江苏北部及山东等地发生了战斗。

周恩来坚持内蒙古的赤峰和另外一个要塞在停火期间，应由共产党控制。为表示诚意，蒋介石勉强答应了这一点，这样共产党便掌握了控制热河的关键。随后，共产党加强了在东北的兵力。4.6 万军队从山西调往东北，以加强林彪的部队。2 月份，又从河北和山东分别调来了 1 万和 4 万军队，另有 8 万军队从山东坐船，登上了苏联人控制的港口。

马歇尔将军不知道这些事，他很快又奔向他的第二和第三个目标。

1946 年 2 月 15 日，政治协商会议下设的一个军事委员会签订了一个协议，这个委员会包括国共双方的代表及马歇尔将军。根据协议，在以后的 12 个月中，要对军队进行改编。政府军减至 90 个师，共产党的军队减至 18 个师。再过六个月，还要分别减至 50 个师和 10 个师。当时，蒋介石建议，裁军应由三人委员会进行监督，并且应该有美国人在场。共产党拒绝了这个建议。

在政治方面，蒋介石于 1 月 10 日召开了政治协商会议，会上讨论了召开国民大会及制订一部永久性的民主宪法的具体计划。在这些会上，共产党对政府的建议都表示赞同，这使马歇尔觉得，和平已近在咫尺。

这时候，蒋介石的儿子蒋经国正在莫斯科，他是应斯大林的邀请去过圣诞节的。他曾与这位苏联的领导人进行过两次会谈。

斯大林表示，他希望中国和苏联之间、国民党和共产党之间能和平相处。他还提议，蒋经国的父亲应在莫斯科或中苏边境上的某个地方与他进行一次会谈。

这一邀请使蒋介石处于进退两难的尴尬境地。如果他接受邀请，其结果可能是建立一个美国政府所要求的联合政府，并"完全依靠苏联"。如果不接受邀请，使斯大林失望，那么斯大林也许会更加无保留地支持中国共产党。

他去问马歇尔，得到的回答是："凡是有助于改善中苏关系的事情我都支持。"

3 月 13 日，马歇尔将军回到了华盛顿，深信自己已经完成了上述三项使命，接下来的目标便是善后工作了。但是，他离开中国的时候，心里肯定还是有疑虑的。

因为 3 月 8 日，他接到了使馆二秘雷蒙德·勒登写的一份备忘录，请他注意东北的共产党人日益增长的敌对态度。并说，他怀疑中国共产党已同苏联联合起来。

马歇尔将军此时回美国，实在太不是时候了。

3 月 7 日，苏联人已开始从东北南部撤退，但他们没有宣布这个情况。他们刚一撤走，中共就开进去了。消息传到蒋介石那里，他便立即决定不顾共产党军队的抵抗，占领苏军撤退的每一座城市。但是，这已不可能了。4 月 15 日，周恩来宣布东北进入"全面敌对"的状态。停战就此夭折。共产党占领了长春、哈尔滨和齐齐哈尔，更重要的是他们还占领了四平街。这样，他们便有力量堵住蒋介石向东北派驻的军队。

4月18日，马歇尔的政策已乱了套。这时他回到了中国。19日[①]，国民党大举进攻，占领了四平街，并追击林彪的后撤部队。

从军事角度上看，1946年5、6月份在东北发生的一系列事件，就已决定了国民党军队在内战后期不可避免的大溃败。

在这个阶段，苏联没有向共产党提供军用物资。除了步枪之外，共产党的大部分装备都是从政府军兵器库里夺来的。

斯大林在莫斯科权衡了时局之后，决定请蒋介石到莫斯科来会谈，以讨论对东北的重新安排，而这一新的安排将把美国人排除在外。

斯大林知道美国根本不会在乎被人排挤在东北之外，他们关心的事主要是避免过多地卷入。

不出斯大林所料，马歇尔将军和杜鲁门总统都强烈要求蒋介石接受斯大林的邀请。然而他们也有重重顾虑，他们担心东北将来会纳入苏联的经济。

他们认为，斯大林的这一建议增加了国共双方在既没有美国也没有苏联介入的情况下联合统治东北的可能性。于是，马歇尔便加倍努力地劝说蒋介石与共产党建立一个联合政府。

然而，蒋介石对于这些建议置若罔闻。他很清楚——虽然美国人还没有明白——他的政府和美国政府之间已不可能制定出对付苏联的共同策略。因此，他作出了一项重大的决定——“必要的话，将单独抵抗苏联的侵略”。他不会同意“建立联合政府”而使中国受到削弱。于是，他拒绝了斯大林的邀请。

蒋介石这个决定的直接后果，是使他陷入了一个更加困难的境地。

---

① 应为5月19日。——译者注

起初，斯大林虽为中国共产党进入东北打开了方便之门，但他们已运走了东北的重要工业设备，没有让中国共产党得到这个工业基地，而且在武器弹药方面也几乎没有给共产党提供什么援助。

可是现在，斯大林突然改变了做法。在随后的几个月中，苏联送给中国共产党 1226 支枪和 369 辆坦克，这些都是由日本生产的。另外还提供了 30 万支步枪，4836 架机关枪和 2300 辆机动车辆。总而言之，所援助的武器和装备可以武装一支五六十万人的军队，此外中国共产党的原莫斯科的领导人李立三也于 1946 年冬至 1947 年被派回中国，以便将 10 万北朝鲜军队并入林彪的队伍。

由于中国共产党的军队需要经过训练才能掌握这些新式的现代化武器，所以这些大规模的军事援助起初并没有起到什么决定性的作用。但是后来，这些援助使共产党获得了压倒国民党的优势。

4 月 18 日，马歇尔回到中国那天，也是四平街战役打得正激烈的时候。① 他试图劝说蒋介石停止进攻，但是没有奏效。蒋介石看到胜利在望，再怎么劝他停战他也不会回头。

5 月，蒋介石赶到沈阳指挥战斗。29 日，他收到了马歇尔在一封怒气冲冲的信中的威胁——除非马上停止战斗，否则他将退出调解。

当马歇尔在重庆向周恩来解释这些情况时，周恩来意味深长地说："他们那时正站在中国历史的转折点上。"对此，周恩来心中十分清楚，虽然马歇尔还不明白，这位调解人后来在 6 月 23 日又与周恩来进行了一次会谈，当他听到共产党的这位代表指责他在中国实行"双重政策"时，他大吃一惊，周恩来说美国一面支持国民党，一面又假装调解。凡是熟悉共产党的谈判之道的人都会明白，他们在谈判中变换口气意

① 时间有误，四平街战役发生在 5 月份。——译者注

味着什么。但是，马歇尔并不明白，他只把这些话当成了对他个人的指责。

谈判仍在继续，6月26日，国共在东北达成了一个停火协定。

尽管双方在7月1日都宣布这个停火协定将无限期地延长，但人们很快就看出，它和前一个协定一样不起作用。4日，蒋介石宣布国民大会将于11月12日举行。

7日，苏联和中国共产党同时发表宣言，谴责美国支持蒋介石政府。这就是周恩来在变换口气时要传达给马歇尔的信息。

此时，蒋介石已经明白继续谈判已没有任何意义，而马歇尔及他的上司们却没能看到这一点。

蒋介石命令他的军队开始进攻，到9月中旬华北的主要铁路干线已在国民党的控制之下，共产党的军队撤退到山东和山西的山区里。这时，蒋介石瞄准了一个更大目标，即张家口，这个地方有着重要的象征意义和战略意义。说它具有象征意义，是因为苏联曾将此城交给中国共产党，共产党曾准备将其首府从延安移到这里。它的战略地位在于，它是中国北部与西伯利亚的通道口。

为此，共产党向马歇尔将军提出了抗议，并说如果国民党军队不停止行动，他们将中断与政府的谈判。蒋介石置马歇尔的调解于不顾，使马歇尔越来越恼火，他强迫蒋介石停止攻占张家口的行动。但蒋介石根本听不进去，最后终于占领了这座城市。

马歇尔勃然大怒，这时他给了蒋介石及其政府和军队重重一击，他劝美国政府对中国政府实行全面的武器禁运。

美国找了一个似是而非的借口，即这些军用物资只能提供给联合政府。美国政府表示，如果禁运“最符合美国的利益”，就可以实行禁运。

然而，这一事关重大的决定既没有公开宣布，也没有通报蒋介石，蒋介石头一次听到这个消息是在 8 月 30 日。这天他得知，美国方面已拒绝签发向中国提供武器的出口许可。他还不知道，禁运早就从 7 月 29 日开始生效了。一直到第二年 5 月 26 日，禁运才正式取消。实际上，美国直到 1948 年 11 月才重新开始向中国中央政府提供武器。

在这个重大的打击面前，蒋介石只得无可奈何地承认，他现在已无法继续进攻。

10 月 10 日双十节，张家口失守。同一天，蒋介石在一年一度的双十节演说中宣布，他准备继续通过调解和协商，寻找解决问题的办法。

此时，马歇尔又天真地以为成功在望了。但是，他没有考虑到共产党，他们明白地表示，他们对通过谈判解决问题已不抱希望。他们要求政府的军队在中原撤回到 1 月 13 日的位置，在东北则撤到 6 月 7 日的位置。

这些要求使马歇尔左右为难。他对周恩来说，他觉得自己的调解工作“没有效果”。他接着说：“我已对你说过，如果中国共产党认为他们无法相信我是公正的，他们只需要说一声，我马上就走。现在你们已经这样说了，我马上离开这里，去南京。”

11 月 15 日蒋介石召集的国民大会在南京召开，共产党和民主同盟都没有出席。16 日，周恩来指责南京召开国民大会，并要求马歇尔将军提供交通，将他和其他中共代表送回延安。

现在，除了蒋介石之外，马歇尔将军已无人可谈了，他们两人于 12 月 1 日进行了一次会谈，双方的分歧已无法调解。

马歇尔严厉地指责蒋介石用军事行动破坏了他的调解工作，并指责他把 70％的预算用于军费，使国家经济陷于崩溃，这样做只会为共产主义的蔓延提供肥沃的土壤。

蒋介石回答说：共产党从来就没打算与国民党合作，在苏联的影响下，他们的目的就是要搞垮政府。唯一的办法只有消灭共产党的军队，这需要 8 ～ 10 个月。至于经济形势，他无比自信地说，不会有崩溃的危险，因为中国是农业经济。谈到这里，两个人不欢而散。

事情发展到这个地步，蒋介石显然不再理会马歇尔将军了。

他自行其是，于 11 月 27 日向“国民大会”提交了一部宪法草案，这个草案于 1946 年圣诞节那天通过。从表面上看，这部宪法处处都是按孙中山的希望制定的，它规定一切公民和种族都是平等的；实行全民不记名投票；20 岁以上的男女享有选举权；保障权利和自由；总统六年选举一次；只许连任一次，等等。

遵照孙中山的临终遗言，政府将分五个部门，即行政、立法、司法、监察和考选部门。大会同意宪法于一年之后生效。中共和民盟没有参加宪法的制定。除了国民党之外，只有两个很小的党派参加了宪法的制定工作，即青年党和张嘉森领导的民主社会党。

就中国大陆当时的情形而言，这部宪法的规定形同虚设。

在国民党被赶到台湾之后，这些规定才在那里或多或少地得到了某种程度上的执行。

看到事情已毫无希望，马歇尔将军要求将他召回。

1947 年 1 月 7 日，他回到美国，担任国务卿。

当天，他发表了一份长篇的“个人声明”，说他的失败主要是因为国民党和共产党对对方都有着“几乎无法解除的怀疑”。两党都是由极端分子操纵的，国民党里的是“一批反动派”，共产党里的则是“顽固的共产主义分子”。

他认为，在共产党里，有一批开明派，特别是那些年轻人，“他们是因为憎恶地方政府的腐败才转向共产党的”，他们会把中国人民的利益放在共产主义思想之上。

他的声明中没有提到苏联，似乎中共从这一年开始出现的强硬态度与斯大林放弃与美国合作和帮助中共壮大军队的决定毫无关系。

美国对马歇尔使命的失败作了许多反省，这些反省包括马歇尔将军自己的观点，已得到了广泛的传播。但是，中国方面的解释虽然没有引起那么大的注意，但却对马歇尔失败的原因作出了具有新意的分析。

国民党和共产党提出的条件是无法调和的，这就像两条平行线，永远走不到一起。双方都没接受美国调解人的意见。

在谈判中共产党比它的对手更成功一些。国民党的谈判代表并不是些举足轻重的人物。他们的负责人张治中在军方在党内都没有什么人支持，蒋介石对他也不太信任。他的一个姓张的助手，虽然说是代表着“CC 系”，但他的话却代表不了“CC 系”，他得听命于陈家兄弟，并向他们请示。另一位是邵力子，他没有什么作用，挑选他去谈判是因为他有一个“温和派”的名声。这三个人都不能直接找到蒋介石，只能通过张群间接地向他汇报。

张治中深知，美国希望问题能和平解决，于是他便利用这种希望，常把马歇尔的眼光引向过于乐观的和平前景。

就他个人而言，他是赞成联合政府的。他认为自己将在这样一个政府中起到举足轻重的作用。

在整个谈判过程中，陈立夫和他的“CC 系”在宣传上一直不停地攻击共产党，他们质问谈判会有什么作用。

在宣传战线上，共产党无疑在每个方面都比国民党聪明。

共产党的代表因住在梅园 5 号，离国民政府大楼只有几百码远（这幢楼在推行宪政之后改为总统办公楼），中共代表团成为中外记者唯一的消息来源。周恩来对要求进行评论的记者总是有求必应。

埃里克·周有一次早上三点去拜访他，周恩来毫不拖延地接待了他。他的发言人王炳南等也对记者十分热情。从南京发出的有关和谈的消息都是以共产党的说法为根据的，这么说毫不过分。

具有讽刺意味的是，就连国民党的传声筒中央新闻社和《中央日报》，都要靠共产党提供和谈的消息。之所以如此，是因为谈判被认为是秘密的，而且国民党的谈判代表和发言人都害怕说出什么让蒋介石不高兴的话，实在躲不过了，他们才会同意接见记者，但却拒绝发言。这使共产党一方控制了消息报道。

军方的意见是有分歧的，蒋介石直接控制的中央军完全反对与共产党讲和。抗日战争时他们与共产党之间发生的局部冲突仍记忆犹新。另外，他们受的教育一直是让他们去恨共产党，恨了这么长的时间，再让他们去爱共产党已为时过晚。

而原来的军阀手下的各种地方军队则大多采取中间立场。诚然，他们不喜欢共产党，但他们同时也恨中央军，因为中央军在装备方面有各种优先权。

阎锡山（山西的“模范省长”）是个例外，对所有的人他都说共产党对和平并不真正感兴趣。和其他的将领不同，阎锡山认为，即使能够成立一个联合政府，共产党也不会放弃将全中国共产化的计划。他在公开和私下的场合都这么说，1947 年和谈还没有破裂时，他就在太原的一次记者招待会上说出了这一点。

1946 年 6 月，马歇尔将军曾邀请《大公报》的胡霖去他在南京宁海路 5 号的住处作了一次长谈。当时，美国大使司徒雷登也在场，埃里克·周当翻译。

当马歇尔请胡霖坦率地谈谈他对和谈前景的看法时，他指出了下面几点：

1. 中国共产党不是“土地改革派”，如果美国人这么看，他们就错了。[①]

2. 建成联合政府就像建立一个“德意志法兰西联合共和国”，国共合作是没有基础的。

3. 马歇尔最多只能争取到一个暂时的和平。但是，首先他必须保证停战协定起作用，如果没有国际上的监督，停火协定就不会奏效。

4. 有一个比较实际的办法就是把东北给共产党，这样他们就可能在那里建立某种自治政府。但问题是国民党和共产党都不愿背上分裂国家的罪名。

5. 像民主同盟、青年中国党（青年党）和民主社会党这种弱小的党派既缺乏广泛的支持，又没有对大众的号召力，不应太重视他们。

6. 美国所说的那种民主，在中国这样的国家和其他亚洲国家都不可能建立起来。

7. 中国出现共产党的政权，对美国来说是弊大于利的。

8. 苏联极有可能巩固他们在东北的力量，以达到秘密援助共产党的目的。

马歇尔将军没有理会这些话。

胡霖的这些话讲得比阎锡山还要清楚，在此之前阎锡山同样没有能使马歇尔从他最初的幻想中醒悟过来。

1946 年 3 月 3 日，马歇尔曾去太原见过阎锡山。第二天，阎锡

① 当时有些美国人认为中国共产党不是真正的共产主义者，而是农业改良派。——译者注

山用车把马歇尔送到了机场，路上马歇尔说：“我想调解，而且我相信自己能够解决国共之间的矛盾，因为我给共产党的条件比苏联给他们的更好。”阎锡山说：“你在谈交易。如果共产党的确想做交易的话，你就能成功。但是，如果他们的目的是接管这个工厂，那么交易就做不成。”

马歇尔问：“你认为中国共产党真的不会妥协吗？”

阎锡山说：“这我不能肯定。这完全取决于共产党是否愿意放弃进行世界革命和无产阶级专政。”

马歇尔说：“至于中国，美国要看调解的进展如何。如果不成功，美国将全盘退出。”

平心而论，马歇尔的处境本来就不妙，美国国务院和美国驻重庆大使馆交给他的那个烂摊子，对国民党十分不利，对共产党却较为有利。他对周恩来所抱有的信心比对蒋介石的大。

现在，他走了，共产党的力量在继续壮大，而蒋介石却得不到他需要的军用物资。

正是在这种背景下，中国的内战于1947年春进入了一个一触即发的新阶段。

第二十章

蒋介石引退

司徒雷登给蒋介石带来了国务卿马歇尔的口信，马歇尔说，我已告诉过你了，单单靠军事援助是医治不了中国的疾病的。

当蒋介石问司徒雷登大使马歇尔所说的是什么意思时，大使回答说："权力必须通过授予来行使，人民的自由必须得以保护，政府和人民之间应建立密切联系。"

蒋介石说："我明白了。"然而他却像以前一样，事实上什么措施都没有采取。

1946年，中国出现了严重的经济危机，局面一发不可收拾。

蒋介石就是在这种灾难性的经济危机下和共产党对峙的。

在上海，年底的商品批发价是年初的7倍。中国货币和美元的比价在战时比较稳定，为20 ∶ 1，现已高达3350 ∶ 1，而市场开价更高，到1946年12月高达6500 ∶ 1。

同时，中国黄金储量急剧下降。抗日战争胜利时，黄金储量价值为9亿美元，高得令人吃惊。然而到了1946年年底，已下降到不足该数字的一半。

1946年全年，外援资金源源不断。从1945年11月起，联合国善后救济总署就开始往中国海运供应品，一直到1947年年底才停止这项计划。“联总”共向中国提供4.74亿元的援助，其中美国占3.58亿元。供应品大多是衣物、食品，但也有大量的基础建设设备。很多技术人员来到中国，帮助中国配给商品，开办工厂，从抗战胜利至1947年，美国进出口银行的8280万元贷款及加拿大6000万元长期贷款列入“联总”的计划项目内。

然而，很多供给品和现金却流入国民党军官和部长们的私人商店和银行里去了。

如果国家经济恢复了正常，那么全面破产的潮流即使不停止，至少也会减慢下来。但是，最大的工业中心东北已被俄国人掠夺一空。

最有希望发展的行业是纺织业。日本占领时，纺织业有所发展，但交通运输业衰落，贸易活动极为困难。铁路遭到破坏，铁轨被拆毁，桥梁被炸坏，枕木被抽去。华北主要交通动脉不断受到战争的影响。因为有美国援助，海运吨位还算令人满意，但保护主义、高运费和进港费却是一种不必要的负担。

在这种情况下，上海和其他城市的资本家宁愿做投机生意，也不愿进行生产。

1946 年年底，贷款利率每月为 15% 至 28%。宋子文下令银行应为工业企业提供生产资金，利率每月为 5% 至 8%。但是，这个利率对于生产投资来说仍然太高，因此企业往往贷款以 15% 的利率转到私人银行，每月可获利 10%。

1947 年年初，当局采取措施禁止进口货品，停止售卖黄金。但纸币仍在继续印制发行，通货膨胀不但没有减轻，反而有所加剧。

这一年，农产品的收成也不好，使得局势更加糟糕。到了 1947 年 2 月，美元与法币的比价竟高达 12000 ∶ 1。

发薪的日子里，人们口袋里装满了几乎不值钱的纸币，拿到纸币后马上就要用它来换大米、煤油、食用油、煤等，否则几小时后货物的价格就又上涨了。与 1946 年比，挣工资的人在 1947 年的生活水平降低了 1/3。

这一年的 3 月 12 日，从美国传来的消息使蒋介石错误地认为，美国终于改变了那种导致他目前困难处境的政策。

这一天，杜鲁门总统在对国会两个议院的讲话中宣布了对希腊的一项新政策，希腊面临着被革命共产党人控制的危险，美国为在军事和经济上立即援助希腊而制定了一项新政策，即“要支持那些遭受侵略而起来反抗的自由人民”。在该政策指导下，美国也要援助土耳其。

这就是著名的“杜鲁门主义”的问世。

蒋介石认为，中国面临的形势和希腊的形势有极大的相似之处，杜鲁门的政策同样也适用于中国。

蒋介石把杜鲁门的“好意”认为当然，立即命令他的军队于 14 日重新反攻。

第二天，他召开国民党中央执行委员会会议，他在会上宣布和共产党的关系已破裂，并决定镇压“武装暴乱”。

蒋介石还把这看作是除掉宋子文的好时机。他一直不喜欢宋子文，而且宋子文在制止通货膨胀问题上也并不比其前任显得高明，于是宋子文被免职，由张群接替了他的职务。

张群显得风度翩翩，温和稳健，在美国人中也有点名气，是个半路出家的基督教徒。他除了有点能力外，还十分和蔼。

他十分清楚蒋介石首先要他做的就是遵从蒋的意志。为了表明自己真心要结束国民党的“训政”时期，张群分给青年党 4 个“内阁”议席，民主社会党 2 个议席，独立派 2 个议席，国民党 14 个议席。

新政府于 4 月 18 日成立，这是个过渡政府，要到在宪法下选举出新总统后才停止行使其权力。3 月 24 日，中央执行委员会投票取消了最高国防委员会，取而代之的是国务院。后来，副总统们进行就职典礼，孙科排居第一位。

杜鲁门总统发表宣言后不久，从华盛顿吹来一股冷风——副国务卿迪安·亚克森在众议院外交事务委员会上宣布“中国政府目前和希腊政府的处境并不相同。中国政府并没有处于崩溃边缘，不存在被共产党击败的危险”，因此不应给予中国军事援助。总之，这是个令蒋失望的春天。

3 月 19 日，有消息说国民党军队占领了共产党首府所在地延安，这大大鼓舞了他们的士气。但事实上，这是共产党主动从延安撤退出去的，国民党没有抓住任何共产党俘虏。

蒋介石现在还不能肯定他的军队是否有足够的供应来进行一场大反攻。他发现共产党正在向东北、热河及陕西一带发动进攻。

从台湾也传来了令他不安的消息。台湾人组织了有秩序的示威游行，但由于大陆来的军队对示威人群开了枪，使游行变成了一场暴力冲突。

台湾省长陈仪是个粗鲁笨拙的人，他调去了增援部队，而接下来的就是屠杀，至少有 1 万台湾人被杀害，其中包括很多示威领导人。

南京的美国大使馆对此提出了抗议。4 月 22 日，蒋介石指派原驻美大使魏道明接任陈仪，而陈仪本人后来则被处决了。

从中国传来的消息使杜鲁门及其政府极为吃惊。

美国人不想让蒋介石进行战争，但也不想让他丢失中国。

他们暂时解除了禁止向中国运武器的规定。“中央政府”现在能买到 1.3 亿元的武器装备，用来防御足够了，但是若进攻则是不够的。国民党发现他们此时正在和日本新式武器对抗，这些武器是俄国人留给共产党的。

1946 年 5 月 1 日，毛泽东把他的军队命名为中国人民解放军，国共两党不可调和的敌对状态，引来了“第三次国内革命战争”的新时期。

6 月份，人民解放军向南挺进了 150 英里。在东北，他们抓住了主动权，而且从此以后再也没有失去它。

1947年7月4日，国民党政府宣布共产党的军队是“反叛”军队。荒唐的是，在当时的情况下，蒋介石竟把他的军事指挥部命名为“剿匪总部”。

战争的总动员令已经发布，但蒋介石在7月6日和7日的讲话中还要求立即进行改革。

在第二次讲话中，蒋介石谈到中日战争爆发10周年时说：“如果不立即改革，中国很有可能从世界民族之林中消失。”

7月6日，就是在他这两次讲话之间，司徒雷登给他带来了国务卿马歇尔的口信。马歇尔说，我已告诉过你了，单单靠军事援助是医治不了中国的疾病的。

当蒋介石问司徒雷登大使马歇尔所说的是什么意思时，大使回答说：“权力必须通过授予来行使，人民的自由必须得以保护，政府和人民之间应建立密切联系。”

蒋介石说：“我明白了。”然而他却像以前一样，事实上什么措施都没有采取。

7月，杜鲁门总统决定把魏德迈将军派到中国去了解中国局势。这个消息是11日正式公布的，这在南京引起了热烈的反应，因为在南京魏德迈是被当作国民党的朋友和共产党的敌人来看待的。

在以后的8个星期内，魏德迈走遍了中国大部分地区，如沈阳、北平、天津、台湾、上海和广州。他回到南京后，蒋介石邀请他给政府官员和军事将领讲话，叫他直言不讳。

魏德迈顾虑重重，于是就去和司徒雷登大使商量，而大使却要他按蒋介石说的做。

8月22日，魏德迈发表了讲话。美国大使和蒋介石夫妇都在场。在一片静寂沉默的气氛中，魏德迈讲到了他看到的管理不善、腐化、低效率及无能等现象。讲完之后，据魏德迈说，蒋介石和蒋夫人及其他一些官员热情地和他握手，感谢他的讲演。在回寓所的途中，司徒雷登大使赞扬他，说他讲的话一定不会冒犯蒋介石，还说他认识的人中间还没有人能讲得这样令人信服，而且能达到如此有益的效果。

魏德迈还说，原来政府的一位德高望重、资格很老的官员听了他的讲话后，感动得掉了泪，因为他知道魏德迈是中国人民的朋友，他讲出了真心话。

然而，司徒雷登大使却说，在场的那些人觉得魏德迈的讲话冒犯了他们，蒋总统也很明显被他冒犯了。

两天以后，在魏德迈离开南京时，他发表了一个声明，对“麻木不仁、毫无生气、悲惨的失败主义情绪”及缺乏“鼓舞士气的领导人”的现象进行了抱怨。他并没有指名蒋介石，但他所指的是明显的。

或许正是由于这些敏锐的观察，魏德迈的报告为中国引进了一个新的计划项目——在五年内向中国提供军事和经济援助，以使中国能

1947年7月，魏德迈（中间持白帽者）抵达南京。

立即购买军事设备和日用品、军需品。

1947 年 9 月 19 日，这个报告在呈交给杜鲁门总统时被马歇尔压了下来，大概这是因为魏德迈严厉指责了美国的对华政策，因此国务卿无意使他的报告得到认可。

魏德迈回忆起这些事情时，对自己在 8 月 24 日当众指责蒋氏政权感到后悔。他的新闻助手马克·沃森当时曾坚决反对他发表这通讲话。

在国民党精锐部队集中的前两天，他作这番演讲还是可以被接受的，因为那是在私下里。但是，公开的演讲使蒋介石及其随从感到丢了面子，因而没有达到预期效果。对共产党来说这等于是份礼物，而对国民党来说已经很低沉的士气更加受到了压抑。

就在魏德迈在中国各地观察形势时，中国共产党已经把 15 万军队渗透到中原的五六个地区了，这虽然没有对国民党的政治中心造成直接威胁，但却使蒋介石不得不把他的大部分战略后备力量保留在长城以南地区。

蒋介石对魏德迈在中国的访问，感到非常生气。然而，与其说这是生美国人的气，不如说生的是本党人员的气。

9 月 9 日，就在魏德迈还在写报告时，蒋介石在南京召开了中央执行委员会会议。他在会上严厉批评了国民党，认为它没有解决中国存在的问题，并说这些责任并不在他。

共产党已证明了他们比国民党更有能力，更专心一致。国民党若不改组，以使其充满活力的话，那么它注定要失败。

蒋介石断言，中国再也不能靠美国援助了。

美国大使馆却报告说，“CC 派”在这次会议上显示出了强大力量，中央政府仍在依赖美国帮助它解决中国的问题。

几天后，司徒雷登大使以赞誉的口吻说蒋总统至少采取了措施来制止腐化。蒋介石的一位老朋友的儿子因公然进行投机活动而被指控之后，蒋介石不顾一切令其受到了应有的惩罚。

总的来说，国民党内部反自由、反改革的趋势仍在加剧。外交部长王世杰因对华盛顿奴颜婢膝而受到人们的指责，有能力的陈诚将军也被免去了总参谋长的职务，而这个职务是接替何应钦的。

10月28日，蒋介石下了一道命令，取缔民主同盟，因为它追随共产党。但这道命令使许多自由人士和知识分子感到无处栖身，只好投靠共产党了。对此事，公众舆论反响强烈。民盟领袖并没被捕，但办公室却被警察查封了，许多作家和普通工作人员遭到拘留。

通货膨胀仍在加剧。1947年年初，流通中的钞票面值总额为3.5万亿，到7月份这个数字又增加了3倍。9月份中、美货币兑率为38000 ∶ 1，11月份则高达73000 ∶ 1。

蒋介石不顾这种混乱和萧条的局面，下令“国民大会”选举照常进行。实际上，选举是从11月21日至23日在中国大部分地区进行的。毫无疑问，在这样一个战时国家进行选举，选举结果是不可靠的。在许多乡村地区，参加选举的人数很少。上海的300万选民中只有10万人参加了选举，但在国民党统治的大部分城市里，这个数字还算是令人满意的。当然，在共产党控制地区是没有选举活动的。在所选的1744名代表中，有48%即847名是“独立派人士”；国民党占了42%，即725个席位；而青年党和民主社会党只占10%，即172个席位。

1947年接近了尾声。12月25日，毛泽东主席发表宣言，他声音洪亮，充满了信心。他宣告说：历史的转折点已经来到了，中国共产党现在已从防御阶段走向进攻阶段。他谴责美国是世界人民的敌人，美国应为中国内战负责。在谈到蒋介石时，他说蒋介石是“美帝国主义的走狗”。

毛泽东是正确的，历史潮流确实转向了。1948 年，每个人（大概蒋介石除外）都看得很清楚，中央政府的失败已成为不可扭转的趋势，中国人民解放军的数量在扩大，力量在壮大，已成为一支不可抵挡的部队。

他们热情高涨，正向人数在不断减少、内部在不断分裂、士气在不断低落的国民党军队发动进攻。

然而，在 1948 年 1 月，国民党军队在人数上仍然超过共产党，双方的人数比例几乎是 2 ： 1。这早已不是个单纯的数量问题，美国只是从道义上考虑才继续不情愿地向国民党提供武器弹药。

蒋介石对 1947 年年底的严峻形势进行了认真的考虑，最后不得不作出苦恼的抉择。

从战略上讲，明智的做法就是把东北让给共产党，加固在华北的防御，趁着还有能力进行谈判而与共产党和谈。

然而，在蒋介石眼里，东北具有特殊的象征意义。1931 年，正是在这里发生了“沈阳事件”，从此国土开始遭人瓜分。蒋介石接受不了从东北撤走的做法，这不仅是个丢面子的问题，而且与他的天性和感情不符。

此外，如果他一枪不打就把中国最大的工业中心丢给那些被他一直称为“共匪”的人，那他以后怎么维护自己在人们心目中的威信呢？蒋介石不知道或者说他不愿意知道，到 1948 年年初国民党军队的士气已经崩溃，他的威信也早已不复存在了。

蒋介石来到北平，计划实施他的战略方针。

他的计划就是不惜一切代价保住东北的主要城市吉林、长春及沈阳，打败或者减少中国人民解放军在北方的力量，然后在东北举行反攻。如果认为应该保住东北的话，那么这项计划设计得还是可以的。

但是，这个计划附有很多“如果”作为先决条件。例如，“如果”共产党不再继续切断东北和华北的铁路干线；“如果”在铁路不能使用时，国民党空军有足够力量保证其驻军供应；“如果”美国能及时把军需品送到中国；“如果”国民党军官中没有人投降共产党，都坚决奋战；“如果”经济形势不再一直恶化，等等。

至于美国人的态度，蒋介石可是一点也提不起神来。

2月18日，杜鲁门总统要求国会拿出5.7亿元经费以贷款的方式输入中国作为经济援助，压根儿就没提军事援助的事。国务卿马歇尔郑重其事地告诉国会议员说，他一直在警告蒋介石及其顾问，“国民党和共产党进行武力较量，形势对国民党会极为不利”。他的话极其尖锐：

“在很大程度上，中国共产党已成功地证明了他们的运动和目前大众要求变革的愿望是一致的。另一方面，今天的国民政府在传统和方式上没有任何迹象表明它能满足大众的这种要求，也不能为中国大众创造出令人满意的条件，更不能阻止暴力及国内混乱局面的进一步恶化。”

马歇尔的态度清楚地表明，在这样的形势下，美国不想承认国民党在内战时期所作的努力，而中国的一些说客此时又重新开始为蒋介石进行辩护，但却收获不大。

国会制定了一项修正案，指出应有1.25亿元“专款”拨给中国政府，以用于它认为合适的地方，如购买军需品等。事实上，国务卿一直主张向国民党提供经济援助，使之有资金来购买美国生产的军事设备。他指出，他的主要目的就是不想让美国卷入中国内战的旋涡中去。杜鲁门总统于4月宣布了《中国援助法案》，决定向中国提供4亿美元的援助，其中包括1.25亿美元“专款”。

美国对国民党公开否定的态度，尤其是马歇尔的宣言，无疑动摇了蒋介石在国民党中的地位。蒋介石统治国民党已有很长时间了。

3 月 29 日，当“国民大会”在南京召开时，虽然不太明显，但蒋介石威信丧失已有所表现。蒋介石采取“半辞职”的办法，宣布自己不是总统候选人。蒋介石的追随者们大失所望，代表团恳求蒋介石改变主意，结果没怎么费事，蒋介石就同意了。他以 2430 ∶ 369 的绝对优势击败了平庸的对手而当选为“总统”。对此，谁也不感到惊奇。

选举副总统时，国民党允许持不同政见者参加。蒋介石指名孙中山之子孙科作为候选人。然而，李宗仁却以微弱多数当选副总统。李宗仁原是广西军阀，蒋介石从来没有完全信任过他。这是李、蒋之间权力之争的第一轮，李宗仁成了蒋介石的对手。

1946 年至 1947 年，李宗仁在任委员长北平行辕主任时，就已在全国树立了威望。

司徒雷登任大使前，李宗仁见过他。他的诚挚和对中国内战所持的那种开明的态度，给司徒雷登留下了印象。渐渐地人们都说，如果蒋介石与共产党的和谈失败的话，那美国政府一定会选择李宗仁作为中国的领袖。当这些话传到蒋介石耳中时，他对李宗仁越发疑心了。

李宗仁竞选副总统获得了很大成功，蒋介石对此感到极为不安。

他一心想让孙科做副总统，这里面有两个原因，一是既然中日战争已经结束，那么选举一个非军事人员做副总统，会使政府显得更加正常化；二是孙科是国父孙中山之子，对国民党员会有较大的吸引力。

蒋介石压根儿就没想到孙科会在选举中失败，因为“国民大会”是由“CC 派”控制的，而且陈立夫曾向蒋介石保证孙科一定会当选。但是，目前的状况却使蒋介石大为吃惊——李宗仁这个平庸的广西军阀竟会在“国民大会”选举中获多数票。蒋介石曾答应孙科，副总统职位一定是他的，选举只是走走过场而已。因此，李宗仁当选为副总统，使蒋介石感到自己在失面子。最糟糕的是，李宗仁竟然故意不听命于他，这在蒋介石看来是最不可宽恕的“罪行”。

这次“国民大会”在其他方面进行得也不太顺利。在当选的代表中，有一些人在开会时被国民党人员拒之门外，因为把他们的席位分给了国民党提名人。

一些遭到拒绝的“国会”代表宣布绝食，其中一人带着棺材住进了接待室。他威胁说，如果不给他席位，他就要去死。在对此进行商讨时，南京大主教于斌说服“绝食者”喝定量的水、橘子汁和牛奶，以维持生命。最后，这些代表终于得到了他们的席位。为了接受并安排他们，会议不得不扩大范围。

国民党人因在选举副总统时未占上风，感到极为不安，他们想通过提议选举何应钦为总理来挽回其丧失的地位。但是，他们的势力太弱了，以致无法取胜。后来，这个职位由干练、廉洁的翁文灏担任了。翁文灏的出现使新内阁具有某种更加自由的色彩，但现在要彻底改变其形象已为时过晚了。

在所有这些挫折面前，蒋介石仍继续给人一种高傲、镇定的形象。1948年5月20日，他在就任中华民国总统时说：

他不否认中国前面的道路困难重重，也不否认重建中国是

1948年5月，蒋介石（前讲话者）与李宗仁（后站立者）在就任典礼上。

件不易之事，他认为实行民主的基本条件尚未成熟，但时代的力量已使国民党向前走上了立宪民主的道路……

他还说：他这四十年来领导国家取得的经验，使他更加坚信孙中山先生的格言，任何措施“只要符合自然规律，只要符合人类认识水平，只要顺应世界潮流，只要反映人民愿望并为社会精英所发现，就一定会成功地实现”。

蒋介石外表镇静，却掩盖不了内心的不安，并且在这个时候比任何时候表现得都明显。

国民党渐渐控制不住东北的据点了。他们于3月12日从吉林撤出，并用军事上惯用的陈词滥调解释说这是为了缩短运输线。驻军撤到长春，给这个被围城市增加了极大的负担。共产党封锁了通往长春的所有食物供应路线，每天饿死的人达100之多。经过激烈争夺，四平在吉林失陷三天之后失守了，而共产党此时可以向沈阳发起进攻了。

美国军事顾问小组的头头大卫·勃尔恳求蒋介石撤出沈阳，结果是徒劳的，蒋介石的自尊心不允许他接受大卫的建议。

4月24日，共产党的彭德怀将军经过一场苦战后，重新夺回了毛泽东原来的根据地延安。接着，国民党也打了胜仗，但为时不长。这时情况已很明显，中国人民解放军已不再是游击队，而是正规军了。6月份，在河南开封之战中，陈毅将军率领近20万大军与数量相等的国民党军队展开了战斗，该城于22日失守，但25日又夺了回来。

在上海货币市场进行的调查表明，中国通货膨胀的速度是惊人的，几天之内，美元与法币的兑换率由1 ∶ 200万涨到1 ∶ 400万。几星期后，非官方兑换率达到1 ∶ 800万，法币又减值了一半。8月份，比率又上涨到1 ∶ 1100万，高得令人难以置信。当通货膨胀开始加剧时，蒋总统却在一篇讲话中说，经济形势令人满意，通货膨胀全是共产党

1948年5月21日，江苏南京，蒋介石当选总统后与宋美龄等一同前往中山陵谒陵。

宣传的结果，是外国人瞎说的结果，是上海商人投机的结果。

当然，比起通货膨胀来，蒋介石更为担心的还是军事形势。

7月份，他主要是担心太原方面的情况，因为山西的国民党驻军被围困在那里。除了日军占领那段时间以外，山西从1912年一直被精明的老牌军阀阎锡山统治着。

山西有煤矿、铁矿，建有钢铁厂、兵工厂，足可为阎锡山供应正常的军备需求。蒋介石想，阎锡山现在被共产党步步进逼，他或许能跟共产党较量一番。阎锡山的忠诚丝毫未变，22日，蒋介石冒险飞往太原，在三个机场中唯一由政府控制的机场着陆。

在此之前，蒋介石曾冒着生命危险飞往郑州，那时郑州正面临着被共产党占领的危险。他还飞到济南和沈阳去鼓舞士气。由于不停地奔波，企图把所有势力都控制在自己手中，后来蒋介石得了失眠症。

安眠药并没有给他带来多少慰藉，夜晚已不再是他睡觉的时间了，因为此时他大都是和战地将领通长途电话，商讨军情。但是，他还是需要点睡眠的。后来，蒋介石发现每晚睡觉前喝一杯或半杯威士忌有助于他入睡。

现在，蒋介石不得不注意节节上涨的通货膨胀，并开始采取措施。1948年8月19日，他发布总统令，发行一种新的国家货币金圆券。那时候，旧货币价值实际上已降到了零。美元和金圆券兑换率为4：1，政府命令人们把旧纸币以300万：1的比率上交政府，把所有私藏金银及外汇于9月30日以前全部上交，使用新发行的货币。人民从内心里非常讨厌那些不值钱的旧币，所以对此非常高兴，起码开始时是这样的。蒋介石赋予儿子蒋经国以极大的权力，让他实施货币改革。

这对蒋经国来讲，是第一次显示他才能的机会。他搬到了上海，在那里向黑市商和投机商开火，没有谁能够幸免。一位高级警官，同时也是个有名的黑市商，是被逮捕的几百人中的一员。

在这非常时期，法庭不断地判处死刑，而且立即执行。因此，时间不长，蒋经国就在上海深得人心。

然而，一件奇怪的事情使他受到了挫折。9月的一个晚上，蒋夫人接到一个从上海打来的电话，说她的继子截获了扬子江开发公司的大批货物，这些货显然是黑市货，这家权力极大的公司是孔氏家族的财产，蒋夫人听到蒋经国要逮捕她的外甥、总经理孔令侃而大为恼火，蒋介石决定把这事交给她处理。

蒋夫人一听到这消息就起程去上海了。孔令侃并没有被捕，而是离开上海到美国去旅游了几个月。扬子江开发公司也不再故意找麻烦了，并且在上海的活动也逐渐减少。很快，公司总部就挪到了佛罗里达。20世纪50年代，一个子公司以不同的名字在伦敦开业，大约在十年后又关闭了。

这件事使蒋经国大失面子，但更惨的情况还在后头。政府想在经济空虚时进行经济改革。但这种做法既不能增加收入，又不能减少开支，也不能增加生产。金圆券市值下跌，物价又开始螺旋上涨。

到10月31日，人们的薪水根本买不到日常用品。人们经过第一次对蒋经国的信任之后，再也不听从他的命令把美元及有价值的东西上交去兑换金圆券了。有些人明白得晚了一些。

蒋经国的传记作者霍灵顿·唐就是其中之一。他在南京一家饭店里吃饭时说，在他的坚持下，妻子同意把他们一生藏的4000美元兑换成16000元金圆券，而现在却是一钱不值了。一种无形的消极抵制情绪在蒋经国及其随从周围形成。他的工作人员都是曾在他身边干活的人，现在到了上海这个纷乱复杂的世界，他们感到无所适从，有一种厄运即将到来的气氛。大家心里都清楚，国民党统治的日子已是屈指可数了。

蒋经国有着真正儒家的谦恭态度，他提出辞职并道歉说：

"我工作了70天，感到没有尽到我应尽的职责……在某些方面，我甚至加剧了人民的痛苦……今天，除了请求政府惩处并澄清我的责任外，也希望利用这次机会向上海人民道歉……我真诚希望上海人民以自己的能力来制止奸商、官僚、政客和歹徒，控制上海……"

9月下旬，蒋介石终于承认沈阳保不住了。25日，他下令驻军司令卫立煌撤出沈阳，救援被围攻的锦州驻军。但是，卫立煌却不想跟林彪的得胜之师相对抗。在两个星期里，他一直犹豫不决，但最后还是服从了命令。他为这次犹豫而付出了代价，他的12个师遭到中国人民解放军的袭击，伤亡惨重。他本人乘飞机逃跑了，后来受到军事制裁，不过保全了性命，并于1955年加入了共产党政权（四年后他去世时，还为他举行了隆重的葬礼）。

如今，国民党军的锐气已彻底被打掉了，有些人开始改变立场。在陈毅的进攻下，山东省省会济南守军将领吴化文带领他的大部分军队投降，省主席王耀武很快地被活捉了。

随着卫立煌的溃败，东北很快全线崩溃。10月23日，闹饥荒的长春被攻破。11月2日，沈阳失守，30万国民党军队投降了共产党。

此后不久，战地记者胡霖在香港同埃里克·周的谈话中，对国民党溃败的原因作了详细的分析。

他把责任完全归咎于蒋介石心理上的失误。

蒋介石对少帅张学良的态度使东北人民对他极为反感。长期囚禁张学良只能使少帅更得人心，使蒋介石失去人心，并加深人民对他的不信任程度。如果他释放了张学良，把他送回去，少帅也许能为国民党争取大众的支持。

蒋介石不得人心还有其他原因。他独断专行，重新划分东北各省，而根本不和当地人商量，这大大伤害了他们的感情。此外，南京派来的新官员对刚刚划分的地区有至高无上的权力。当地人反对这些官员，觉得他们是代表"南方人"即中央政府的。

很多非当地人担任了重要职务，因此国民党政府在东北给人的印象就是它占领了东北。国民党官员接管东北后，掠夺财产，腐化堕落，贪污贿赂，加之其他暴行，使许多东北人倒希望日本人继续占领这块地盘。

国民党的官员还以"莫须有"的罪名对人们进行政治迫害，结果许多人因此投奔了共产党。

但是，对国民党来讲，最大的失策或许是陈诚根据蒋介石的指令遣散傀儡政府在东北的30万中国军队。这些人没办法生存，大都投到了共产党旗帜之下。林彪热情地欢迎他们。确实，他们后来成了"民主联军"的骨干力量。

国民党军队大溃败还有另一个原因，这也完全是个军事原因，即从战略角度来讲，国民党军队一开始就被迫采取防御措施。俄国人把城市留给了国民党，却把农村留给了共产党。

用中国军事术语来说，国民党只是抓住了“点”，而共产党却控制了“面”。“点”可以被孤立起来，包围起来，但国民党却没能扫平整个“面”。他们能做的就是通过保护“线”（铁路线和公路线）把这些“点”连接起来，结果使他们数量有限的军事力量被弄到了崩溃的边缘。

绝望之中，蒋介石于12月1日派夫人去美国寻求援助。3日，蒋夫人见到了马歇尔，10日见到了杜鲁门。但是，这两人看来谁也不太同情他们。她提出了许多要求，想在三年内得到30亿元的援助。

12月20日，杜鲁门派往上海的经济合作司的头头保罗·霍夫曼回来了，带来对蒋夫人极为不利的消息——21日美国停止了对中国的建设援助计划。蒋夫人不想这样一无所获地回国，便在美国待了近一年，不知疲倦地为国民党奔波，但终于一无所获。

在此之前，美国曾使国民党在华北的希望受到打击。国民党最优秀的将军傅作义以11个训练有素的军来守卫京津地区。然而，这11个军中，有4个军完全缺少装备，3个军装备不全。1948年夏，美国援助人员对蒋介石越来越感到失望，他们便单独与傅作义谈判，给他武器装备。他们觉得傅作义能够稳定华北局势，这样傅作义能为东北的国民党军队打开突围大门。

7月初，他们提议给天津的傅将军1600万元的军事供应。虽然参谋长联席会议同意了，但第一批武器到11月29日才运到，并且发现这批枪支因缺少关键部件而不能使用。

傅作义虽被看作国民党最坚定、最有能力的军官之一，然而枪支运送的失败却大大动摇了其军队的士气。1949年1月14日，天津失守，北平失去了屏障，同时也断了向海上撤退的路。

傅作义在走投无路的情况下，不愿意让战火燃烧这个有着悠久文化传统的古都，于1月21日带领军队接受整编，把北平交到了共产党手中。

天津失守后，阎锡山曾给傅作义拍了6次电报，要他“勇于牺牲，坚决作战，不要有任何生存的想法”。但是，阎锡山对傅军所受到的压力及其内心的紧张状态一无所知。

实际上，傅作义投降共产党，是毛泽东统一战线政策的巨大成功。共产党在未来的政府中为傅作义安排了一个职务，这都是机智地通过在陕西、甘肃一带活动的西北军阀——傅作义女儿的公公邓宝珊促成的。燕京大学的常同山教授领导的民主党的一些人告诉傅作义，北平人都愿意投降共产党。以市议会议长许辉同为首的商业集团也恳求傅作义“理智些”，不要做损害北平这个历史名城的事情。

傅作义在军事上也感到孤立。蒋介石最精锐的部队已在东北溃败，傅作义明白他不能依靠答应要来救他的中央军。那时，他的心腹董其武将军在绥远已向共产党投降。

除此之外，从傅作义当时所处的环境来说，要是继续反抗，形势将会对他极为不利。北平和天津的学生虽然并不一定亲共，但大多数都是反蒋的。这样，这个古老的首都和平地交给了共产党。

在南面，蒋介石在徐州和长江一线的防御也被攻破，国民党失去了40万军队。12月3日，徐州失守，通往南京和上海的道路被打开。徐州之战确实是现代军事史上最大的战事之一。

这场战役持续了近三个月，注定了蒋介石中央政府在大陆的命运。埃里克·周自始至终关注着这场战役，并看到了一位逃到南京的军官。他就是李弥将军（他后来跑到缅甸，成了国民党残部的首领，以种鸦片为业)。

根据和李弥将军的谈话，加上他本人的观察，埃里克·周分析了国民党失败的原因：

1. 徐州战场总司令刘峙忠贞不贰，深得蒋介石信任。但他一生中从来没打过一次胜仗。他在国民党将军中成了人们的笑料。

2. 45万国民党军队与150万共产党人作战，人数相差悬殊。

3. 何基沣军队的倒戈在左侧打开了一个缺口，共产党人无须一枪一炮就穿了过去。这个军队原来是宋哲元手下29军的一个师，它在1937年的卢沟桥事变中获得了极大声誉，因此它的倒戈对其他部队来讲是当头一击，使他们的士气大挫。

4. 国民党军队由广东、四川、云南的部队和蒋介石的嫡系部队组成，缺乏统一领导。在各个部队中，互相不是合作，而是钩心斗角。

5. 蒋介石干涉过多。他几乎每天都在南京给各位军官打电话，下命令，往往考虑不到战场上的新动向。

6. 共产党通过蒋介石总部的军事助手刘飞把国民党的行动计划了解得一清二楚。刘飞1949年4月被李宗仁派到北平，作为和谈代表团的一员和共产党和谈时，投奔了共产党。

7. 通货膨胀加剧，国民党军队克扣军饷，给养不足。他们被围困时，整连整营的士兵用武器跟共产党人换馒头、米饭吃。

8. 国民党缺乏空军支持。美国拒绝为他们提供新飞机，甚至拒绝提供他们的飞机所需要的零件。

1957年，历史学家陈晓伟在香港与埃里克·周谈话时分析说：

1. 原广西将领白崇禧是国民党最有能力的将领之一。他是在最后一刻被任命为徐州战场总司令的，但他拒绝了这项任命。白崇禧反对蒋介石在徐州打这场决定性战役的计划，他提议在长江南岸安徽芜湖设下据点，万一共产党打到那里，他们的运输线将会大大拉长。

2. 陈纳德将军告诉蒋介石，他有信心只用40架战斗机就能在徐州扭转局势，但大家都知道，美国政府没有答应国民党关于飞机的要求。

3. 共产党到处挖洞，作为坦克陷阱，因此阻止了国民党的机械化部队。

4. 总的来说，国民党军队在战役中，设备和火力方面都劣于对手。

5. 国民党打的是防御性阵地战，而共产党则机智灵活猛烈攻击。

徐州战役之后，共产党对同国民党和谈彻底失去了兴趣。即使李宗仁等对此还存有幻想，但至少蒋介石心里是清楚的。

在徐州战役国民党即将败退之际，蒋介石内心深处受到极大的打击。

他的私人秘书陈布雷自杀了。

埃里克·周两星期前和陈布雷谈话时，发现他异常忧郁。陈布雷责备自己没能更好地为国家效力。蒋介石参加了他的葬礼，看起来很悲痛的样子。在陈布雷的日记后面有这样一句话："我现在已到了灯枯油干的时候了。"他身体虚弱，患有失眠症，心情总是很忧郁。然而，最不能使他忍受的是，他发现自己唯一的女儿竟是共产党的地下党员，她把重要机密送给了共产党。陈布雷感到国民党的失败已是不可避免的，并责怪自己没能影响蒋介石的政策和决定。

风云多变的1948年就要过去了。这时，国民党政府内部出现了一个和平团体。起初，这些人的头头是蒋介石的优秀将领白崇禧，但很快这些人就由白崇禧的广西老朋友李宗仁负责了。

这一年的12月，白崇禧与湖南省政府主席程潜频繁地在一起秘密商议。两人都认为只有和共产党谈判，才能延缓共产党的进攻。白崇禧马上发出很多电报，以采取行动。第一封电报是让官兵传阅的，倡导和谈。然后他给张群和张治中发电报，要他们向蒋介石提议同共产党和谈。

接着，湖南、湖北、河南、广西各省参议会议长联合签发了一份电报，谴责蒋介石，要他对他自己的前途马上作出决定，以便使和谈不受阻碍地按时进行。河南省政府主席张诚还发电要总统辞职。

蒋介石对此大为震惊，认为这些迹象都是不服从命令和失败主义的表现。

此时，白崇禧控制着50万军队，对他的要求，蒋介石不能掉以轻心。所以，蒋介石派他忠诚的朋友张群两次去汉口，和白将军商讨形势，试图消除误会。不久，人们就发现白崇禧起码不是个失败主义者。蒋介石不断被各种来电所震动，而此时共产党军队则继徐州战役获胜之后正在坚定地向长江以南挺进。

在白崇禧看来，现在应是和谈停战的时候，这样国民党军队可以在湖南、湖北、江西、广西、云南、贵州等地重新组织力量防御。但是，主和派中却有些真正的失败主义者，甚至有亲共人员。张治中想让蒋介石辞职，以便李宗仁能立即与共产党和谈。

根据张群的汇报，蒋介石原以为能和白崇禧达成一些理解。

但圣诞节那天，他收到了白崇禧的电报，要他在美苏联合调停下立即与共产党和谈，这使蒋介石醒悟过来了，他对此极为恼火。

这时香港也传来了令他烦恼的消息：共产党控制的“国民党革命委员会”正在和李宗仁副总统的密使“谈判”。而且，甚至张群都对蒋说他也赞成和谈，当然美国大使司徒雷登也不会例外。

从根本上讲，蒋介石已无后退余地，正像他已表示的那样他也想下野但必须按他自己提出的条件下野。如果是按别人提出的条件下野，或者他在压力下下野的话，那他可受不了。然而，没有政治同僚的支持他怎么能再打下去呢？

12 月 31 日，蒋介石发表新年致辞时，邀请了大约 40 名国民党中央执行委员会委员吃饭。他默默地听完了他们谨慎的发言，接着咆哮说：

“我不想引退，你们这些国民党官员却想让我引退。我引退并不是因为共产党，而是因为国民党内部的某些人。”

他已准备好了新年文告，宣布他愿意和谈，但他知道他提出的和谈条件共产党是不会接受的。他的条件是：不违背“宪法”；维护民主形式；维护现有武装力量的存在。他表示只要能够和平，他将不在乎自己的地位。他要在这种情况下，和人民大众的感情保持一致。当来宾们重新进行讨论时，蒋介石下令发表他的新年文告。

几小时之后，主和派（现在的领袖为李副总统）开始在报纸或城墙上用口号来打扰蒋介石，“蒋总统不辞退，共产党就不和谈”，“蒋总统不辞退，就没有希望得到美国的援助”。事实上，美国大使馆一直赞成和谈，支持李宗仁及其主和派。

现在已是 1949 年 1 月 14 日，毛泽东发表了使国民党感到失望的宣言。共产党的电台播送了和谈的八项条件，宣布一开始就指控蒋介石为“中国第一号战犯”，“国民党匪帮头子”，“把中国人民的利益全部卖给了美国政府的民国伪总统”。年底之前，共产党公布了43名“一级战犯”的名单，蒋介石当然被列为榜首。

共产党的和谈条件是：

1. 惩办战犯。
2. 废除伪宪法。
3. 废除伪立宪政府。
4. 在民主原则基础上，改组所有反动军队。
5. 没收官僚资本。
6. 进行土地改革。
7. 废除一切卖国条约。
8. 召开没有反动分子参加的政治协商会议，成立民主联合政府，接管反动的南京政府和各级地方政府的一切权力。

面对这些条件，主和派认为别无选择，只好接受。1月19日，行政院宣布准备“立即与共产党停战，双方派代表开始和谈”。

现在蒋介石已拿定了主意，他要从现实中退出来，而不是辞职。

如果李宗仁认为他与共产党和谈能成功，那就让他去谈好了。

无论李宗仁成功与否，一切都将咎由自取。

至于蒋介石本人，尽管和共产党的斗争曾“停止”过一段时间，但现在还得继续斗下去。在发表新年致辞前，他就决定要不惜一切代价保住台湾，以作为最后的防守阵地。为此，他任命蒋经国为台湾国民党首领，陈诚为省政府主席。

1月21日，蒋介石宣布引退：

“如果从此以后共产党能认识到中国面临的严峻形势而下令停战，同意与国民政府进行和谈的话，那我的愿望也就实现了。这样，人民就会免受极大的痛苦，国家的物质和精神财富便能得以保护，国家领土完整和政治主权也能得以维护。而且，国家的历史、文化和社会秩序将会永远地继续下去，人民的生活和自由亦将得到保障。”

事实上，蒋介石很清楚，在当时的“宪法”条款中，没有总统辞职的规定。蒋介石只不过是根据“宪法”第49条的规定，把权力移交给了副总统。

为了表明他并没有完全从政治舞台上消失，他仍保留了国民党总裁的职务。

蒋介石下野之后，回到了他的家乡浙江省。

1949年1月22日，蒋介石回奉化溪口过年，这是他在大陆过的最后一个旧历新年。

第二十一章

蒋介石失去大陆

蒋介石现在考虑的还有另外两件事:

发动一个新的外交攻势，迫使美国重新全力支持国民党统治中国；认真研究在国民党统治区更广泛地实行最后防御的可能性。

10月1日，毛泽东宣告新的共和国成立，那天和他一起庆祝这个伟大胜利的人不仅有他的战友，还有孙中山的夫人宋庆龄和一些内战期间改变了其立场的国民党将领——傅作义、程潜及“基督将军”冯玉祥的遗孀，还有一些来自上海和新加坡的名人。

蒋介石带着儿子蒋经国回到老家溪口，开始了他的“隐居生活”。

到溪口后，蒋介石给他儿子下的第一道命令就是让他督促空军司令部按时完成定海机场的修建，不得拖延。当时蒋介石并没解释为什么要这样做，接受命令的蒋经国和空军官员们也不知道他心里到底是怎么想的。

回到老家溪口的蒋介石带领家人祭家祠。

不久，原因就清楚了：定海属于浙江省，位于溪口和上海之间，蒋介石下令这样做事实上已表明他对保住中国最大的港口城市上海已不抱什么希望。在“引退”期间，他一直在询问机场修建的进展情况。

四个月后，上海失守，国民党守兵靠定海机场撤至台湾。

有一天，蒋介石对蒋经国说“我们要在这儿待三个月”，他没有说错。

李代总统很快就发现下属部长们并不服从他的命令，军队、警察也是如此。

此外，他也缺少资金。蒋介石从他隐居的老家传来旨令，命令中华民国银行总裁俞鸿钧把50万盎司的黄金运往台北。从宪法的角度来讲，蒋介石当时根本无权下达这样的命令。

但是，这道旨令却被执行了，一则是因为这是蒋介石下的命令，再则他是在行使国民党总裁的权力。他这样做的主要目的，无疑是为了继续与共产党对抗，因为蒋介石当时认为共产党征服大陆是不可避免的。1949年2月20日，黄金运走了。如果不把这些黄金运往台湾，仍放在老地方，那毫无疑问李宗仁要以此为条件与毛泽东和谈。

李宗仁听说黄金运走了，大为恼火。他严禁中央银行再往台湾运送任何财产。中央银行在战争期间曾没收了大量珍珠、钻石、宝石等，存放在位于上海的地下保险库里。李宗仁派舰艇及时赶到那儿，使这批货物没有被运往台湾。

后来，共产党占领上海，得到了这些珍宝。对李宗仁来说，这样做的直接结果就是中央银行对于他要求的政府管理费用置之不理。由于没有黄金做后盾，金圆券币值又开始急剧下跌。

在李宗仁发现他的政府手中没有什么钱的同时，他还发现他的个人权力是极其有限的，但是有一点是特别清楚的——他有权与共产党进行和谈。

他采取的第一步措施就是和苏联大使勃希钦商讨这个问题，苏联大使立即同意帮他的忙，条件是美、苏两国将来若有冲突，中国政府必须保持中立，而且中国政府必须采取措施消除美国在中国的影响。

于是，外交上毫无经验的李宗仁天真地把他与苏联大使的会谈纪要送给了美国大使司徒雷登博士，要求美国公开保证支持国民政府。

蒋介石在溪口听到这步奇怪的棋，哭笑不得。

因此，当美国国务院拒绝答应消除美国自身在中国的影响时，蒋介石一点也不感到惊讶。

冬天快过去了，南京和上海出现了很多“和谈中间人”。李宗仁一心和谈，因此对这些人的见解洗耳恭听。其中一人就是中央大学的吴玉浩教授，另一位是李明扬将军，他曾与汪精卫的傀儡政权有过联系，还有立法院的吴厚山。

然而，这些人除了从代总统那里得到点钱外，他们作为“中间人”并没起任何作用。

“和谈中间人”当中还有两位李宗仁的人——刘崇俊及黄奇汉。他们俩都声称是“第三派”成员，即介于国民党和共产党之间的中间分子。然而，人们后来发现他们俩都是共产党的地下党员。

1 月 22 日，李宗仁指派由五个人组成的委员会代表国民政府与共产党谈判。两天后，他宣布解除戒严令，释放政治犯，解散秘密警察。

27 日，李宗仁致电毛泽东，同意以共产党的八点建议作为和谈的基础。

正是在这个时候，李代总统发现他的“代总统”是空的。

在和谈这件事上他既没有和行政院商议，也没有告诉行政院院长孙科，对此孙科大为恼火，拒绝承认电报有效，宣称他在立法院面前是对代总统的措施一概不负责任。他还宣布要把政府搬到广州。

2 月 5 日，除代总统的办公室外，所有政府部门都按时从南京搬走了。

和中华民国有外交关系的各国政府也被要求于当日把使馆迁到广州。司徒雷登拒绝了这个要求，其他大部分国家的使馆也不同意迁走，但使人们茫然不解的是，勃希钦是唯一的例外。他发现自己一旦身居广州，只是与国民党的一些残余人员打交道，其中包括当时的外交部长吴铁城，同时李宗仁与和谈小组仍待在南京。

在其他方面，这个不在位的大总统也在削弱他的“代理”人的权力。

他往台湾运送了30万嫡系部队，还有26艘舰艇及空军力量，大约90万国民党军队仍留在大陆，但是这些军队中只有白崇禧将军的12万人听从李宗仁调遣，因为这是老同事的缘故。

警察局和情报机构都从陈立夫那里得到指令，而陈立夫是代表引退在幕后的蒋介石的。因此，代总统赦免政治犯、遣散秘密警察的命令成了一纸空文。

李宗仁想以释放少帅张学良来获得众望，但却找不到少帅。张学良从1936年西安事变后一直被囚禁着，如今蒋介石把张学良运到了台湾，仍然囚禁着他。

蒋介石相信他能重掌大权（这和他的人生信条“‘引退’并不意味着永远‘引退’”是一致的）。此时，他正享受“引退”给他带来的乐趣。

他过惯了依靠国家开支的享乐生活，所以在农业银行他以私人名义借了100万金圆券，按官方价值10000美元，供他挥霍。对蒋介石来说，这是件轻而易举的事，因为陈立夫控制着农业银行。除了蒋经国外，和蒋介石在一起的还有一名秘书和一名侍从。蒋介石的儿子在田地里散步，重返儿时母亲让他去的祠堂庙院，这些勾起了蒋介石怀旧的思绪。起初，他就像戴高乐将军的习惯一样，拒绝接见任何来访者，李代总统就是要求与蒋介石会晤而遭拒绝的人之一。然而，蒋介石精心安排的情报人员发来的信函和电报又使他对时局了如指掌。

张治中是李代总统任命的北平和谈代表团团长，他给蒋介石发了封电报，说要到溪口谒见委员长，以求指教。

但是，蒋介石颇有经验，对即将举行的和谈淡然处之。看完电报后对蒋经国说，“他来不来都无所谓”。

第二天，张治中来到了溪口，但是委员长一点儿也不提和谈，而且当张治中一有提及此事的迹象，他就把话题岔开，一定要带张治中去看当地的美景。那天晚上，蒋经国把父亲为什么对和谈持怀疑态度及不感兴趣的原因告诉了张治中。

但是，张治中却说，无论如何他也要和谈。带着这种态度，张治中离开了溪口。

蒋介石听说毛泽东在和谈问题上给李宗仁增加了不少难度，他一点也不感到吃惊。

李代总统是从中国封建军阀一步步地升到现在这个地位的，他幻想着和共产党做笔交易——或国民党或李宗仁的部分军队统治长江以南地区。但他很快发现毛泽东对这笔交易毫无兴趣，共产党的目标是解放全中国。

和谈于4月1日在北平举行。周恩来、林彪率领共产党代表团，张治中率领国民党代表团。

周恩来在下面做了大量工作，向国民党宣讲了在毛泽东原来提出的八项条件之外的“24条补充要求”。周恩来说，“这32条是不容商谈的，如果国民党想要和平，就得全部答应。”

国民党代表团大为震惊。共产党不仅要求交出早先宣布的43名战犯，而且又加了几名，包括蒋介石及夫人、何应钦、宋子文、陈立夫、蒋经国等。

如果国民党答应了新条件，就等于无条件投降。

现在，共产党要求在它领导下重新组建国家，移交管理权，为联合政府作准备。此外，共产党的条件一开始就是要国民党为内战在道义上负责。国民党代表团要求共产党作出让步，但收效甚微。

4月4日，毛泽东宣布若是发生第三次世界大战，共产党要和苏联站在一边，反对美国。这一决定使前来会晤他的人及整个世界为之一震。

15日，周恩来发出最后通牒：国民党政府必须在4月20日之前接受共产党提出的和平草案，否则共产党军队将向长江开进。

国民党代表团派一个成员到南京向李代总统说明形势。人们所谈论的形势比从报纸上看到的要更加危急，不仅中央军必须投降，而且投降的人要帮助共产党劝说其他人也放下武器。此外，最后通牒写得也特别清楚：共产党无论如何要横渡长江。

李宗仁和他最亲密的助手白崇禧就这个问题交换了意见，白崇禧觉得共产党的条件不可接受。

国民党代表团团长张治中给李宗仁发来一封急电，建议他接受共产党提出的条件，但是李宗仁觉得没有白崇禧的支持，他自己下不了这个决心。

此时，局势变得一发不可收拾。事实上，局势比李代总统知道的要难控制得多。

会谈一开始，他就意识到他不能依靠张治中，因为张的亲共倾向越来越明显。因此，他主要依靠代表团的其他成员，特别是过去属于桂系的黄绍及国民党国防部副部长刘斐。但是黄绍的情况和张治中差不了多少，在北平他就曾打算在共产党提出建立的联合政府中任职。至于刘斐，人们后来发现他在国防部已为共产党秘密工作了好几年了。

最后，不仅整个代表团主张全部接受毛泽东和周恩来的条件，而且他们跟共产党一起在北平永远待了下来。

4月17日，李代总统致电蒋介石，请求他担任总统，重新成为国家的领袖。蒋介石回电要与代总统李宗仁及何应钦将军在杭州召开紧急会议，何应钦是李宗仁在危急时刻下令接替孙科的。其他一些国民党著名人士也在场，包括王世杰、张群、白崇禧等。

在提到共产党的最后通牒时，蒋介石问李宗仁："你觉得我们对此应持什么态度呢？"李回答："我准备派人去北平和谈。"

据蒋经国回忆，蒋介石曾说：

"没有必要这么做，共产党同意和谈只是因为他们还没有部署好部队打过长江，他们条件一旦成熟就没有和谈的余地了。此外，和平条件的第一条把责任全部归结到我们国民党头上，党60年的光辉业绩一笔抹掉了。根本不能接受这些条件。"

他拿出事先准备好的传阅电报草稿说："这封电报由我们俩联名，你作为国民政府的代总统，我作为国民党的委员长。"草案宣布与共产党和谈已彻底崩溃，政府迁往广州，继续与共产党对抗。

李宗仁对此说不出什么，只好同意签名。

杭州会议制定的一个实际措施，就是新任行政院院长同时也是国防部长，全权控制军队。蒋介石为了表明自己的"引退生涯"尚未结束，立即返回了溪口。

李宗仁也感到精疲力竭，他回到广西的据点桂林，在那里休养了两个星期。

最后通牒规定的期限已到，仅在7个小时之后，共产党集中在长江北岸的大炮就开火了。

那天晚上，陈毅将军率领的中国人民解放军在国民党长江口炮舰有名无实的抵抗下，轻而易举地打过了长江。李代总统大为恐慌，遂下令撤出南京。

24日，共产党占领了南京，红色军人成立了"和平筹备委员会"，负责处理接管程序。南京居民注视着胜利了的共产党军队，他们纪律严明，没有奸杀掠夺之事发生，也不碰外国人一指头，国民党军队对此或许要大为嫉妒了。

南京失守使驻蒋介石首府的一些外交使团的幻想破灭了，但他们发回国内的报告又充满了新的幻想。

这些人包括印度大使潘尼迦、澳大利亚外长科普兰以及加拿大代办切斯特·朗宁，所有这些人都抱有作为“农民革命者”的中国共产党定会与国民党妥协的幻想。

他们分析，共产党一定需要训练有素的人员来管理城市和经济。在这种需求下，有可能成立联合政府，由李宗仁在联合政府中领导国民党。

美国大使司徒雷登深信，即使李宗仁在和谈中没有与共产党达成协议，共产党也会寻求美国的援助和合作。他的被保护人中国顾问傅泾波使他更加坚信这种天真的想法。

傅泾波住在司徒雷登的官邸里，是司徒雷登自己掏腰包雇用傅泾波的。傅泾波在燕京大学曾是司徒雷登的秘书，他常自信地谈到现在共产党内的“原燕京大学的学生”以及他们对“老校的尊敬”等，好像他们一看到老校长就会马上成为亲美分子似的。甚至，李宗仁及其亲信都认为傅泾波是“代表美国国务院”的。

这种误解使李宗仁固执地认为，即使和谈失败，他也能抛开蒋介石，从而与美国做笔交易。

当一切都失去时，他能以私人名义求助于杜鲁门总统。

国民党政府迁往广州时，所有大使馆也被要求迁到广州。司徒雷登仍留在南京，想通过他以前的学生劝说中国共产党和美国建立外交关系。

在很多国民党人看来，他的这种态度更加挫伤了国民党的锐气，加速了他们在大陆的崩溃。

李宗仁在桂林的日子并不好过，因为很多人来到这里要他把政府迁到广州，在那里反共力量可以联合起来。李宗仁的处境十分尴尬，他左右为难。他认为和谈没有成功，若把权力再还给蒋介石或许是明智的。但是，蒋介石已不是第一次为难他了，5 月 3 日的重要会谈使他清楚了蒋介石的想法。

那天，山西军阀阎锡山和其他一些人乘专机飞到桂林。他们下机后立刻去了文明路李宗仁的办公室。阎锡山及其随行一直与蒋介石有联系，他们告诉李代总统说委员长将不遗余力地支持他。

他们提出了许多准备呈交给蒋介石的建议：国防部长和军事及政治领导人应有全权指挥调动中央政府控制区的军队；代总统、行政院院长在任命及解除军事将领和行政官员方面应享有宪法规定的主要权力；各地政府应只对代总统及行政院院长负责；国民党及委员长都不应插手上述事情；运到台湾的所有金、银和外汇必须运回大陆；希望委员长目前离开中国到欧美旅游一段时间，表面上只是为中国筹备资金，寻求支持，事实上是为了使军事、政治改革不受阻碍，等等。

蒋介石当然有他自己的主意。到 4 月 25 日，三个月的时间已飞驰而过，蒋介石离开溪口，坐上一艘舰艇，宣布要到厦门或台湾，实际上他是去了上海。

蒋介石年轻时就是在上海发迹的，得到了爱情、名气和权力。在如今灾难临头之际，他想到了一个疯狂的计划。

防守上海的汤恩伯一直不听李宗仁有关解除戒严令、召集充足的力量来加固武汉三镇的防守的命令。恰恰相反，汤恩伯扬言他一定要把上海变成“第二个斯大林格勒”。蒋介石支持他的这种行动。他下令将八个军编入上海的城防司令部，并发表了一个演讲，说要在“三年内取得彻底胜利”。成千上万的苦力被他们抓去挖护城河，河旁边竖起10英尺高的竹栅栏，但这些都没有显著的军事价值。

到处可见到局势混乱，蛮横残忍的现象。汤恩伯带到上海的军队有20万人。这些士兵到上海来名曰保护上海，实际上个个都是无组织无纪律的征服者。他们强制使用办公处和住房，砍掉了高尔夫俱乐部门前的参天大树，说这是为射击打靶腾地方。不论是公开的警察还是秘密的警察，说某人在进行黑市交易或者间谍活动就在大庭广众面前把这些人就地处决，根本不经正式审判。

军队控制了印制大量纸币的中央银行，这些钱大部分都落到了高级官员和将领的手里。他们飞到广州或台湾，以官价把这笔钱兑换成硬通货，从中发了横财。

像以往一样，蒋介石对这些事情无动于衷。他平素最看不起那些老是担心个人生命危险的人，因此他在市内走动时也不带保镖。或许在那种局势下，政权显得比他个人重要，因此没人动他一指头。

蒋介石在上海待的11天中，一架专机把李宗仁在桂林会谈的情况一点不漏地带给了他。

蒋经国替父亲给代总统回信，信中说：

“非常遗憾！你们要我到国外去，我不能这样做，因为我不是军阀！但我同意不插手国内的大事，从明天起我就彻底不管不问了。”

蒋介石不知道，李代总统1949年5月5日给杜鲁门总统写了封信，信中抱怨国民政府没能充分利用美国的援助。

1949年夏，李宗仁的信和其他许多公文一起被公开发表在美国国务院的白皮书上，题名为《美国与中国的关系》。

5月6日，委员长离开上海来到一个秘密地方，后来人们才知他去了台北。

台湾的官员们随机应变，见到蒋介石后他们要他在原总督的住宅地建造一所房子。蒋介石婉言谢绝了这个建议，住到了台湾糖业公司的宾馆里。此地位于山中，距台北8英里。

与此同时，上海的银行家及商人正在同共产党的密使进行谈判。

中日战争期间，上海的银行界，特别是周绍民的皇城银行私下里为陈毅将军和新四军提供过金钱和医疗设施。现在，共产党的军队打到了城边，银行界人士都希望城市不要被战争损坏。同时，他们也给汤恩伯送去了金条、美元，让他保证不在上海负隅顽抗。

5月25日，蒋介石在台北的乡村听到了上海失守的消息。当共产党的军队渐渐逼近上海时，国民党守军尽管说了很多豪言壮语，但最后还是决定投降了。

无疑，银行家的金钱会帮他们抛弃没有必要的英雄气概。汤恩伯带着他的一半部队逃出了上海。陈毅率领他的部队进入这个商业大都市，抓获了10万名俘虏。

一个很大的额外收获正等着共产党，而外界对此一无所知。

这要归功于一个不太有名的投诚者吴绍荪。他是“CC派”的成员，也是中央调查统计局的一名官员。

中日战争期间，他在上海做地下工作，是国民党的高级间谍。了解上海黑社会的情况也是他的任务，他为此加入了“青帮”。抗战胜利后，蒋介石任命他为上海市副市长，并负责组织学生工作。他主管当地的三民主义青年团。共产党打进上海时，是吴绍荪把当地商业巨头、黑社会头目和国民党情报密探的档案全部交给了共产党，因此，陈毅能及时逮捕所有的敌对分子。据说蒋介石在离开上海之前，曾亲自要求在上海组建国民党地下总部，吴绍荪的倒戈打乱了蒋介石的这步棋。

为了奖励吴绍荪，后来周恩来在北方接见了他，任命他为人民政府交通部顾问。

这时，精明的老牌军阀阎锡山扮演了一个极其短暂的角色。阎锡山从 1911 年起就开始统治山西，在那里修建铁路、公路，植树造林，发展农业，也没有忽视教育。他因此以“模范省主席”而闻名，这并不是没有道理的。

1948 年秋，山西这个古老省份的首府太原开始被围攻，尽管有 30 英尺高的壁垒，但还是在第二年的 4 月 24 日被攻破了。阎锡山由于得不到足够的支持，于 5 月底飞到广州与李宗仁交涉。

李宗仁把他送往台湾，并给蒋介石带去了一封谦恭的信。信上说：“我们这里的国民党全体党员都希望您来广州领导我们，我本人也真心希望每天能聆听您的教诲。”但是，蒋介石现在正在考虑其他事情，根本不准备复职。

阎锡山讲了一下大致情况，蒋介石听得也很仔细。在国民党的官员中，阎锡山是对美国在“中央政府”最需他们时采取“不干涉”政策最不满的人。他想让蒋介石废除“宪法”，建立军政府，不理睬美国的建议，也不要顾全他们的反应，按战时编制重新组建现存省份，立即采取措施，在共产党后方建立“反共游击队”。

但是蒋介石没有采纳他的意见，理由是“必须保证民主制度”。

阎锡山带着轻蔑的口吻说：

“美国人觉得他们知道到底怎么办才对中国好，但是他们对中国能了解多少呢？他们只是通过那些密使们的眼睛来看中国的，是通过一些讲英语的中国知识分子及买办分子来了解中国的。

“他们不考虑中国的具体情况就想把他们的民主介绍到中国来。

“我们吃大米，他们吃面包，难道我们也得吃面包，才能成为民主国家吗？我们不认为我们知道什么对美国好，这么做是对的。

“借钱给朋友时，不应有附加条件。如果借钱给朋友的条件是朋友必须按你的规定来花费，那么这未免太荒唐了。

“美国人给我们带来的危害够多了。罗斯福总统在雅尔塔会议上把我们卖给了俄国人。马歇尔调停无效，给共产党足够的时间部署军队，准备全面反攻。现在他们又靠传教士大使司徒雷登想把共产党改变成害怕上帝的基督教徒。如果我是你蒋先生，我要彻底忘记美国。如果连国家都没有了，那民主又值几个钱呢？”

对这些措辞激烈的言语，蒋介石置若罔闻。于是，阎锡山于6月2日飞回广州，接替何应钦做了行政院院长。

阎锡山虽然年纪大了，且患有糖尿病，非常易怒，但他名气较大。

任命他为行政院院长，又使国民党的一些人产生了希望。

5月底，一个少见的“胜利”使国民党士气暂时振作了一下，在西安被红色军队占领后，马步芳及其儿子出人意料地打了一次胜仗。

蒋介石在台湾宣布提升马步芳为西北军总司令，答应给他空投武器弹药。但是，国民党的胜利寿命太短了，武器弹药还没运到，彭德怀就来到了。8月26日，彭德怀打败了马步芳。

蒋介石现在考虑的还有另外两件事：发动一个新的外交攻势，迫使美国重新全力支持国民党统治中国；认真研究在国民党统治区更广泛地实行最后防御的可能性。

外交上，蒋介石于7月10日飞往菲律宾的碧瑶会见季里诺总统，并随身带了一份东亚所有独立国家联合反共的计划。季里诺同意这份计划，并于第二天签订了联合公报来实施这份计划。

8月7日，蒋介石又飞到了南朝鲜的镇海，在那儿他会见了李承晚总统。在联合写给季里诺总统的信中，这两位政治家要求菲律宾总统在碧瑶召开会议，邀请所有对此感兴趣的国家参加这个联盟。

但是，这次却是白费力。本月稍晚些时候，季里诺前往华盛顿，美国国务卿艾奇逊极力反对蒋介石的建议，结果会议的邀请未发出。

蒋介石在与季里诺及李承晚会谈之间，在广州作了短暂的停留。他从1936年离开广州后就一直没去过那里。

在广州，他发表了一个鼓动士气的演讲。他在7月16日致国民党中央执行委员会的讲话中说，如今在国民党撤退失败的情况下，他又回到广州，深感惭愧，他承认对失败负大部分责任。他说在政府的眼皮底下，竟然有赌博贩毒的现象，对此他感到很吃惊。但是，他认为必须保住广州，因为这是最后的港口，是运用海、空军的最后地方。

蒋介石还说，他准备与广州共存亡。说得真好听，但他21日就离开了广州，他在广州发表演讲标志着他在国民党政界中又恢复了领导地位，因为那天国民党建立了中央非常委员会，蒋介石任主席。

广州会议上，李宗仁与蒋介石在有关国民党困难时期应采取的战略方针上发生冲突。李宗仁支持白崇禧的计划——控制中原地区，包括湖北、湖南、安徽、江西，把广东、广西作为后方。李宗仁因此要求国民党空军从台湾飞回来。

然而，蒋介石已下定了决心，即使一切都失败了，也要确保台湾坚不可摧。他拒绝下令调动空军，李宗仁只好作罢。

起初，尽管国民党军队在徐州溃败，但白崇禧的计划看来仍像他所希望的那样取得了效果。林彪8月初发动进攻，目的是沿京广铁路向南推进。白崇禧按原计划调回部队，准备在长沙建立一个据点。

因此，当后方那帮喜怒无常的匪徒和共产党交战时，白崇禧更有信心了。这些匪徒从1930年就开始反共。1940年及1945年分别同日本人和中国共产党作战。他们像爱尔兰人一样，传统上是“反政府”

的，谁掌权他们就反对谁。与此同时，洪水也阻碍了林彪的进程。

国民党将领的倒戈破坏了白崇禧的计划。长江的国民党守备司令程潜将军响应共产党提出的“和平解放”的建议，转向了共产党。他的继位人陈明仁将军也立刻仿效他，带去了3万人。

这两位将军认为，他们在共产党胜利后会被允许仍拥有自己的地盘，结果他们后来被安排到人民代表大会工作。

现在白崇禧别无选择，只有放弃长沙了。8月4日，他开始撤出长沙。然而，两个惊人但却短命的胜利却呈现在他眼前。

共产党的刘伯承将军现在在江西南部的赣州，林彪也打到了湖南衡阳。白崇禧在与林彪的29军的一次战斗中打了胜仗，使之退到了长沙以北。蒋介石认为这是场声东击西的战役。然而，广东省主席余汉谋却大为恼怒，他具有地方统治的思想，决心不放弃他的5万正规军，不让白崇禧进入广东省。陈诚从台湾带领部队在厦门登陆，目的是为了防止刘伯承增援林彪。此时也被迫撤回海上。

蒋介石现在虽然在军事上仍有权力，但是却没有权力直接控制政府。

7月份，李代总统和他的部长们废除了已失去价值的金圆券，使用一种以银圆为后盾的新纸币。现在到了职员和士兵要求得到比不值一文的钞票更有价值的硬币的时候了。三个半月来，政府搜遍了中央银行在台湾的存款，支付了价值12亿多美元的金币、银币及外汇。

10月15日，广州被攻破，蒋介石中断了这笔“生存资金”的提供。

11月，李宗仁飞往重庆，而阎锡山则逃到了台湾。几天后，厦门也失守了，共产党完全控制了中国的海岸线。

然而，毛泽东并没有沉醉于这些胜利中，他在北方也取得了胜利进展。1949年9月21日至28日，中国共产党、民主党派及其他反对国民党的党派在北平召开了“中国人民政治协商会议”。

从那时起取消了“北平”这个名字，因为“北平”是1928年国民党命名的，被认为是堕落的象征。作为中华人民共和国的首都，这个伟大的城市恢复了原名“北京”。

10月1日，毛泽东宣告新的共和国成立，那天和他一起庆祝这个伟大胜利的人不仅有他的战友，还有孙中山的夫人宋庆龄和一些内战期间改变了立场的国民党将领——傅作义、程潜及“基督将军”冯玉祥的遗孀，还有一些来自上海和新加坡的名人。

这样，重庆又成了“中华民国”的“首都”。8月24日，蒋介石来到重庆，担任国民党“中央非常委员会”主席。他的追随者于9月3日举行反共游行。

蒋介石把退守台湾作为最后一步棋，同时也在其他地方寻找其他的退路。位于四川省和西藏之间的西康，是片进不去的山区，这个地方对蒋介石是最有吸引力的，但他很快发现关键时刻这个地方的武装力量不一定会站在他的一边。

蒋介石在与印度支那接壤的云南省也发现了类似的情况。他于9月底回到广州。与李宗仁及他的广西同僚白崇禧讨论了多次。

10月4日，当蒋介石想起毛泽东在北京宣布的令其不快的消息时，他飞回了台湾。2日，苏联就承认了毛泽东的中华人民共和国。3日，仍在广州的国民政府与莫斯科断交。现在，蒋介石失去了一切权力，他所能做的只是表现他的反抗情绪。事实上，在以后直至他去世的近26年里，他一直就是这么做的。

1949年10月10日，蒋介石在台湾发表了“双十通告”，指责苏联“侵略中国”，声称他要和共产党“斗争到底”。为了不在台北坐视重庆被攻破，他于11月4日又飞回了摇摇欲坠的重庆。

使蒋介石大为不悦的是，他发现李宗仁前天已离开重庆到他的广西老据点南宁去了。

李宗仁再也没有打下去的心情了。他的肠胃一直有毛病，疼痛难忍，使他受了不少折磨，于是他对人们说要去做手术。蒋介石要他回来，他不予理睬。

他去找踌躇不决的云南省主席卢汉，命令他释放约 1000 名共产党及国民党革命委员会成员，这些人都是这位省主席于 9 月 10 日逮捕的。

11 月 19 日，白崇禧飞到南宁。李代总统告诉白崇禧说，他想公开声讨委员长，然后再到美国看病。经过一场激烈的争论之后，白崇禧劝李宗仁不要发表反蒋宣言，但没有劝他不要去美国。

于是，李宗仁致函蒋介石，说他很抱歉不能回重庆，他很疲乏，需要全面检查一下，很有可能去美国动手术。他又说，他同时要探听一下美国政府对中国的态度。

在这种危急形势下，他一定会早点回来担负起他的责任。他委托阎锡山院长替他处理国家大事。11 月 20 日，李宗仁去了香港，并踏上了去美国的路途。

第二天，以蒋介石为主席的“中央非常委员会”要求李宗仁或马上回到这个暂时的“首都”，或辞去代总统职务。

蒋介石派了一个四人代表团到香港向李宗仁保证，如果他回来了，他在“国民政府”的权威一点不受影响，并建议他带回一名医生及必需的医疗设施。

这四位代表一无所获地回来了，根本没有李宗仁的影子。

于是，蒋介石周围的人发生了激烈的争论。一方是以陈立夫为代表，坚持要求蒋介石复职，另一方是以蒋经国为代表，坚决不让蒋介石复职。

蒋介石听从了儿子的劝说，事实上或许他已下定了决心。蒋经国说，复职就是为李宗仁提供方便。李宗仁在美国谋求资金和支持这一事上的任何失败，都将会归责于蒋介石所扮演的这个角色。

国民党中央执行委员会常委会不顾蒋介石父子的想法，又把代表团派往香港，坚决要求李宗仁马上返回，即使有病也不得停留，“如果李宗仁病得厉害，回不来，那就得考虑蒋介石复职之事了”。

李宗仁踌躇不决，后来他说要以“代总统”的身份去华盛顿寻求美国的经济援助，无论他能否得到，一个月之内他就返回中国。李宗仁于 1949 年 12 月 5 日离开香港，但却再也没有回来。

蒋介石冒着危险，从重庆飞到成都，而此时共产党的 3 万军队已进入了成都。他还能往哪里去呢？昆明可能差不多，但是蒋介石不信任云南省主席卢汉。

12 月 7 日，他派了他信任的朋友张群去昆明，询问卢汉自己的行署是否能搬到他的省会。卢汉没有进行合作，但却说委员长应该来看看他。

蒋介石意识到这是个陷阱，又派张群去昆明商谈具体事宜。但是，共产党先到了一步，蒋介石的密使一到就被捕了。

蒋介石还不知道，两个四川军首领都是民主同盟的领导，他们已转向了共产党那边，其中包括张澜。他们把共产党的密使和西南其他军事首领联系起来，其中最主要的就是云南的卢汉和西康的刘文辉。共产党已向他们解释清楚，允许他们拥有自己的地盘，他们的军队也可得到完整的保留。

后来，卢汉被任命为中华人民共和国国家体委副主任，刘文辉则在全国人大常委会任职。

这么多将领倒戈，蒋介石试图把四川、西康、云南、贵州等西南各省搞成最后据点的计划成了泡影。

张群在昆明被捕三天后，国民党窃听到一封电报，说卢汉想投靠毛泽东，计划逮捕蒋介石。

但是，他们得到这个情报时蒋介石已乘飞机飞往台北了。

在重庆，国民党“行政院”召开紧急会议，由阎锡山主持，决定把“首都”迁往台北。

蒋介石在中国大陆的统治彻底结束。

第二十二章

避难之地

在日月潭他漫不经心地撒下鱼网，结果捕捉了一条长达 5 英尺的大鱼。老渔夫见状便说他已经二十年没见过这样大的鱼了。蒋介石心想，这是一个好兆头。

蒋介石被彻底打败后，决定停下来反思一下。

于是他在位于台湾中部山区的日月潭找了一个安静的隐居之地。由于日月潭是人工所造，所以风景十分秀丽。与他同去的还有儿子蒋经国。刚到此地，蒋便接到一封电报，得知了国民党在大陆彻底灭亡的消息。

他沉默良久，然后对儿子说："我们到山里走一走吧。"好长一段时间两人都默不作声，最后蒋介石建议到湖边去捕鱼。

于是，蒋经国从一位渔夫那里雇来一条船，蒋介石便一人出去了。他漫不经心地撒下鱼网，结果捕捉了一条长达 5 英尺的大鱼。老渔夫见状便说他已经 20 年没见过这样大的鱼了。蒋介石心想，这是一个好兆头。

很显然，蒋介石在等待时来运转，他需要好征兆。事实上也是如此，在他们老家浙江、安徽北部、四川、广西、云南、陕西南部和西藏边疆等地还有零星的残余部队在抵抗。

另外，在台湾、"反攻大陆"的"基地"——海南岛、长江口的舟山群岛、厦门对面的金门岛、东山岛以及台湾西部的澎湖列岛等都有

“自由中国”的存在。当时，蒋介石还有各种部队约 80 万人，750 辆至 1000 辆坦克装甲车，还有一支拥有 300 至 600 架飞机的空军力量。如果只算第一线的飞机，只有 300 架，如果加上所有的飞机则为 600 架，另外还有 70 艘军舰。

蒋介石认为所有这一切还不足以“反攻大陆”，但如果幸运的话则足以与共军对抗，并通过空袭和经济封锁来摧毁共产党的统治。

在蒋得意忘形、充满无限自信的日子里，他拒绝了暂时放弃东北，集中力量保住关内的建议。结果他不但失去了东北，而且也加速了他失去大陆的步伐。他把战线拉得很长，兵力分散，企图保住一切。可他不明白对于一个长期的军事反攻来说，有时候战略退却也是必要的。

在国民党仍控制着的岛屿中，只有台湾才是一个死里逃生的地方。广东近海的海南岛是他舍不得放弃的一块肥肉。他可以利用那里的铁矿、富有潜力的海军设施以及靠近大陆的地理位置上的优势，那将是一个反攻大陆的理想基地（如果他们采取有效的防御措施的话，事情可能是这样，但是他们没有这样做）。

警备司令薛岳将军（外号“小老虎”）拥有一支 4 万人的训练有素的常规部队，但他们在内线常常遭到与国民党警备军数量相当的共产党军队的狙击。在 1950 年 2 月至 4 月之间，大陆共军曾十次进攻海南岛，但均未成功。4 月 16 日共军集中兵力占领了海南岛，国民党军队很快撤退到南部海岸。于是，蒋介石命令薛岳将军将其部队撤退到台湾。

在随后的一个月里，一支更大规模的拥有 15 万人的军队，乘坐 16 艘自由号轮船和一些小船也从长江的舟山群岛撤离了，另外还放弃了通往广州的万山岛和福建海岸的东山岛。国民党的撤军结束了蒋对上海和广州的封锁。

从此以后，蒋介石便完全失去了反攻大陆的基地。除了福建海岸的金门岛和马祖岛以及澎湖列岛以外，“自由中国”逐渐地退缩到台湾岛上。台湾岛面积不足苏格兰的一半，耕地面积不到1/3，当时的人口为1000万或1100万，其中包括100万至200万来自大陆的难民。

在这种前途渺茫的形势下，蒋介石有两个最基本的目标，即保持政治地位和维护中国传统的生活方式。

然而，从蒋来台湾的那一天起直到他去世，他的众所周知的目标是“反攻大陆”。

随着时间的流逝，他的这一目标在常常听说它的人们心中渐渐地失去了信任。这个目标开始时是勃勃的野心，后来变成了渺茫的希望，以后又成了可望而不可即的神话，最后则变成了一种纯粹的信仰。

尽管如此，它在维护国民党对在台中国人的统治中起了重大作用。

1949年年底蒋介石逃到台湾后，为自己确立了两个主要任务，即保卫家园，让外国承认“中华民国”政府是中国人民的唯一合法政府。

这里有一个不可否认的事实，即台湾无权控制毛泽东政府统治下的千百万人的生活和命运。

通过残酷的安全措施和锐意改革，蒋实现了他的第一个目标；通过一系列不大可能的事实，他使美国继续承认国民党政府，否认共产党政府，从而实现了他的第二个目标。其中最重要的一个事实是20世纪50年代的朝鲜战争。

蒋介石在台湾采取了一系列稳定局势的措施，其中最重要的一项是推行土地改革计划。

陈诚一上任，蒋就指导他进行这场改革。事实上，早在1949年2月4日陈诚就任省主席后一个月，他就开始实行“减少地租”的制度。这是非常必要的。

蒋介石与陈诚（右）合影

按传统的做法，佃农要把所产粮食的50%作为租金交给地主。在有些地方，地租甚至高达70%，况且不管天气和收成好坏，地租要照交不误。在实行土地改革制度期间，国民党政府得到了中美农村建设联合委员会的技术资助。

1951年5月25日，“立法院”把地租的最高限度规定为37.5%，其目的是为了响应孙中山的“土地归人民所有”的号召。

5月30日，“行政院”颁布了《公用土地出卖条例》，迫使地主将其土地卖给国家，然后国家再把土地卖给佃农，十年内分期付款，佃农可以将每年粮食总收入的25%交给国家作为抵押。条例准许地主拥有不超过两公顷的水浇地或四公顷的旱地。补偿可用现金，也可用土地债券或公有企业的股票形式来结算。

因此，许多地主都变成了工业资本家。到1953年为止，土地改革计划已经执行完毕，将近80%的耕地都归其耕种者所有。

毫无疑问，陈诚的土地改革计划是一个主要的稳定因素，它给台湾的经济带来了极大的繁荣。

然而，迫在眉睫的安全问题只好通过严厉的管理措施加以处理。在蒋介石逃往台湾期间，中共已在国民党人员内部扶植了许多代理人，有些还是高级官员，如参谋部副部长吴新（音译）将军和他的妻子。国民党仅在1950年的头六个月里，就处理了300多起间谍案，其中包括一个拥有1000多人的地下组织。同年5月，蒋介石答应赦免所有背叛共产党跑到台湾的人。其中有400多人获得赦免。但是，那些被捕的并且没有条件获得赦免的共产党人通常都被处决了。

此外，蒋介石还改组了国民党。

在1950年7月22日召开的中央执行委员会常务委员会扩大会议上，蒋介石宣称：

> 我们必须把台湾作为我们反攻大陆的基地，作为亚洲自由民族斗争的先锋队，以及为世界和平而战的英勇斗士。为实现此目的，我们要彻底改组我们的党，以便重新组织我们的革命机器和重新振奋我们的革命精神。从消极的方面讲，我们要坚持消除宗派之间以及党内的个人之间的冲突。我们再也不能容忍那些导致我们大陆灭亡的个人主义行为和思想的存在，如果不坚决制止，那也将导致我们在台湾的灭亡。

蒋介石说，我们要干的第一件事情就是清理整顿党的组织和机构。中央执行委员会和中央检查委员会被取消了，在此基础上蒋又成立了两个小型机构：执行行政权力的中央改革委员会和一个由党的元老组成的顾问委员会。

那些投奔共产党的国民党知名人士，如傅作义和宋庆龄等已被除名，许多没有投奔毛泽东但又拒绝来台湾的中间派也被国民党除名。

军队也进行了清理。陈诚遵照蒋介石的指示解雇了上万名军事官员，181个军、师和更小的军事单位被解散了，事实上这些单位都是徒有虚名的，它们不过是充实军官钱袋的花名册而已。

下一步是货币改革。上海解放以后，蒋介石政府就推行了新的台币制度，以黄金和外汇为值牌，台币与美元的比值为5 ∶ 1。

没过多久，蒋介石便再次宣称他对所管辖的领土和人民拥有绝对的统治权。

因为这时他不仅是国民党的总司令和总裁，而且重新当上了“中华民国”的“大总统”。

1950 年 2 月 21 日，蒋召开紧急会议，向还在美国的李宗仁发出了最后通牒，要他在三天内到台北，或辞去代总统的职务，李的答复是含糊其辞的。立法院于 24 日请求蒋恢复“总统”职位。他没有拒绝。于是，3 月 1 日蒋又当上了“大总统”。当上“大总统”后他办的第一件事是接受阎锡山的辞职。阎本人觉得自己年老体衰，无力继续担任“行政院”院长。3 月 8 日，蒋介石推举陈诚将军为“行政院”院长。

在蒋介石就任“大总统”的当天，毛泽东的总司令朱德在北京接见了台湾解放同盟会的成员。

朱德告诉他们:“废除蒋介石在台湾的统治已成为全国的当务之急。”他补充道，他们正集结重兵以对台湾发动进攻。在那个你死我活的时刻，共产党似乎时时刻刻都有可能对台湾发动进攻。然而，蒋介石及其政权却因朝鲜战争而得救。

蒋介石得以生存的关键因素是美国的态度。

共产党在大陆的胜利使得美国人和美国政府对蒋介石及其政府极为失望。

尽管毛泽东政府也犯了一些错误，美国人还是有意承认他的政府，就像 1950 年 1 月英国人所做的那样。然而，早在 1949 年 7 月 1 日毛泽东就在他的一次讲话中定下了基调。毛宣布，中国将站在苏联一边。后来，一些训练有素的中国人民解放军士兵进入了美国大使雷顿·司徒雷登博士的官邸。当时他正卧病在床。1950 年 1 月 13 日，共产党军队又占领了美国驻北京的领事馆。他们逮捕了美国驻沈阳的总领事安古斯·瓦尔德，并以间谍罪名将其监禁四周。1 月 14 日美国国务院命令召回驻北京、天津、上海、南京和青岛的 135 名领事人员及其家属。

从政治上来讲，华盛顿这时不可能承认中华人民共和国政府，但美国后来并没有恢复对国民党统治的支持。

事实上，在 1950 年 1 月 5 日，杜鲁门总统就明确指出了他对中国的政策是“不干涉”政策。他宣称美国将不介入中国的内战，也不会向驻守在台湾的中国军队提供“军事援助和顾问”。受中国问题游说议员领导人之一威廉·诺兰德参议员的鼓励，并鉴于中国大陆的情况，国务卿艾奇逊于 1 月 24 日宣布了一项向台湾提供经济援助的计划。

1950 年 6 月 25 日北朝鲜入侵南朝鲜的战争便成了这一计划的转折点。根据雅尔塔国际协议，朝鲜半岛以三八线为界分为南北两个朝鲜，北朝鲜由苏联接管，南朝鲜由美国接管。美国对在南朝鲜训练一支强大的保安部队感到满意。苏联也有一支训练有素、装备精良、令人望而生畏的北朝鲜部队，其中包括在东北与中国人民解放军合并的一些军队，他们拥有丰富的战斗经验。

美国对华政策的改变——正如蒋介石预料的那样——其结果并不十分令人满意。

斯大林已命令北朝鲜军队突破三八线，他设想美国不会对此作出反应。

他的这一假设似乎有充分的理由，因为国务卿艾奇逊在 1 月份的一次讲话中，特别说明美国已将朝鲜排除在太平洋地区安全带之外了。美国远东陆军总司令道格拉斯·麦克阿瑟将军却认为，南朝鲜和台湾在太平洋安全体系中仍起着重要作用，北朝鲜的入侵使杜鲁门总统和国务卿艾奇逊从消极状态中猛醒过来。

苏联人的错误判断使杜鲁门在联合国组织内部得以采取行动。苏联代表团一直对联合国安理会进行联合抵制。如果苏联代表参加会议，他们就会否认一切关于武装干涉的决议。6 月 25 日安理会举行会议，以 9 ：0（苏联缺席，南斯拉夫弃权）通过了一项要求北朝鲜从南朝鲜撤军的决议。同时，安理会号召所有的联合国成员国“对联合国执行该项决议随时给予帮助，并制止向北朝鲜政府提供援助”。

27 日，杜鲁门总统宣布他已命令美国空军和海军去帮助南朝鲜。与蒋介石的利益直接有关的是，杜鲁门总统还宣布台湾在朝鲜战争期间要保持中立。第七舰队奉命前去遏制国民党对中国大陆的军事进攻，并且阻止共产党军队解放台湾。

美国的最后一次帮助至少可以使蒋介石感到宽慰。几星期以前，大约 15 万共军集结于台湾海峡对岸，而现在却不会马上有危险了。

对南朝鲜来说，北朝鲜攻入的前几天是灾难性的。汉城陷落，南朝鲜军队在混乱中撤退到釜山。

蒋介石趁机向麦克阿瑟将军提供 3.3 万名军人，以帮助由他指挥的联合国军队。麦克阿瑟立即建议美国参谋长联席会议接受蒋的军事援助。

他的这一建议直到第二年在国会作证时才为人所知。鉴于来自英国的强大压力（英国已承认中华人民共和国政府），参谋长联席会议立即拒绝了蒋的援助。

然而，参谋长联席会议确实建议，由于台湾对美国具有重要的战略意义，因此美国应当恢复对国民党的军事援助，加强其防御能力。为此还成立了一个新的美国援助顾问团，尽管该团直到 1951 年年初才在台湾开始工作。同时，麦克阿瑟将军亦将访问台湾，并且就国民党军事力量的状况提出报告。

1951年7月，麦克阿瑟（左）与蒋介石会面。

7月31日，麦克阿瑟飞往台北，并立即会见了蒋介石，这是他俩的第一次会晤，也是一次真诚友好的会晤，因为他们对大陆共产主义的性质以及反对共产主义的必要性等方面取得了一致看法。他们还就国民党在大陆牵制共军的计划的可能性进行了认真磋商，但没有什么结果。

由于苏联人对其不在场时杜鲁门的主动性感到惊讶，所以现在他们又回到了联合国。

8月1日，马立克大使接管了联合国安理会的工作，他以强硬的措辞要求驱逐中国国民党代表团，并立即给予北京代表团以联合国的席位。

他的这一决议得到了英国、挪威、印度和南斯拉夫的支持。英国的背信弃义使美国感到震惊，但丝毫没有支援他们的决心。这项建议最终还是被否决了。

9月18日，麦克阿瑟将军向联合国报告了北京对北朝鲜的支持。他表明，大约4万至6万名北朝鲜军人在东北接受过中共的训练，并经过战争的考验，这些人参加了入侵南朝鲜的战争。

两星期以前，麦克阿瑟将军已率领联合国军队在北朝鲜战线以后的仁川登陆。战争形势有所改变。

10月1日，麦克阿瑟将军命令北朝鲜军队无条件投降。

同日，中华人民共和国在北京庆祝了她的第一个生日。周恩来在一次讲话中警告美国，中国人民“决不允许帝国主义对他们的邻国轻举妄动”。

蒋介石的情报表明，周恩来的威胁含有实质性的东西。林彪率领的第四野战军拥有50万人，自7月初以来他们已经沿京广铁路线向北移动了。10月28日，来自美国的情报说，第四野战军的一部分部队已从东北穿过鸭绿江，正加入北朝鲜的行动。

当时，麦克阿瑟将军已率军到朝鲜边界山地，一路上击毙和俘虏的北朝鲜军人达20万。然而，不久人们便都知道，中共已向北朝鲜派遣了50万军队，称为“中国人民志愿军”。在中国人发动大规模的攻势之前，现在轮到麦克阿瑟撤退了。

蒋介石撤退到台北以后，在失意中冷静地观察着这些重大事件的发展。

用苦行僧主义的观点来看，蒋介石的生活是清苦的。他行动自如，神志安详，住在山脚下的一所青砖绿瓦平房里。朴素的花园里开放着杜鹃花，这使他感到赏心悦目。前门正对着一间平日不为人熟悉的屋子，这间屋子约20英尺宽，30英尺长，中间有四根方形石柱。屋子的右边摆放着一张可供18人同时就餐的餐桌，左边摆放着几张供人休息的扶手椅。仆人的卧室以及助手和秘书的四间小卧室紧靠着这间房子。

蒋介石常常天亮时起床，穿一件传统的中国式蓝色长袍，或穿一套不带军衔的军服。蒋夫人身穿晨衣陪他做晨祷。

他的早餐有米饭、咸菜和白开水。早饭后，他读报到上午9点，然后秘书抱来大摞文件，黄色文件代表例行公事，红色文件代表紧急问题。10点或11点，按照前一天的安排召集官员开会。中午时有些官员就留下来吃便饭。

午饭后，蒋介石午休半小时，然后再开始工作。下午4点半，他常常带上一个助手去散步，换换空气。等他散步回来时，茶点已摆好了。吃完茶点，他又继续工作到 7 点。然后再去做祷告和沉思，直到晚饭。

晚饭后，他往往继续工作。如果有人劝他，说看场电影并不是浪费时间的话，他也会同意去看。有时候他也会冒险进城看场京戏，睡觉前洗一个含有硫化物的泉水浴，然后再写上一段日记，这是他一直保持着的睡前习惯。

蒋介石已痛苦地认识到，麦克阿瑟将军和杜鲁门总统对朝鲜战争的看法出现了明显的分歧。也许麦克阿瑟将军这位第二次世界大战期间最伟大的战略家坚持认为，胜利是他所参与的一切战争的目的。杜鲁门总统对这个冲突采取了更为慎重的政治态度。

联合国警察部队采取的反击外来侵略的行动，从法律上来讲是一场不宣而战的战争，麦克阿瑟将军在与参谋长联席会议交换意见时，一直要求准许轰炸中共在东北的军事目标。

然而，1951 年 3 月 23 日，他却公开宣布他本人已做好与中共总司令签署停战协定的准备。不久便清楚了，他的目的是通过促使中国共产党提出拒绝的决定，从而破坏正在联合国指挥部进行的有利于休战的外交活动。3 月 29 日，中共给了他一个恰当的否定回答。

让人感到最为意外的是，全世界都知道总统和远东地区总司令之间的意见分歧是不能沟通的。

4 月 5 日，约瑟夫 · W. 马丁议员在一次白宫会议上宣读了麦克阿瑟将军的一封信。这位国会议员支持麦克阿瑟将军的观点，而麦克阿瑟将军把这些观点毫不含糊地写出来了。

他在信中写道：

美国应停止有限的小规模战争，竭尽全力地去打大规模的战争。联合国应当接受蒋介石总统的军事援助，并支持台湾在中国建立第二条战线。

考虑到那些认为绝对的军事优势应该集中在欧洲战场的人的批评，麦克阿瑟争辩说：“如果我们在亚洲把战争输给了共产党，那么欧洲战场的失败也将是不可避免的。”

如果麦克阿瑟保留自己的观点，或者把这些观点仅限于与其军事和政治上进行意见交换，或者国会议员马丁对此保持沉默，那么这件事也就会就此搁置了。但是，杜鲁门总统对麦克阿瑟将军企图干预政治决定的做法十分愤慨。

4月10日，杜鲁门总统解除了麦克阿瑟的总司令职务，并命令他返回美国。总统随即任命马太·李奇微将军接任司令职务。

蒋介石希望靠美国的军事援助来“反攻大陆”的梦想也随之破灭了。

然而，蒋也从中得到了一个重要的补偿，那就是美国人放弃了1949年在“白皮书”中规定反对国民党、反对蒋介石的立场。5月18日，助理国务卿迪安·腊斯克公开宣布，蒋介石比他的中共对手更真实地代表了广大中国人民的利益。

在参议院里，56名议员发誓反对承认共产党政府，反对把台湾交给北京的任何建议。同年10月，美国向除朝鲜以外的亚洲和太平洋地区拨出5.3525亿美元的美国公共公安军事费用和2.375亿美元的经济援助，其中的大部分资金将援助台湾。

不论从物资方面讲还是从生存方面讲，这一消息都符合蒋介石所需要的保险政策。

但是，从名声方面来讲，这丝毫没有消除他最近所遭受的一次侮辱，即国民党政府没有获准出席9月份在美国旧金山召开的日本和平会议。

蒋介石的唯一安慰是，中华人民共和国政府也被排斥在外。

英国附和苏联，建议共产党政府应该代表中国，并在4月中旬起草的一份建议中补充道，台湾应该归属共产党政府管辖。蒋介石受到了深深的伤害。难道他不是战争时期的四强之一，不是温斯顿·丘吉尔的盟友吗？6月，杜鲁门总统的共和党的巡回大使曾经到伦敦，去与英国外交大臣肯尼思·扬格解决双方对这一问题的分歧。

双方达成了一次折中的决定。在日本已经获得主权以后，他们应当自己选择承认哪一个中国政府。

同时，不论北京或台北都不应当被邀请参加这次和平会议。蒋介石的外交部长叶公超对此表示强烈抗议，并且国民党政府继续与东京缔结它自己的双边和平条约。

蒋介石与他的继任者、长子蒋经国（右）合影。

令蒋介石极为恼火的是，旧金山条约并未确定台湾将来的地位。此外，罗斯福总统曾经保证过的开罗宣言在蒋介石看来也被破坏了。

麦克阿瑟被解职以后，朝鲜战争于1951年夏天停火，随之而来的是长期的停战谈判，并终于在1953年7月达成了一项停战协议。

共产党十分需要这种停战，以便要求联合国让战俘在获释后自由决定自己的去处。以印度为执行主席的中立国委员会负责交换战俘。联合国手中的中国战俘有1.4万人，其中72%的人去了台湾。21名被捕的美国人愿意留在共产党一边。

中共从此获得了它在国际上公认的地位。

南、北朝鲜仍对峙在三八线上。

一场关于麦克阿瑟的热烈争论在美国爆发了。

杜鲁门总统最担心的是，朝鲜战争向中国大陆的任何蔓延，都将促使毛泽东执行他于1950年年初与斯大林签署的同盟条约。如果斯大林作出反应，他就会很顺利地进攻欧洲，而不是亚洲，第三次世界大战也就有可能爆发。

然而，麦克阿瑟的解职在美国还不广为人知，并且朝鲜战争是1952年总统竞选的一个主要议题。共和党批评杜鲁门总统采取消极政策，这种政策既不会带来胜利，也不会导致战争的尽快结束。共和党的候选人德怀特·D. 艾森豪威尔将军在总统竞选中获胜。他立即宣布改变对国民党的路线政策。

他宣布解除美国对国民党进攻中国大陆的禁令，如果蒋介石政府愿意对中国大陆发动进攻的话，美国将不再会阻拦。然而，美国第七舰队将继续保护台湾。

这又不是蒋真正需要的，这些最多不过是美国准许台湾“游击队”在大陆进攻反击行动而已。

蒋介石对自己的兵力了如指掌，尽管部队在作战效率上有了很大提高，但还不足以对他所失去的大陆发动反攻，并且美国已不准备帮助他这样做。事实上，台湾“游击队”已在相当大的范围内开展了活动。

1950年6月13日，毛泽东曾估计大约有40万“国民党残余”在行动。自国民党政府倒台以后，已经有 100 万人被杀或被捕。这些反抗行动是零星发生的，规模在逐渐减小，但将持续到 20 世纪 70 年代。

蒋介石越来越渺茫的希望是爆发第三次世界大战，但这却是杜鲁门总统曾经害怕过的事。

蒋介石曾这样描述道："我们打败共产党并收复大陆的计划必然会形成……自由世界的总纲领的重点是打败世界上所有的共产党员。"当来自朝鲜战争的消息表明停战谈判已在进行时，1953 年 7 月 20 日蒋要求签订一个台湾和中国邻国都能参加的西太平洋安全公约。

同年年底的 11 月 27 日，辛格曼·里总统在台北访问了蒋介石，双方签署了一份联合公报，号召亚洲的"自由国家"建立一个由其他"热爱自由"的民族支持的"反共统一战线"。然而，阻碍这一号召的是印度、缅甸和印度尼西亚，它们已承认了北京政府，并且那个最大的"热爱自由的国家"的好战意识也减少了。

1954 年 1 月，美国国务卿约翰·福斯特·杜勒斯发表了一次讲话，阐明了他的"大规模报复"的新观点。他说这种报复在远东已经开始了。

这个时候蒋介石反攻大陆的希望又复活了。

1953 年春季，法国军队在印度支那覆没以后，美国未能介入。然而，同年 9 月，美国却率先为东南亚建立一个新的联合防御体系，但台湾却被有意地排除在外了。

1954 年 12 月 2 日，蒋介石与美国签订了双边共同防御条约，但这一条约最后又使其失望了。

实际上，与艾森豪威尔总统的最初宣言相比，该条约后退了一步。根据新条约规定，美国保证保护台湾，但不包括金门岛和马祖岛。台湾的安全将受到保护，直到作出另行规定。

但是，如要蒋介石想以推翻毛泽东的统治来碰碰运气的话，他只好凭借自己的力量了。另外，蒋的“外交部长”叶公超博士在12月10日给美国国务卿的回信中说，在没有同美国商量并获得同意以前，台湾军队决不会进攻大陆。

从此以后，蒋的周期性的反攻大陆的威胁听起来越来越像是宗教仪式的咒语了。

第二十三章

最后二十年

美国政府重申了它的观点：蒋介石“政府”是“自由中国的真正代言人”。国民党“政府”也声明，恢复大陆中国人的自由的“神圣使命”应当不是通过武力而是通过孙中山的三民主义来实现。于是，蒋介石就放心地长期等待下去了。

蒋介石的生命行将结束。他不得不由人抬着走动或坐轮椅在屋内活动。他已经成了一名隐士，平时只见自己的儿子、妻子，有时也见一见他的高级助手。

直到撤离大陆以前，蒋介石的生活一直是动荡不安的。

在台湾他过着背井离乡的生活，但相对来说，生活要平静和稳定得多。

在他的统治下，台湾成了一个值得称赞的地方，这不是因为它的民主政治，而是因为它的经济繁荣，发展迅速，相对的满足以及保持了中国传统的文化遗产。经过拼命争夺而得来的台湾这一小块土地才是蒋介石拥有的一切。

正如一些观察家所说的那样，台湾的发展是他人的成就，是辛勤劳作的台湾人民的成就。这一点是不难看出的。然而，这样说也许是不公平的。

正如一个总司令可能被迫因其下级军官的得失成败而有权利得到荣誉或别人责备一样，台湾的成就最终也应该归功于蒋介石。

蒋介石在台湾的状况是十分异常的，他的“政府”亦是如此。用法律上的术语来说，那是没有先例的。

大陆解放以后，他带着残余部队及其追随者们，来到了由日本殖民者统治达半个世纪之久，并且在1943年的《开罗宣言》中已承认为中国领土的台湾岛进行避难。这样就有了两个中国“政府”。

北京的共产党政府不可否认地控制着除台湾岛和少数沿海小岛以外的所有中国领土，蒋介石的“中华民国政府”不可否认地控制着台湾，而北京和台北都承认台湾是中国的一个省份。

实际上就是出现了两个中国。但是，不论是共产党政府还是国民党“政府”都不愿意考虑这个问题。

整个世界都认为北京政权的主张是不难理解的。在局外人看来，蒋介石对大陆主权的需求是荒唐的，甚至是无礼的。然而，从权力的角度来讲，蒋介石的主张有必然的逻辑性。因为如果他不坚持这个主张的话，国民党如何统治绝大多数的台湾人民呢？他只有坚持这个主张，即他的“政府”是全中国的唯一合法“政府”。

在坚持这一主张的过程中，他从无半点的优柔寡断，并且宣称他能够“证明”他在台湾保护了自己的权力，根据这个荒唐的逻辑而制定的铁一般无情的法律和一系列类似的反常事情只好持续下去。由于台湾人口的发展，1975 年达 1600 万人，在这个小岛上只好有两个“政府”，一个管理全中国，另一个治理台湾省。

1947 年 11 月 21 日，中华民国开始了第一次大选，这是一次没有结果的选举，在某种意义上来说它只不过是一次非正规的演习而已。

立法院的大部分成员都投奔了台湾。坐镇的立法官员皆为老年人，年复一年，直到他们老死。他们宣称自己代表着久已失去联系的大陆各省的远方“投票人”的利益。

大多数台湾人民在这个“国家的”立法过程中实际上没有发言权，他们最多只期望能在省级政府中谋个一官半职。1972 年年底的部分选举给老年化的立法机构注入了一点新鲜血液，但直到这时为止，那些明显的异常状况并没有多大改变。

从某种程度上来看，一个被外界喜爱或惊叹的空想是完全不真实的。从另一方面来看，有一点是绝对真实的，即蒋介石枯萎的权力宝座和国民党的最后一块避难之地。否认这个不真实的现实，就意味着要通过放弃这个权力基地而让位。

况且，蒋介石已经度过了那个另有图谋的辞职阶段。他来到了台湾，并且要在这里待下去，直到时间宣布他死亡为止，或者将来有一天一些未能预见但并非不可能的形势会恢复他合法的南京政权。

蒋介石的希望随着朝鲜战争的爆发而达到了高潮，也随着战争的结束而凉了下来。

他与美国签订的《安全条约》曾保护过他的台湾基地，也有效地阻止了他利用这一基地。从此以后，他的希望随着每一次国际危机的到来和听到来自中共的可怕消息而变得恍惚不定了。

对蒋介石来说，这些时刻比任何有关台湾经济发展的破纪录数字更有意义。

1955 年 1 月出现过一个这样的时刻。当时，中共派了一些战舰和飞机在大陈岛北部的江山岛登陆。国民党守备军队的 720 人全部战死。

在中共对大陈岛进行大规模的轰炸之后，周恩来于 1 月 20 日宣布一定要“解放”台湾，在此期间不允许联合国或其他任何国家进行干涉。同日，艾森豪威尔总统以他的美国武装部队总司令的身份请求国会采取必要的军事行动，击退共军在台湾海峡的进攻。

“国会”授予了“总统”所需要的权力，蒋介石也相应地受到了鼓舞。但是，在联合国安理会邀请中共派代表参加停火谈判并遭中共拒绝以后，这场危机也就结束了。

令蒋介石感到欣慰的是，他不久便证明了他在西方主要国家中还是有一定影响的。诚然，国民党“政府”被排除在美国和其他国家于

1955年2月25日在马尼拉签署的《东南亚防御条约》之外，但美国国务卿约翰·福斯特·杜勒斯于3月23日又继续前往台北进行访问。

在台北，杜勒斯与“大总统”蒋介石、“副总统”陈诚、“行政院院长”俞鸿钧以及“外交部长”叶公超进行了一次长时间的谈话，分析了共同防御条约的含义和用途。在长达一天的谈话结束以后，杜勒斯于临走前发表了一份新闻公报。他在公报中指出，金门岛和马祖岛与“台湾的安全有关”。

无论如何，这对蒋介石来说也算是一种安慰了。

三四周以前，由于共军的猛烈空袭，蒋介石已命令军队撤离了大陈岛。

但是，根据美国国务卿的宣言来看，要国民党放弃金门岛和马祖岛是完全不可能的。

尽管共军在3月份又发动了进攻，但蒋介石加强了守备部队的力量，仅在金门岛一地就屯兵6万。然而，情况仍然不妙。3月25日，中共宣称他们又从北朝鲜撤出六个师的兵力以对付这场战争。蒋介石的海上观察员和大陆情报人员报告，共军已在台湾对面的福建沿海布下了重兵。蒋介石说在2月14日的记者招待会上，情况已经“相当明确”，美国是会保护这些岛屿的，并说无论如何这些岛屿是决不会断送的。

当蒋介石得知周恩来在亚非万隆会议上获得重大成功的消息时，他回想起了1927年的上海和他1936年在西安事变中所受到的侮辱，这使他恼羞成怒。

锡兰[1]总理约翰·科特拉瓦拉阁下在自以为公正善良的基础上，提出了“他的”解决台湾问题的方案。他建议：

> 马祖岛和金门岛应当立即转交给共产党政府；美国第七舰队应撤出台湾海峡；蒋介石应当“光荣地退休”；联合国或科伦坡集团应当托管台湾五年，托管期满时应由公民投票决定台湾是归属中国领土还是独立。

在华盛顿，美国国务院要求中共通过宣布立即停火和立即释放非法扣押的美国空军人员和其他人质，以此来表明自己追求和平的诚意。

但是周恩来只宣布，台湾的未来将在中国被接纳为联合国成员之后由联合国来处理，周公开声明他为解决蒋介石的地位问题提出了一个“合理”的方案。

蒋介石感谢周恩来在20年前的西安事变中进行周旋使他恢复了自由，但他决不会允许共产党的总理通过这个“合理”方案来罢免他的官职。他的“政府”宣布不准备参加与中共的谈判。

在经受了这些失望和挫折以后，再加上马歇尔使团的失败，对1949年白皮书的不满以及对朝鲜战争所抱希望的迅速破灭，美国和蒋“政府”之间的关系已经进入了一个和睦相处的阶段。

美国正在为台湾的经济发展和建设慷慨解囊。虽然联合国每年都在为中国的代表权问题进行辩论，但每年都有绝大多数的国家愿遵循蒋的美国盟友的意见行事。

① 现在的斯里兰卡。——译者注

晚年蒋介石

晚年的蒋介石夫妇

1957 年，蒋介石观看军事演习时，黄杰（右）陪侍一旁。

不久，突然爆发的一种强烈的反美情绪打破了这一僵局。

起因是微不足道的。1957 年 5 月 23 日，美军的一位军士长罗伯特·雷诺因为杀害了一名 30 岁的中国人而被控告，但结果却被判无罪，据说受害者是透过窗子偷看了军士长的妻子在沐浴后的裸体，雷诺夫人在吃惊中对丈夫大喊一声，雷诺先生立刻冲出房去，向这个人开了两枪，把他打死了。此案起诉到法庭，但雷诺否认这一控告并辩护说，他是因为害怕这位闯入者会对他动手。雷诺在被宣判无罪之后带着妻子和孩子悄悄地从台湾溜到了菲律宾。

由于这一无理的宣判，一群被激怒的群众聚集到美国使馆外举行抗议，并且在大街上嘲弄和侮辱美国人。那位受害者的妻子也前来绝食抗议，手里还举着一个写着“要求正义”的牌子。当疯狂的人群扯下美国国旗并将它撕成碎片时，警察却若无其事地袖手旁观。“美国使馆”建筑物上面插上了国民党的旗子。人群闯进了“大使馆”，拼命地摔打桌椅并将钢柜从窗子里扔了出去。美国汽车和货车被点燃，大使馆也燃烧起来了。但是，不一会儿火就被扑灭了。结果大约 100 多名“闹事者”遭到拘捕。

蒋介石的坚强保护者、美国大使兰金对此表示强烈抗议。

蒋介石写信给艾森豪威尔总统和杜勒斯先生，对此表示“深感遗憾”，并且保证这件事情的发生无论如何“也不能解释为反美主义”，而是群众对雷诺的无罪判决普遍表示不满而已。

结果，三名高级警察和部队军官被解职，并且蒋介石政府还答应补偿一切损失。

北京政府也借此机会通过报纸和电台进行宣传。北京的一家电台说，“美国人把台湾人民当作任意摆布的奴隶和炮灰”，“一切爱国力量应该团结起来，把美国侵略者赶出台湾”。

然而，长期的实践证明，蒋介石的评价是正确的，公愤的爆发不过是一个孤立的事件，它决不会重演。

翌年，一场新的更不平静的金门岛危机爆发了，这一危机搅乱了蒋介石的黄粱美梦，并表明他还得继续依赖美国的帮助。

1958年8月23日，共军的炮兵连在两小时内向金门岛发射了5万发炮弹。在随后的五天里，每天平均发射的炮弹为6万发，到该月月底时，伤亡人数约1000名，其中大部分是无辜的平民。食品、弹药和其他供应品迅速告急，蒋介石立即向美国求助。

自9月7日起，美国第七舰队便护卫国民党战舰往台湾运送物资。其他供应品则由国民党的运输机空投。

11月11日，美国总统艾森豪威尔发表了一项声明，宣称如果共产党占领金门岛，这场战争就会没个完。“它是武力占领计划的一部分”，他说，“这一计划将摧毁西太平洋地区所有自由世界的阵地，并将它们置于与美国和自由世界作对的政府手中。”他还谴责苏联与中共并肩作战。

几天以后，周恩来重申了中共要“解放”台湾和澎湖列岛的主张。

这场危机戏剧性地拖延到了10月底，这时金门岛的居民们已习惯了每天的炮轰。9月30日杜勒斯宣称，如果中共“合理公正地停火”，美国政府将同意国民党撤离近海岛屿。此后，金门岛的紧张局势得到了极大的缓解。

10月6日，北京政府暂停炮轰，20日又开始了炮轰，随后便逐渐减少了。很明显，如果蒋介石希望依靠美国与中共之间的敌对情绪的话，那么他将会感到失望。

事实上，美国已经于9月中旬通过集结军事力量（《纽约时报》把它描述为“历史上最强大的海空战斗力量”）而使战争变得不堪设想了。

9月22日和23日，蒋介石在台北主持召开了有国民党和美国军事代表参加的会议。美国驻太平洋地区军事总指挥阿德麦罗·菲尔特以及蒋“总统”的“行政院”院长陈诚将军出席了会议。

一个月后，从10月21日到23日，美国国务卿飞往台北与蒋介石举行了会谈。最后公报使美蒋双方都松了一口气，但并没有给双方带来完全的满足。公报提到了团结一致。美国政府重申了它的观点，即蒋介石“政府”是“自由中国的真正代言人”；国民党“政府”也声明，恢复大陆中国人的自由的“神圣使命”应当不是通过武力而是通过孙中山的三民主义来实现。

于是，蒋介石就放心地长期等待下去了。

这两次金门岛危机事实上已经证明蒋介石及其政权比以前更加安全了，但也更受制约了。然而，生活确实提供了礼仪上的补偿。其中最令人满意的一次发生在1960年6月19日。那天，蒋介石欢迎艾森豪威尔总统到台北，他们双方相互祝贺，并谈到了有关“长期友好”问题。

蒋介石在美国的限制和保护下，仍然利用一些有限的方法对中共发动战争，于是便发生了一些空战和海战。在这些战斗中，拥有美国装备的国民党部队时而也对大陆领土发动空袭，并经常向大陆空投“游击队”和破坏分子，其中大部分人是在广东省。他们分散在乡村，试图建立基层反共组织，但始终没有取得重大成就。

北京也时常发布国民党特务被处死的消息。国民党“政府”经常宣布“游击队”的成功，但有时也承认失败。例如，1963 年 1 月 1 日，国民党中央情报局承认，中共在各次小规模冲突中共打死国民党“游击队”员 172 人。几天以后，北京又宣布 5 名国民党特务被处死，另有 10 名被关押在广州和广东其他城市的监狱里。当年年底，关于国民党在浙江、江西、福建、云南和海南岛等地的“游击队”活动的情况有许多报道。

蒋介石的一支“游击队”的活动引起了一场数年之久的特殊争论。

他们是国民党的一支残余部队，大约 1.2 万人。1949 年，他们越过了云南和缅甸之间的边界。

当时，毛泽东的部队正在华南作战，1953 年 12 月 8 日，联合国大会通过了一项决议，谴责国民党在缅甸的活动，并要求缅甸政府报告国民党的一切违法活动。在与缅甸经过五个月的协商以后，蒋介石同意将其军队撤出缅甸领土。

1954 年 5 月 30 日，这支部队的司令李弥将军宣布自己的指挥权已被解除。近 7000 名国民党军人途经泰国回到了台湾，一切费用均由美国负担。

然而，这件事并没有就此结束。在撤退的军人中有 1400 名随从人员，观察员们不禁注意到，在撤退的军人中，多数为年龄很小和年龄很大的军人。留守下来的都是身强力壮而且好战的士兵。

尽管丛林里疾病盛行，缺乏适当的医疗措施，但仍有强大的物质刺激使他们待在他们的所在地。他们通过精心看管的罂粟园走私鸦片，从而获得了可观的收入，并且由陈纳德将军的民用航空运输公司支付从台湾运送进口武器的费用（起初是征得泰国同意的）。

毫无疑问，国民党残余部队从事有利可图的鸦片贸易达数年之久，但唯一的疑点是，他们这样做是为了自己的利益，还是蒋介石“政府”同意他们这样干的。

1973 年夏末，我在伦敦接到了一些有关这个方面详细材料，这些材料表明，国民党“政府”本身也参与了在缅甸、老挝和泰国交界的“金三角”进行的鸦片贸易。

事实上，我有理由相信国民党在缅甸的这种秘密贸易后来发展得更快了。为此我曾给伦敦的《泰晤士报》写过两篇文章（它们分别发表在 1973 年 9 月 28 日和 10 月 10 日的报纸上）。时隔一年，当我访问台湾时，台湾“国防部”情报局矢口否认国民党“政府”卷入了这场秘密的鸦片贸易。

他们说，国民党人员从事的这些活动都是私下进行的，是被严格禁止的，一旦被发现就要严惩不贷。然而，国民党情报局继续在缅甸的一些不同城镇保留着军事基地。我毫无怀疑地认为，国民党在这一地区还继续从事许多“正常的”活动，包括收集情报，破坏中共的通信和军事设施。

中国的内战就这样在小打小闹中继续着。

从中共的立场来看，这些空袭和游击活动不过是一件相当讨厌的事情，仅此而已。

但在蒋介石看来，这些活动则帮助减轻了挫折，增强了斗志，加强了对大陆拥有主权的主张。

在这种不太令人满意的情况下，蒋介石关心的一个主要问题是在全世界范围内结识并保持尽可能多的“自由中国”的朋友。他的外交活动是异常主动的，多年来一直由一位博学而老练的人操纵着，此人就是叶公超博士。对蒋介石来说，获得美国的支持是非常重要的，并且美国支持他与尼加拉瓜和塞内加尔等反共国家发展关系。然而，年复一年，赞成保留台湾代表团作为“中国”代表的人数在不可避免地减少。在亚洲和太平洋地区，蒋介石加强了与那些憎恨北京政府的国家之间的关系，南越和南朝鲜就是明显的例子，东南亚条约组织的两个成员国——菲律宾和泰国也是如此。另外还有这一组织的两个澳洲成员国——澳大利亚和新西兰。

只要美国政府坚定不移地执行国务卿杜勒斯倡导的强硬政策，一切都将平安无事。

蒋介石知道，只要这一政策不改变，他就可以依靠许多大小国家的支持，这些国家或是美国的盟国，或是美国的附庸。

诚然，也有一些例外，如英国，它不久就承认了中共政府，但这并没给英国带来什么好处。当然，不时出现的背叛行为也逐渐侵蚀着蒋介石的地位。例如，1964 年 1 月戴高乐将军与中华人民共和国建立了外交关系。这件事使美国和蒋介石大为震惊（大约两年以后，蒋会见了埃里克·周，表达了他对戴高乐的钦佩之情，同时也批评他削弱了西方盟国的势力，蒋还突然补充道，丘吉尔是看透斯大林的唯一一位西方领导人）。

但是，如果美国人自己也愿意削弱其同盟的力量呢？这是缠绕蒋介石的一个噩梦。

出于担心，蒋介石于 1965 年 8 月派夫人到美国进行长期访问，直到 1966 年 10 月才回国。

蒋夫人在一场接一场的讲话中断言，只要美国向国民党提供武器，国民党就能独自干好“那项工作”，即“收复”中国大陆。

蒋介石在会见美联社的斯坦利·M. 温斯顿时强调：

"我们可以利用自己的力量反攻大陆，没有必要求助美国的军队。我们不想让美国卷入任何战争。在中国大陆，它是我们和中共之间的事。一旦我们回到大陆，我们就有了足够的力量。"

在蒋的家属及顾问圈内，年轻时不易发脾气的蒋介石现在常常对美国同盟者们的胆怯和不理解感到吃惊。他认为美国在越南战场上的失败以及在朝鲜战场上的失败都是出于这个原因。杜鲁门总统拒不听取麦克阿瑟将军提出的直接打击鸭绿江对岸的共军的建议，结果美国领导的联合国军队在朝鲜吃了败仗。

而今，他们还在一次又一次地重演同样的错误，因为他们未能炸毁河内，也未能摧毁越共主要的指挥中心。

当然，中国大陆仍然是很危险的，因为中共有了原子弹。一旦让中国的势力中心发展壮大，就会构成一种威胁。美国为什么不理解这一点呢？中共的核武器主要在新疆和四川，这些核武器极易受到美国首先发动的进攻的破坏。然而，这一状况不会永远持续下去。

这些都是蒋介石在家里和办公室常常争论的问题。他保证将这些问题用合适的外交语言传递给白宫和美国国务院。但是，这一切都是徒劳的。

1966 年，中国大陆爆发了无产阶级"文化大革命"，这时蒋介石的精神又振作起来了。那些被称做"红卫兵"的激进青年根据毛泽东的指示进行革命造反。

当时，国家主席刘少奇被打倒，后来又打倒了中央总书记、党的优秀思想家邓小平以及中国人民解放军总参谋长、前公安部部长罗瑞卿。

蒋介石在遥远的地方注视着这些动乱事态的发展，他更为关心的是这一形势可能为国民党提供宣传机会，而不是政治人物的沉浮。正如一些观察家猜测的那样，蒋介石并不认为军事进攻的时机已经成熟，况且当时还缺乏空军和海军力量。

与此相反，他在1967年1月1日的新年致辞中宣称：

军事进攻现在是次要的，我们真正需要的是加强政治准备，一旦中共因其内部冲突而倒台时，我们就能顺利取而代之。他历年的新年致辞都不像1967年的那样有意思，他在攻击大陆的报纸、电台和公共舆论时咒骂道：

> 今天摆在我们面前的重要问题不再是军事反攻大陆如何取得胜利的问题了。因为自从大陆爆发“文化大革命”以来，以及随着“红卫兵”的出现，不仅毛泽东的神经已经崩溃，而且中共内部也出现了分裂与不和。今天反攻大陆的问题是如何收拾毛泽东留下来的混乱局面，何时反攻大陆以及如何埋葬毛泽东已成为次要问题了。但是，这个所谓的次要问题并不意味着从现在起我们军事反攻大陆的准备可以松弛一下了，并同时坐等毛泽东自取灭亡。还需要指出的是，在当今的反毛斗争中，政治手段显得更为重要了。

一个月以后，国民党中央新闻社宣布，为在中共动乱期间进行动员，建立一个新的“国家安全委员会”，这一新机构负责计划防御策略，计划国家建议以及“战区”的政治管理。

国民党由于依靠了自己的宣传组织并巧妙地利用了共产党政府的背叛者，所以没有为毛泽东发动动乱的实质所迷惑，像刘少奇这样一位忠诚的老共产主义者被当作“走资派”或“反动派”。但是，在蒋介石看来，他们虽然被打倒了，但并没有减少对共产党的信仰。

蒋介石出任这一新的“国家安全委员会”的主席。对此，任何人都不感到奇怪。不容忽视的一点是，这一新的强大机构赋予蒋介石统率“中央政府”各行政机关以及任命国内官员的权力。事实上，他依旧是一个独裁者。

作为“国家元首”、国民党总裁以及国民党军队总司令，各个领域的所有权力都不可避免地掌握在他一人手中，国民党对人民进行的“政治教导”时期随着1947年的选举而结束了。

但是，随着国内战争期间国民党在大陆地位的恶化，1949年发布了戒严令，这一戒严令直到1975年蒋介石去世才被解除。

1946年的“宪法”引起了人们的争论，因为1948年4月18日“国民大会”通过的《动员勘乱时期临时条款》规定，“总统”在紧急情况下有权采取他认为合适的一切行动。这一“临时条款”还允许“总统”和“副总统”超过“宪法”第47条规定的两届任期而重新被选举，而且还给予“总统”宣布“中共动乱期”结束的唯一权力。

事实上，直到蒋介石去世，他从未这样宣布过。但是，如果一个不可能发生的具有历史意义的好运把他和他的“政府”带回到大陆的话，他很可能会判定，在明显的抵抗结束多年以后，“动乱”并没有过去。

事态发展的这一状况自然会产生许多异常的和不公正的现象。

其中最致命的一个事实是，台湾的大多数居民被统治在他们没有参加制定的法律之下。就此而言，“中共的动乱”根本就没有他们的份。台湾的一位著名持不同政见者说：

自21年前国民党政府流亡到台湾以来，任何企图指出这一事实，即国共之间的战争已变成唇枪舌战而不是军事战争，并且这种局势已变得相当稳定了；企图促使“政府”面临并接受现实；企图要求“政府”使局势恢复正常并恢复国内自由；企图建议台湾的政治前途应根据自决原则由台湾居民来决定，所有这些企图都被“政府”当作天大的冒犯并作为叛乱来处理……

这段话（该文登在伦敦的《中国季刊》上，发表于1971年7月至9月）的作者是彭明敏（音译）教授，台湾“国立”大学前政教系主任。他和他的两个学生由于印制1万份传单而被捕。

这些传单实际上是号召台湾人民团结起来反对“政府”的传单。

由于负责印刷传单的人的揭发，三人于1964年9月同时被捕。1965年4月2月，彭教授被判8年徒刑，他的两名同犯分别被判十年和八年。然而，同年11月蒋介石大赦了彭教授。1966年，他的两名学生的刑期也被减半。

无论如何，彭教授一案都不是孤立的。1960年9月4日，著名学者雷震因背叛罪被军事法庭判刑十年，其中最严重的指控是他未能告发他的《自由中国》杂志社职员中的一名前共产党员。然而，他的主要罪行可能是组织了一个名为“改进地方选举论坛”的反动组织。

1965年年底，一份受欢迎的杂志《文星》因发表一篇保护新闻自由的文章而被停刊一年。

一件更令人忧虑的案子也许是1970年审讯从菲律宾被放逐到台湾的兄弟俩。他们分别被判两年和三年的有期徒刑。他们被指控为在马尼拉发表了支持共产党的文章。5月中旬，在200多名外国记者在台旅游期间，国际新闻协会为这兄弟俩求情。许多华侨注意到，在国外犯罪有可能在国内被判刑（为了对蒋介石表现出公平，菲律宾总统马科斯把这个棘手的案子移交给了蒋介石，所以他坚持把这兄弟俩放逐到台湾）。

台湾蒋氏父子控制了一切。蒋介石独揽大权，蒋经国负责调查局，这是一个安全监视机构，所有持不同政见者都没有逃出它的手心。

尽管对持不同政见者的指控最常见的是支持东亚共产主义，在国民党统治初期更多的是指控参加或支持台湾独立运动。能干的台湾政治家高玉树（1957 年我见过他，当时他是台北市市长）于 1960 年参加了成立中华民主党的活动，但他后来失败了。

由于被告发犯有腐化堕落罪，他暂时被赶出了政界。

然而，公平地说，在蒋的统治下，台湾的经济很快就繁荣起来了，这一点所有的人都分享到了。由于台湾本地候选人在社会事务和各种选举中的地位戏剧性地得到了提高；由于在各教育机构强制性使用汉语普通话作为教学语言而实行的开明的教育同化政策等，使台湾的独立意识渐渐地减弱了。

1965 年和 1966 年台湾的两位领导人托马斯·廖和曾万福回到台湾搞独立运动，结果失败了。他们两人被放逐到日本多年，后来因有悔改行为而受到宽恕，并准许回台。以后他们没再受到惩罚。

尽管蒋介石政府以“自由中国”来标榜自己，但他采取的一直是独裁主义的统治制度。在“中华民国”，存在着老百姓放弃政治的可能性。除了一些特殊问题之外，如反共产主义、“总统”的个人评价或台湾独立问题，台湾的新闻界是十分自由的，并常常谴责各级“政府”。

一般来说，外国的访问者常常对台湾的这种轻松愉快的气氛感触至深。的确，在台湾只要不参与政治，作为个人或家庭有可能并且很容易生活得美满幸福。从长远的观点看，其结果将是形成一个不关心政治的民族。

蒋介石允许有巨大的生产性自由的一块领域是经济，这也许是因为他对经济不特别感兴趣，在这一点上国共两党形成了鲜明的对比。1953 年，台湾的工业产值中公共企业的产值占 55.9%。到 1974 年，这一比率下降到 23.5%。然而，私有企业在这二十年中则从 44.1% 增长到 76.5%。在有助于台湾“经济奇迹”的所有因素中，最主要的是政治秩序和经济自由的结合。罢工是受禁止的，但即使在没有罢工禁令的情况下，不断的经济繁荣和家长式统治的结合也会使工人暴动保持在一个较低的水平。

当然，经济的成功还有别的原因。在最初的年月里，美国为台湾的经济发展和军事需要提供了大量的援助。1965 年是一个转折点。当时，根据与蒋介石达成的协议，并且鉴于已经取得的“健康经济发展”，美国政府宣布，在美国财政年度岁末，美国将在 6 月份停止对台湾的经济援助。但是，军事援助还在继续。自 1949 年以来，国民党“政府”已经接受了 36 亿美元的援助，其中有 22 亿的军事援助，12 亿的经济援助和价值 2.5 亿美元的农产品。美国的军事援助计划在 1965 年以后仍在继续执行。

从另一个重要方面来讲，1965 年也是一个转折点。那一年蒋介石“政府”决定将六年义务教育延长到九年。其结果是把学生的毕业年龄提高到 16 岁，并标志着台湾开始进入一个通过扩大教育而创造必需的有技能的劳动力的复杂的技术时代。

十年以后，台湾开始出口电子计算器和彩电，并且自己制造了喷气式飞机。到那时为止，台湾的外贸总额已经超过人口大于台湾 50 多倍的中国大陆。

1973 年，台湾的工业增长率达到了 22.7% 这一惊人数字，但第二年下降到前一年增长率的一半（因为世界贸易衰退）。不过，台湾的工业生产仍以令其他先进国家妒忌的比率继续增大。

1975年蒋介石去世时，台湾的人均年收入已达到697美元，在整个亚洲中仅次于日本。

像在其他地区一样，这种非凡的增长常常伴随着物价的上升。如果把1966年作为基础年，该年的城市消费物价指数为100，那么1974年的物价指数就是210.7。如果再早一点，把1952年作为基础年，那么1974年的消费指数则为431。但是，这种比较是不精确的。如果把1952年作为工业生产的基础年，1974年的公有工业生产指数为783.5，私有工业生产指数为3950.8。

台湾的经济成就是十分显著的，因为在此期间国民党“政府”继续养兵60万，并把60％的国民预算用于国防，同时人口也从1952年的800万剧增到了1974年的1600万。

在缺乏政治自由的情况下，科学的、技术的和经济的专家为政治的迅速发展铺平了道路。当土地改革纲领的起草人陈诚将军于1963年辞去“行政院”院长职务的时候，蒋介石选择了卓有成绩的“财政部长”严家淦博士作为前“行政院”院长的继承人。

此举意义重大，严博士于1966年3月当选为“中华民国副总统”（以37票的微弱的数票获得通过，这还是在一些身患疾病的人被拉进国民大会进行投票之后才获得通过，这表明北方籍的国大代表对蒋介石选择另一个南方人作为自己的亲密伙伴普遍感到不满，因为严博士也是江苏人）。

另外一些有能力的专家治国论者是“财政部长”李国鼎和“经济部长”孙运璇，他们指挥着20世纪60年代末台湾经济的迅速发展。当蒋介石于1972年5月“推荐”他的儿子当“行政院”院长时，李和孙是被蒋经国保留下来的仅有的三个“部长”中的两个。

从另一个意义上来讲，1972年的变化也是十分重要的，因为那些变化标志着台湾当地人在参与政治上的突破。1960年卷入政治麻烦的前台北市市长高玉树被任命为“邮电部”部长。同年12月，“自由中国”举行1947年以来的第一次普选为台湾人候选人提供了机会，使之改变了他们在老化的国民大会中所占的微小的代表人数的状况（为了保持拥有大陆主权这一构想，可供选举的席位只有53个。新成员的选举每6年举行一次，然而，1947年当选的1376名代表都是终身的）。

1972年，蒋介石第五次连任“总统”，严家淦（右）成为“副总统”。

1972年只有一件事没有发生变化，那就是蒋介石再次当选“总统”，并于5月20日宣誓就职。这是他第五次连任“国家元首”。

专家政治的有力发展对蒋的外交和经济发展起了重大作用。年复一年，台湾政府不得不拉选票以保证其在联合国的地位。与那些会投台湾一票的人交朋友的方法之一就是向新成立的非洲的国家提供专家咨询和技术服务。

非洲国家的领导人越来越多地被邀请来参观台湾的农业生产。当然，这些领导人对他们所看到的情况是很满意的。紧接着，台湾又开始用先进的种植技术培训非洲人，派专家到非洲国家工作，时间通常为两年。在1961年至1966年中期，蒋介石“政府”向非洲19个国家共派专家630人。结果，在诸如利比里亚、卢旺达和象牙海岸等国家水稻产量大幅度上升，并且品种也多样化了。台北为此得到的回报是，当联合国就中国在联合国大会和安理会中的席位进行争论时，这些国家都对台湾投了赞成票。

这种状况持续了很久。这实在让人吃惊。如果大家都不像蒋介石那样固执的话，那么关于国民党“政府”是全中国唯一合法政府的设想早就被抛弃了。但是，如果真是如此的话，蒋介石自己对任期合法性的说明本身也将受到严重损害。

我们有理由相信，蒋介石并未完全被其“收复大陆”的梦想所迷惑。他在1966年2月21日的一次较公开的讲话中说，假如台湾在两年内发动进攻的话，他自己的军队，再加上美国的帮助，是可以完成这项任务的。以后就只有美国人自己才有能力把中共赶下台了，因为到1968年时中共将会建立起一个有效的核武器系统。

1968年来去匆匆，蒋介石还是未能“收复大陆”。但是，他仍在发表号召“收复大陆”的讲话。随着时间的流逝，“反攻大陆”的计划也逐渐模糊了。

对蒋的一次出其不意的打击是来自尼克松总统。

一些学习国际关系的学生注意到了发表在1967年10月的美国季刊《外交事务》上的一篇尼克松写的文章。该文是尼克松在1963年竞选加州州长失败后的政治混乱情况下写成的。尼克松在文中暗示，结束中国共产党在国际社会中的孤立地位的时刻不久将来到。

1969年7月25日又出现了一个更明确的前兆。尼克松在对关岛的短暂访问期间发表了一项新闻声明，他指出了两点：美国将执行条约规定的义务，但美国越来越希望亚洲盟国处理自己的防御和安全问题，除了核武器的威胁以外（这里很明显是指中国）。

接着发生了一件令人意外的政治事件。1971年7月15日，尼克松在电视讲话中透露，他已经派遣他的国家安全事务助理亨利·基辛格博士秘密到中国同周恩来会谈。他还说他已接受了在1972年5月以前访问中国的官方邀请。尼克松说："中美两国领导人的会晤是为了寻求中美两国关系的正常化，并就双方共同关心的问题交换意见。"他保证："我们与中华人民共和国建交所采取的行动决不是以我们的老朋友为代价的。"

蒋介石在台北得知了这一消息，他感到恼火和沮丧。他指示驻华盛顿"大使"沈剑虹先生向美国当局提出严正抗议。他只能这样做了。

尼克松总统的声明必然严重地削弱国民党"政府"在联合国已经垂危的地位。联大第26届大会正准备在10月末召开。早在8月2日，国务卿威廉·罗杰斯就宣布，美国将支持中华人民共和国加入联合国，并且同时保证台湾将不会被剥夺联合国的代表权，但这一保证是虚假的。

这就是"两个中国"的学说，这对蒋介石或毛泽东来说都是不愉快的事。

由于这种形势已经很明确，蒋介石想起了他在1949年离开大陆之前转移政府财宝的预见能力；这时他又想起了转移另一种"财宝"：台湾自动撤回国际货币基金会的股份，总值达5990万美元（当时为2400万美元）。在10月25日联合国进行决定性辩论的前一周，蒋介石下令提取所有的存款，以免落入共产党手中。

当大会就此进行表决时，76个联大成员国投票赞成中华人民共和国加入联合国和安理会，并同时撤销台湾国民党"政府"的席位。然而，还是有35个国家对此投了反对票，17个国家弃权。

国民党代表团不愿等待痛苦的结局所带来的侮辱，根据蒋介石的指示他们在投票以前就提前离开了会场。

国民党代表团团长是蒋的"外交部长"周书楷。他在离会之前说：

> 我愿借此机会代表我的"政府"向几年来支持我们的友好

政府表示衷心感谢。我国“政府”将在今后几年里进一步加强同这些国家的友好关系，我们将和那些与我们志同道合的政府一起，为实现联合国基于成立的并且联合国大会现在已经打破的最终目标而继续奋斗。

在国民党“政府”自己看来，提前离会使国民党“政府”保住了面子，并且能够宣布这是自己退出联合国而不是被驱逐。然而，这些举动并没有改变台湾逐渐被孤立的形象。

联合国投票表决的结局是尼克松 1972 年 2 月 21 日至 28 日访华的结果。2 月 27 日在上海发表的联合公报冗长却缺乏解决问题的实质性东西，不过公报里有这样一段话：

美国认识到，台湾海峡两边的所有中国人都认为只有一个中国，而台湾是中国的一部分。美国政府对这一立场毫无异议。它再次表示关心的是，中国人民自己能以和平方式解决台湾问题。基于这种认识，美国确认从台湾撤回全部美国军队和军事设施的最终目标。在此期间，美国将逐步减少在台湾的军队和军事设施，以减轻地区间的紧张局势。

这些话是一个明显的通告——从现在起，蒋介石“政府”要“靠自己”了。然而，公报还有许多含糊其辞的语言，美国既通告解除 1954 年与台湾签订的《安全条约》，并且在近期也不发展与北京的外交关系。

1974 年 9 月，我在台北与一位国民党要人（由于诸多原因，我不便披露他的姓名）讨论了这一形势的影响。他作了这样的评论，我当时逐字记录下来了：

> 蒋介石是令人难以相信的顽固。他失去了中国。如果他还这样顽固下去的话，他也将由于不承认现实而失去台湾。他甚至不承认北京政府的存在，如果他承认的话，我们将有两个美国大使馆（一个在北京，一个在台北）。

台湾当局鼓起勇气对这一新形势作出了反应，别出心裁地通过开设“贸易中心”和“文化中心”作为公使馆和大使馆的场所，并以此获得友好国家的外交承认。

一个典型的例子是西班牙，它和许多其他国家一样突然改变了对北京政府的承认（尽管美国政府本身没有作出这种转变，但美国的行动促使其他政府在这方面有了转变）。台湾在马德里开设了一个“孙中山中心”，西班牙也在台北开设了一个“塞万提斯中心”。这种形势一直在继续。

然而，蒋介石的生命行将结束。尽管他在1972年5月接受了第五次连任“总统”的职位，但从体力上来讲他已经不能继续履行他的责任。据说这不是年老所致。但身体老化的无情现实确实落在了他的身上。他不得不由人抬着走动或坐轮椅在屋内活动。他已经成了一名隐士，平时只见自己的儿子、妻子，有时也见一见他的高级助手。

蒋介石于1975年4月5日逝世，享年87岁。[①]

几个月以来，他几乎一直处于昏迷状态。

4月9日，在瞻仰他的遗容时，他的灵柩上方摆放着他的遗嘱（该遗嘱是国民党中央委员会副书记秦孝仪为他题写的）。4月16日为他举行了隆重的葬礼。300多名国外要人来台北参加了葬礼，其中有美国副

① 应为88岁。——译者注

总统纳尔逊·洛克菲勒。

权力的转让是按照宪法规定有秩序进行的，年逾七旬的“副总统”严家淦博士于4月6日登上了“中华民国总统”的宝座。

出于对形势的考虑，掌握实权的人物蒋经国提交了辞去“总理”的辞呈。

但这一辞呈很快就被拒绝了。

这是一个冒险故事的悲惨结局，是命运的野蛮捉弄，是一场终未实现的梦。

后记

蒋介石属于那种少见的、非同小可的人物：这种人的勇气、工作能力、个人意志及其精力——全部耐力——是一般人所想象不到的。这种人对他们的时代和后世的不同影响取决于他们从事活动的政治背景、他们所继承的历史遗产以及他们国家的大小、国力或重要性。

我们大家今天还受到列宁和斯大林的影响。希特勒曾给他那一代人带来过巨大的灾难。丘吉尔由于打败希特勒这一贡献使他在未来的岁月里留下了烙印。佛朗哥和铁托改变了他们国家的面貌，就像穆斯塔法·基马尔从前改变了一代人一样。

历史的偶然使蒋介石不得不和另一个更加独特的人物——毛泽东共同统治中国并在这个国家里决一雌雄，这是蒋介石的不幸。

这也就是说，蒋介石缺少那些将军和政治家流芳百世的先决条件——运气。

他的运气糟糕透顶，同样，他的错误也的确是不可估量的。

由于蒋介石就是蒋介石，因此他做什么都要做得彻彻底底。

按男人、军人、作家和思想导师、政治家和领袖等不同身份对蒋介石进行研究是毫无意义的（就像不能这样研究戴高乐一样）。动机、失败和成就复杂地交织在一起，令人难分难解。

蒋介石无疑将以一个“失去中国的人”的面目出现在历史中，而我写这本书的主要目的就是要叙述这个重大失败的背景，以便寻找其原因。

事实上，我在叙述过程中就特别强调了蒋介石所犯的疏忽和失职所造成的错误，我也指出了围绕着他的种种不幸，不管这些不幸是否影响到他避免错误的努力。现在，若把所有这些因素都加以考虑也许是有用处的。

蒋介石所犯的大部分错误也许是由于他的性格和思想上潜在缺点以及幼年时期受教育很少的缘故。

由于教育和信仰的原因，他的思想很保守，但他却认为他自己是个革命者，而革命的含义包含很重要的几个方面：推翻清朝统治，废除外国在华特权，通过重新树立对传统和儒家思想的尊敬来恢复中国在世界上的应有地位。

尽管他也有社会理想，但与其他目标相比，这些理想被置于次要地位。

他擅于挑动一个人或一派人反对另一个人或另一派人，但他的观点是狭隘的军事观点。

他企图依靠强力来实现他的权威，他对付反叛者的办法是惩罚而不是改造。在他看来，最大的罪行莫过于不忠。在他的性格中存在着三处矛盾，其中之一是虽然他能够对敌手残忍地进行报复，并常常采用立即审讯及处决的办法，但他缺少彻底地成为一个令人难忘的暴君所具有的那种残酷的性格。

蒋介石的头脑过于简单。从宣传角度讲，这种简单化是有意义的，但从政治决策角度来讲，过于简单化就是缺少创见性。

在20世纪20年代，蒋介石曾有一段时间把中国共产党叫做“傀儡”，但在共产党自我证明他们独立于莫斯科之后的很长时间，甚至是在20世纪60年代中苏大决裂以后的时间里，他仍然这样称呼他们。

一个假的标签会很快破坏贴标签者的信誉，看来蒋介石对这种问题缺乏认识。

蒋介石用惩罚或将予以惩罚的警告来树立自己的绝对权威和培养人们对他的忠诚，出于这种想法，他不允许任何不愿执行其命令的事出现，并且一定要使他的政策得到忠实的贯彻。

他曾表示，这样就足够了。如果发现他的命令没有得到执行，他就会大发雷霆，下令枪毙一两个或者进行讨伐。但是并没有群众机构来确定政策对人民的影响是否已达到了预期效果，也许在这一点上和毛泽东有明显的不同。

另一方面，在意识形态上，毛泽东无疑也占了上风。

深入地研究过这本书的人都不会认为我是一个马克思列宁主义的崇拜者；但是马克思主义作为反宗教的力量，列宁主义作为革命的策略，却是不容否认的。

毛泽东看到了接受马列主义的可能性，并使之适应中国这个农民占绝大多数的国家的实际情况。他还利用了马克思主义哲学对中国知识分子的潜在吸引力，而这些知识分子已经丧失了他们的根基。

相比之下，蒋介石和国民党却疏远知识阶层，使他们无路可走，只有靠拢毛泽东和中国共产党。

正是孙中山，不是蒋介石，接受苏联代表如鲍罗廷的建议，按照共产党的路线改组国民党。

蒋介石很欣赏从他开始的一切权力自上而下的等级结构。但是，毛泽东赢得了农民，而蒋介石却听信地主残酷地对待农民，而且很久没有解决土地改革的问题。

从苏联原有的模式中，蒋介石引进了无孔不入的秘密国家安全机关，大量使用间谍手段、告密和恐怖措施。但是，仅这样是无法维持他在大陆的统治的。

他认识到需要一种意识形态，但他试图创立的新观念却让人难以接受，最后终于流产。

他的“新生活运动”没有激起普遍的热情，尽管半法西斯主义的“蓝衣社”和清教式的“基督教青年党”积极推动这次运动，这个“新生活运动”是儒家思想和基督教思想所造成的一种奇怪的混合物。

这一次，毛泽东发表了《新民主主义论》，又略胜一筹，而蒋介石的《中国之命运》尽管被当作官方经典大力推广，但没有受到知识阶层的重视，大多数人对它一无所知。

必须说明，蒋介石面临巨大的困难：在孙中山革命失败之后出现了普遍的混乱局面，中国共产党和苏联支持者的挑战，以及日本的入侵，还有他的盟友们不小的判断错误、欺骗行为和对他的背叛。

但我们却不能站在他一方说他的困难要比共产党初期遇到的困难大。

毛泽东作为一个处境艰难的少数党的领袖，在强大得多的政府军包围下，好几年得不到苏联的援助。不过，最后苏联的援助对共产党取得优势起了很大的作用，而蒋介石却失去了相应的外援。

蒋介石犯下的第一个，在某种程度上也可以说是最致命的错误是在1926年至1928年间向北进军途中他所产生的征服中国的幻想。

在国民党的史书中，这次进军叫“北伐战争”。蒋介石经过充分的准备，正式接受军阀们交给他的领导大权，这是一种惩罚的标志，也是蒋介石的权力膨胀的象征。

对蒋介石来说，这种权势转移是一个辉煌的胜利，因为蒋介石希望用简单的方法达到这个目的。

也许，这是因为他别无选择。一些军阀，例如阎锡山和冯玉祥，力量很强，能够发动正面进攻。蒋介石一心想迅速取得成果，他不想把这些军阀赶出他们的据点，也不想用他选定的人来代替他们。他希望结束北伐，使之告一段落，以便腾出手干他真正感兴趣的事——“消灭共产党”。

在大陆的其余时间里，蒋介石则往往由于草率从事而自食其果。

在军阀看来，他只不过是他们中的一员而已——但无疑是最大的、最有权力的军阀。

但是，他们从来没有无条件地把他当作领袖，甚至当他在1928年担任南京国民政府主席时，他们也依然如此。当有利可图时，他们会派军队支持蒋介石，但在一般情况下，他们总是拒绝在他们的势力范围之外与蒋合作，在日本侵略时情况是如此，在内战期间也不例外。

我曾指出蒋介石最大的判断错误是在1931年日本入侵时指示张学良不要抵抗。

从军事角度上讲，蒋介石有很充分的理由作这样的指示。日军在装备、训练、纪律和指挥上都大大超过中国军队，蒋介石的抗战部署尚在开始阶段，他希望能在对日军进行反击之前完成这些布置，以弥补军事上的不足。

首先，在对付日本人之前，如果进展顺利，他希望能“消灭共产党”。

在所有这些问题上，他于1931年制定的政策都是惨重的失败。这就给广大中国人民和知识分子以及军阀一个明显的印象——蒋介石不准备抗日，他只想让中国人打中国人。

正因为如此，少帅才在1936年把他扣押在西安。很不光彩的获释以及周恩来戏剧性的出现使得蒋介石永远不肯原谅张学良，因此把他无休止地囚禁在屋子里，这也是蒋介石犯下的一个大错。

虽然蒋介石常常是阻碍他自己成功的最大敌人，但他还有些真正可怕的“合法的”敌人。

他1934年的第五次“剿共”计划使红军在江西的实验成为泡影，但是毛泽东突破了他的严密封锁，率领红军和他们的追随者行军6000英里，到达了中国西北的陕西省。他们不仅在那里继续战斗，而且彻底推翻了蒋介石在大陆的统治。

对蒋介石来说，第五次“剿共”战役无疑是一个胜利，但从长远看红军长征的意义冲散了蒋介石的胜利。因此，这也必须算作蒋介石失败的原因之一。在胜负的评估表上，这应该算是他的对手得分而不能算他丢分。

“围剿”计划的全面失败和西安事变中的惨败使蒋介石除了抗日之外别无选择，尽管他还是希望有更多的准备时间。

我曾经和日本军事作家末至磨争论过，我认为蒋介石以大撤退争取时间的战略是正确也是成功的，但却带来了长远的对他不利的政治后果，使得大片土地由共产党游击队渗透，并表现出抗日的英雄主义气概。

而此时国民党却听凭人民遭受日本人的践踏。除个别地区，例如“模范长官”阎锡山领导下的山西外，国民党在大部分地区都未能建立起训练有素的、成功而坚强的游击军。

结果，抗战结束时，毛泽东在北方大部分地区建立了自己的军队。蒋介石把注意力集中在大规模的战略上，而且很关心中国之外的大国政治，因而忽视了“微型战争”，而正是这种战争为毛泽东和他的追随者们实现他们的政治和军事目标奠定了基础。

不仅如此，尽管蒋介石的战略从军事常规的角度以及在陷入困境的日本高级将领看来是正确的，但在国民党方面却有一种深深的灾难性的感觉。

虽然，面对残忍的侵略者，他们在转入内地的过程中经受了种种艰难困苦，但在战争初期——从1937年夏到1939年年初，士气一直很高昂。从1939年年初开始，一种腐败现象出现了。

国民党在重庆这个难以适应的战时首都陷入孤立，这里的公共设施过于拥挤，而且很不方便，气候令人难以忍受。国民党政权很快就腐败盛行，而这却成了高级军官和官僚阶层的一种生活方式；大量征兵的行径令人愤慨万分，身披枷锁的农民忍饥挨饿。身受病魔和死亡威胁的事实使得农民——中国人口的绝大多数——支持蒋介石和国民党的最轻微的可能性都被排除了。最后，巨大的通货膨胀首先出现在重庆，达到了战后的最高峰，给老百姓带来了无穷的灾难，也使得政权普遍腐化堕落。

蒋介石没有认识到正在发生的事情，也没有对此采取任何措施，这是他重大的疏忽。

他对自己的道德操守确信不疑，但却对他的家庭成员和下属聚敛财富的丑行睁一只眼闭一只眼。

执政的国民党的所作所为正好被它的对手和攻击它的人所利用，

正是国民党政权本身给共产主义者成功地发动革命和进行反对国民党的运动提供了理由。必须指出的是，从 1923 年年底访问苏联时开始，蒋介石就对国际共产主义运动有了一种固定的看法。他比同时代的大多数人更了解列宁的观点和共产国际的工作，但后来他把共产主义看作铁板一块的简单看法却使他自己陷入了困境，他看不到毛泽东心中燃烧着民族主义的火焰。

中日战争初期，斯大林愿意给蒋介石政府一定的帮助。

1937 年 8 月签订的《中苏互不侵犯条约》使苏联得到一些暂时的好处，它把日本人拖进中国战争，使之远离苏联远东地区，这对苏联是有利的；从这个时候起，苏联开始向国民党统治的中国提供武器和贷款。

按照斯大林的希望，毛泽东开始执行统一战线的政策，使国共两党实现暂时的重新和解。在此期间，共产国际世界性的宣传机构高度评价了蒋介石，称他为一个伟大的民族领袖和国际政治家。

但 1941 年 4 月签订的《苏日中立条约》，对国民党统治的中国来说是一个很大的打击，它使日本在与苏联有关的事情上可以在中国自由行动。

这时，斯大林不再希望树立蒋介石的形象了，巨大的国际宣传系统口径一下变了过来。同时，一种错误的观点被广泛传播，并几乎很普遍地被西方的社论作者、评论家和一般的知识阶层所接受：中国共产党根本不是真正的共产主义者，他们只是一些土地改革家而已。

这种双向宣传的影响是不可估量的，特别是对美国公众舆论的影响更是如此。美国驻华大使馆战时和战后分别由重庆和南京发回消息证明了这一点。

被歪曲的有关共产党的观点成为被美国国务院和白宫接受的教条，而蒋介石本人所作的宣传却没有什么效果。蒋夫人宋美龄为了本国政权的利益和争取美国对其行动的支持，以私人身份在美国进行大量宣传。

因此，我们可以说，共产国际通过其自觉和不自觉的盟友，在中美摩擦中起了很大作用。必须说明，中美之间当然已经存在一些摩擦。

史迪威将军从1942年3月到1944年9月代表美国在中国担任各种高级职务，他很快就从总体上反对蒋介石了。美国被迫参战以后——这是日本偷袭珍珠港的结果——蒋介石又回到他原来的观点，认为相比之下，反对日本人是不重要的（既然美国可以替他做这件事），而节省力量，准备同共产党为夺取权力进行决战是最重要的。

史迪威并不是唯一的一个觉得蒋的这种态度难以理解而且事实上令人难以忍受的美国人。他把这种想法电告他的上司——罗斯福总统和国防部的马歇尔将军。蒋介石和美国盟友之间的关系因此而变得紧张起来。由于在重庆和后来在南京的记者的反面报道，也由于共产党和他们的同路人同美国人和美国组织建立"统一战线"的积极努力，这种分歧不断加深。

在1943年召开的开罗会议上，罗斯福积极主张把台湾归还给中华民国。支持1944年春缅甸大规模的保卫战，这次保卫战的目的是要打破对中国的封锁；他还许诺在战后阻止苏联攫取东北方面支持中国。作为条件，他从蒋介石那里得到了和共产党共同解决国内问题的承诺。

但是，美国总统在德黑兰同斯大林和丘吉尔（没有蒋介石）进行了进一步的会晤。在德黑兰会议上，他向苏联领导人保证不履行他答应蒋介石的条件。事实上，美国人没有实现罗斯福在开罗会议上答应蒋介石的任何承诺。在1945年2月召开的瓜分势力范围的雅尔塔会议上，作为斯大林参加对日作战的条件，罗斯福总统答应了斯大林对中国领土主权的要求。苏联按时参战，占领东北。他们允许中共占领大部分乡村地区，阻止国民党政府重返东北，此外还把大量的日军装备送给共产党的军队。

这些行为本身——在斯大林这一边，也在罗斯福那一边——或许满足了他们自己的需要，却使蒋介石在内战中必然走向军事失败。

此外，蒋介石犯了他一生中最大的几次错误，从而加剧了他的不幸。他的部下对所占领的区域使用残暴的统治手段，而蒋介石本人没有控制住这种做法；西安事变过了十年之后，他仍然对自己的遭遇耿耿于怀，他对希望能释放少帅并派他回东北以确保国民党统治的建议置之不理，相反却继续囚禁张学良；他解散了30万曾为日本人效力的伪军，在东北把他们全部释放，结果使共产党方面的力量得到补充。

最好的战略家的明智建议都得不到蒋介石的采纳。他也许应该更好地从东北占领区撤退，加强他对南方的统治，而他却希望能永远地保住每一件东西、每一个地方。他的部队伸展得过长，这使他丢掉了一座座城市、一个个省份。马歇尔将军使团曾致力于一个永远达不到的目标——在国共之间进行调和——这种努力不仅遭到失败，而且使蒋介石维持在大陆统治的机会减少。

苏联把日本的装备送给中国共产党。这是一个决定性的力量；而美国也不甘落后，从1946年7月到1948年11月，停止了对国民党的援助，这对国民党也是一个决定性的打击。在美苏之间，这种无意识地得到贯彻的决定使蒋介石在军事上毫无希望地处于劣势。

最后，士气低落和失败主义情绪使国民党的统治走向了崩溃。

那么，我们怎样来评价蒋介石的一生呢？作为一个军人，在20世纪20年代至30年代的内战期间，事实证明蒋介石是一个主要的战略决策者；在第二次世界大战的第一个阶段里，他也表现出对战略的了解。

但是，他的战略是一个避免失败的战略，而不是一个争取胜利的战略。他在内战中的全面失败埋葬了他的军事威望。

作为一个政治家和政治领袖，蒋介石是一个战术家而不是一个战略家。

他比他的竞争对手们略高一筹并善于控制他们。

但是，尽管他统治了中国人口的大多数，但他实际上不了解整个政权的社会基础。

在世界范围内，他知道国际共运对他的威胁，但他却用使问题过于简单化和过分宣扬自己的办法毁了自己。

在写作方面，他不像其他军人政治家，因为他没有自己的作品和学说，但他为这些作品提供了思想基础。他的排外主义思想贯穿在《中国之命运》一书中。无论是在意识形态上还是在历史学上，他既不是创始者，也没有什么卓越的表现。

他不懂经济学，他那本（由别人代笔）土生土长的《中国经济论》中的思想是华而不实的和不成功的。

最后，对蒋介石的一生进行总结，蒋介石有自己的勇气、精力和领袖品质，他不仅是一个有很大缺陷的人物，而且从希腊悲剧的意义上讲，他也是一个悲剧性的人物。

他的悲剧是他个人造成的。

译者说明

美国著名传记作家布赖恩·克罗泽撰写的《蒋介石传》一书出版于20世纪70年代，可以说是在蒋介石离世后最早出版的蒋介石传记，也是第一部被翻译成中文并于1989年在中国大陆出版的蒋氏传记译著。二十多年过去了，此书译本几经出版，一些读者给予了极大的关注，有的读者还通过当今发达的网络对本书译文提出了一些诚恳的意见，译者对此一一接受。同时，无论这些意见的角度如何，作为译者理应在此表示真挚的感谢。

译者

2010年12月于北京